国家发展与战略丛书

National Development and Strategy Series

本书受中国人民大学国家发展与战略研究院资助

本书是国家社科基金重大项目"中国经济自发展能力研究"（批准号15ZDB133）成果之一

中国式供给革命

Supply-side Revolution with Chinese Style

方福前／著

中国人民大学出版社

·北京·

图书在版编目（CIP）数据

中国式供给革命/方福前著 . —北京：中国人民大学出版社，2018.3
ISBN 978-7-300-25613-9

Ⅰ.①中…　Ⅱ.①方…　Ⅲ.①中国经济-经济改革-研究　Ⅳ.①F12

中国版本图书馆 CIP 数据核字（2018）第 045595 号

国家发展与战略丛书
中国式供给革命
方福前　著
Zhongguoshi Gongji Geming

出版发行	中国人民大学出版社		
社　　址	北京中关村大街 31 号	**邮政编码**	100080
电　　话	010－62511242（总编室）	010－62511770（质管部）	
	010－82501766（邮购部）	010－62514148（门市部）	
	010－62515195（发行公司）	010－62515275（盗版举报）	
网　　址	http://www.crup.com.cn		
	http://www.ttrnet.com（人大教研网）		
经　　销	新华书店		
印　　刷	北京中印联印务有限公司		
规　　格	170 mm×228 mm　16 开本	**版　　次**	2018 年 3 月第 1 版
印　　张	15.5　插页 1	**印　　次**	2018 年 3 月第 1 次印刷
字　　数	208 000	**定　　价**	58.00 元

目　录

上篇　缘由篇

中篇　方略篇

绪 论

一、书名释义

　　肇始于 2015 年 11 月的中国经济供给侧结构性改革实质上是一场"中国式供给革命"。

　　1979 年开始的改革开放是中国经济的一场革命——是对高度集中的计划经济体制的革命，是对闭关锁国政策或封闭式发展模式的革命。始于 2015 年 11 月的供给侧结构性改革是中国经济的又一次革命——供给侧结构性改革本身是要对经济结构进行大调整，对发展方式和宏观调控方式进行大变革，要实现这种大调整和大变革并保持经济结构和发展方式动态优化，必须着实推进全面深化改革，对造成中国经济结构刚性、周期性失衡和发展

方式粗放的传统的体制机制进行革命。如果说前一次革命是为了做大做富中国经济，缩短中国与发达国家的发展差距，使中国尽快脱贫，那么本次革命则是要做强做优中国经济，强健中国经济的体魄和筋骨，提高中国经济的发展潜力和国际竞争力，使中国顺利跨越中等收入陷阱，进入发达国家行列。如果说 1979 年改革开放的主要目标是通过改革传统的计划经济体制，解放生产力，促进总供给增加，消除短缺经济，不断提高人均国民收入水平和生活水平，那么本次供给侧结构性改革的主要目标则是通过对生产关系和上层建筑进行深化改革，创新制度，优化和升级经济结构，开发供给增长新动力，提高经济发展质量、人民生活质量和福利水平，增强经济可持续发展能力，增强环境、社会与经济协调、均衡发展能力。始于 1979 年的改革开放极大地改变了中国人民的命运，每一个人的境况都得到了帕累托改进，因此改革受到了普遍欢迎，也得到了积极响应；本轮改革则深入制度的纵深，必然要对现有的体制伤筋动骨，必然要动既得利益者的"奶酪"，因此，阻力和难度较大。从这个意义上说，本轮改革更具有革命的性质。

如同 20 世纪 80 年代初我们给农业和农村大改革取名为"家庭联产承包责任制"一样，今天我们给新一轮全面深化改革取名为"供给侧结构性改革"。"供给侧结构性改革"只是新一轮大改革的名称而已。如果说推行家庭联产承包责任制是 20 世纪 80 年代中国农业和农村大改革的核心，那么供给侧结构性改革就是现阶段中国全面深化改革的核心。供给侧结构性改革的过程就是中国社会主义市场经济体制建设和完善的过程。

供给侧结构性改革并不是中国的首创，20 世纪 80 年代美国里根政府时期就进行过大规模供给侧结构性改革①，但是中国目前进行的供给侧结构性改革不是套用和复制美国的供给改革。中国经济的供给侧结构性改革是中国经济实践提出的重大课题，是中国经济

---

① 方福前.当代西方经济学主要流派：第二版 [M].北京：中国人民大学出版社，2014：202.

发展进入新阶段、新常态的一种客观要求。中国目前的供给侧结构性改革与美国里根政府时期的供给改革有质的差别，它是一场"中国式"供给侧结构性改革或中国式供给革命。

美国里根政府时期的供给改革的背景是 20 世纪 70 年代中后期美国经济陷入滞胀：经济增长停滞、失业率攀升伴随着越来越高的通货膨胀率。滞胀形成的原因是 20 世纪 70 年代两次石油危机导致美国生产成本和生活成本大幅攀升，美国陷入越南战争泥沼导致巨额财政赤字和政府债务，经济结构失衡，生产率增速不断下降。[①] 1979 年 9 月 17 日美国《商业周刊》上的一篇文章在描述里根政府供给改革和供给学派产生的背景时写道："由于这 10 年经济增长无力，通货膨胀加剧——在此期间，美国经济一直苦于商品短缺、生产率增长迟缓、资本投资呆滞和制造业生产能力不足——很清楚现在的主要问题已经不是如何刺激需求而是如何刺激供给。"这种经济背景导致供给学派大为流行，以及里根政府经济政策大转向：放弃自罗斯福新政以来美国政府一直奉行的凯恩斯主义刺激总需求的政策，转向供给学派倡导的供给改革和供给管理。

中国经济在 2010 年第一季度以后增长速度下滑、劳动生产率和全要素生产率（TFP）增速走低，但是中国经济面临的主要问题不是商品短缺和制造业生产能力不足，而是生产相对过剩和低档次产品的绝对过剩。更重要的是，中国自 2010 年第一季度经济增长率下行以来一直出现通货紧缩[②]而没有出现通货膨胀，这说明现阶段中国经济的主要问题是增长动力不足和市场需求趋冷，这种经济形势与里根政府时期的经济形势大不相同。

里根政府实施供给改革的目的主要是试图使美国经济摆脱滞胀

---

① 20 世纪五六十年代美国年均经济增长率为 4.2%，70 年代末下降到 3% 以下；年通货膨胀率在 60 年代是 2%～3%，70 年代末猛升到 8% 以上；年均（劳动）生产率增速在第二次世界大战结束后的头 20 年达到 3%，此后逐渐下降到 1%，1977 年开始出现负增长。

② 中国的工业生产者出厂价格指数（PPI）一直到 2016 年 9 月才开始由负转正（同比）。

困境，恢复美国的 TFP 增长和经济增长，增加供给。中国的供给侧结构性改革的主要目的是把过去的"低效、高速、不稳定"的经济增长方式转换成"高效、中高速、稳定"的经济增长方式，在新常态下增加有效供给。

里根政府供给改革的主要内容包括减税，削减过多的和过时的规章条例，实行再工业化、再市场化。中国目前的供给侧结构性改革的主要内容可以概括为"三去一降一补"①，具体来说涉及经济结构调整、优化、升级，深度工业化，进一步市场化，经济发展动能转换，经济体制全面深化改革。

美国里根政府的供给改革是以当时流行的供给学派经济学和货币主义为其理论基础的，在改革措施上主要采用的是供给学派的供给管理和结构调整政策以及货币主义的稳定货币供给政策。中国政府提出供给侧结构性改革主要是基于中国现阶段的主要经济问题的症结，基于中国经济深化改革和进一步发展的需要，而不是基于某一种现成的经济学理论，更与萨伊定律、供给学派和里根经济学无关。实际上，改革开放以来，中国政府出台的重大改革举措和重要政策调整都是从中国国情和当时的实际需要出发的，而不是从某种现成的理论出发的。中国的改革开放也好，中国在破除计划经济的基础上建立社会主义市场经济体制也好，都是史无前例的创举，本轮供给侧结构性改革也是"中国式的"或具有中国特色的。

---

① 内容是"去产能、去库存、去杠杆、降成本、补短板"。严格说来，"去产能、去库存、去杠杆"的提法不太严谨，容易产生误解或歧义，修改为"减产能、减库存、降杠杆"比较妥当。因为，把产能"去"掉了，一个企业或一个经济就无法进行生产了，所以应当是"减（过剩）产能"；企业要保持生产经营和销售活动的连续性，就必须保持必要的库存（正常库存），所以正确的提法应当是"减（超额）库存"；金融经济（或虚拟经济）与实物经济（或实体经济）的一个标志性区别就是前者有杠杆，后者没有杠杆，"去"掉杠杆就意味着金融经济关门，资本市场停业，所以正确的提法应当是"降（过高）杠杆"，而不是"去杠杆"。因此，从汉语表述的规范性来说，"三去一降一补"改为"两减两降一补"更为恰当。由于"三去一降一补"已经成了媒体广泛使用的新的提法、新的用语，而且读者和研究者事实上已经能够准确地理解其真实含义，所以本书仍然沿袭这个提法。

二、一个基本分析框架

中国供给侧结构性改革的背景主要是生产过剩和产能过剩,生产过剩和产能过剩可以用宏观经济学的基本分析框架总需求－总供给模型来进行分析。

一个国家或一个经济体的宏观经济状况可以用总产出（GDP或 GNI）及其增长、物价及其涨幅（通货膨胀）、就业率或失业率、对外贸易顺差或逆差等指标来衡量,而这些指标值是经济中各种力量相互影响、相互作用的结果。这些力量可以划分为两大类:影响总供给的变量和影响总需求的变量。于是我们有了分析宏观经济运行状况的基本框架——总需求－总供给模型。

总需求（记为 AD）是一定时期内一个经济中各经济主体（经济部门）愿意对商品和服务支出的总量,它是价格总水平（例如CPI）的函数,也取决于货币政策、财政政策、消费者和生产者的预期和信心,以及其他因素。

从结构上看,总需求由四个部分构成:居民消费、企业投资、政府支出和净出口（出口减去进口以后的差额）。在中国的统计口径下,总需求由三个部分构成:消费（包括居民消费和政府消费）、投资（包括企业投资和政府投资）和净出口。这三部分被中国媒体称为拉动总需求的"三驾马车"。

总供给（记为 AS）可以区分为实际的总供给和潜在的总供给。实际的总供给是一定时期内一个经济中的生产单位愿意生产并提供到市场上的各种商品和服务的总量,它也是价格总水平的函数。实际的总供给水平或规模取决于潜在的总供给和生产成本。所谓潜在的总供给是指一个经济最大的生产能力（产能）或潜在的总产出水平,它取决于一定时期的技术水平、管理水平、资源（主要是劳动力和资本）的数量和质量，以及经济体制的效率。经济体制的性质和状况影响消费者、生产者的积极性和政府的效率，影响资源配置状况，从而影响生产率和资源配置效率。

总需求和总供给达到均衡时就决定了一个经济的宏观经济状况：总产出、物价、就业或失业的实际水平（见图 0 - 1）。

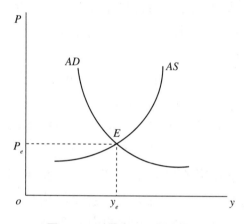

图 0 - 1　总需求—总供给模型

在图 0 - 1 中，纵轴表示价格总水平 P，横轴表示实际的总产出 y（例如按某种价格指数调整的 GDP 或 GNI）；当总需求和总供给达到均衡时，AD 曲线和 AS 曲线的交点所决定的价格和总产出分别是均衡价格 P_e 和均衡产出 y_e，也就是一个经济在一定时期实际呈现的价格总水平和实际实现的总产出。在图 0 - 1 中虽然看不出就业或失业状况，但是，在短期，由于资本存量 K 一定，总产出主要是就业量（N）的函数，即 $y = f(N, \overline{K})$，所以一定的总产出水平对应的是一定的就业量，也就是说，横轴 y 隐含了就业量 N。

当一个经济中的实际价格总水平高于均衡价格时，全体生产者愿意生产和提供到市场上的各种商品和服务的数量将大于全体需求者所愿意购买的数量，即 $AS > AD$，这时候将出现生产过剩。在图 0 - 2 中，当 $P_1 > P_e$ 时，总供给的数量 y_b 由 AS 曲线上的 B 点

决定，总需求的数量 y_a 由总需求曲线上的 A 点决定，这时 $y_b >$
y_a，$y_b - y_a$ 就是生产过剩的数量，也就是在现行的价格水平
（P_1）下无法销售的商品和服务的数量。这种生产过剩表现为企业
库存意外增加，企业库存超过正常库存水平，即生产单位出现超额
库存。反之，如果实际价格低于均衡价格，那么经济中将出现生产
不足或供给短缺，也就是供不应求，这时企业库存低于正常库存
水平。

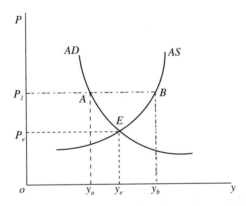

图 0-2　当总供给大于总需求时就是生产过剩

　　由于在长期，一个经济的总产出由实际因素（资源的数量和质
量、技术、制度等）决定，总产出独立于价格总水平的变化，因
此，在长期，潜在总供给曲线是一条垂直于横轴的直线（见图 0-3
中的 LS）。当一个经济的均衡点位于潜在总供给曲线的左侧时
（见图 0-3 中的 E 点），表明经济中的生产能力利用不足。这时实
际生产出来的商品和服务的总量小于经济实际上能生产出来的商品
和服务的总量，一部分资源（主要是劳动力和资本）被闲置，没有
被用于实际生产。图 0-3 表明，在现有的条件下，经济的最大生
产能力是 y_f，而实际生产出来的总产出是 y_e，$y_f - y_e$ 就是由于
资源闲置而没有被生产出来的商品和服务的数量，也就是被闲置的
那一部分生产能力或产能。潜在的总产出 y_f 又被称为充分就业的

总产出或产出的自然率水平，所以 $y_f - y_e$ 也可以度量非自愿失业[①]的数量。如果潜在总供给曲线位于图 0-3 中 E 点的左侧，也就是宏观经济的均衡点 E 点位于 LS 曲线的右侧，那么表明经济中的生产能力利用过度，经济出现过热，通货膨胀将会登场。

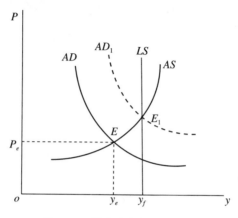

图 0-3　潜在产出与实际产出

$y_f - y_e$ 又被称为产出缺口[②]（output gap）。从理论上看，产出缺口可以是正数，也可以是负数，$y_f - y_e > 0$ 表明经济的生产能力（或资源）利用不足；$y_f - y_e < 0$ 意味着生产能力利用过度。一般地，当市场经济发展到一定阶段时，经济运行的常态是 $y_f - y_e > 0$。

严格说来，生产过剩（overproduction or excess production）和产能过剩（excess production capacity or excess capacity）并不是完全等价的两个概念。生产过剩主要是指在一定的价格水平下生产出来的总产出（实际的总供给）大于实际的总需求（有效需求），一部分已经生产出来的商品和服务由于市场消化不了而滞销；而产

---

　　① 根据凯恩斯的界定，非自愿失业是指愿意接受现行的市场化的工资水平和劳动条件但仍然找不到工作。

　　② 在宏观经济学教科书中，产出缺口通常被定义为实际产出与潜在产出之差占实际产出或潜在产出的比重，它度量的是一个经济的资源利用程度。本书这里所说的产出缺口是指两种产出之差的绝对量或规模。

能过剩是指生产能力过剩，一部分生产能力由于产品库存过多或其他原因而得不到有效利用。[①]

虽然生产过剩和产能过剩不能画等号，但是二者之间又存在较多的联系：（1）生产过剩往往是产能过剩的前奏或序曲。内部原因或外部冲击导致经济中的有效需求大幅减少，与原来的总需求水平相适应的产出有一部分就过剩了；随着企业库存（存货）的意外增加，产品滞销，追求利润最大化的企业必将减少产量，减少就业量，一部分产能将被闲置，生产过剩就转化成产能过剩。（2）二者都是总供给和总需求在数量上不均衡、在结构上不匹配的结果或经济表现形式。生产过剩可能是有效需求不足所致，也可能是此前生产者的预期过于乐观导致投资过度和（或）生产过度所致。因此，生产过剩通常是一种相对过剩——相对于当时的有效需求水平来说，一部分商品生产过多了，过剩了。产能过剩则可能是有效需求减少或有效需求增长落后于生产能力增长所致，因为最大的产能通常是在经济繁荣（经济周期波峰）时期形成的，当经济由波峰转向下行、有效需求增速降低时，一部分产能就过剩了。

为了叙述方便，本书有时候把生产过剩和产能过剩统称为供给过剩（supply surplus）。

本书把产能过剩区分为以下三种情况。

第一种情况，生产能力大于市场需求能力。这种情况是指一种产品潜在的生产规模大于市场能够消化吸收这种产品的规模，即潜在的生产规模大于其有效需求的规模。例如，假定国内外市场每年对一个国家的钢材需求量是2亿吨，而这个国家每年可以生产出3亿吨；如果这3亿吨钢材全部生产出来，那么就会有1亿吨卖不掉，这里的1亿吨产能就是过剩产能。这种产能过剩可以被叫做"总量上或规模上的产能过剩"。

---

① "生产能力"和"产能过剩"可以是指一个企业的"生产能力"和"产能过剩"，也可以是指一个行业的"生产能力"和"产能过剩"，还可以是指一个经济体的"生产能力"和"产能过剩"，本书主要是在行业和宏观经济层面上使用这两个概念，偶尔在企业层面上使用这两个概念。

第二种情况，一些产品的供求原来是平衡的，现在需求结构和需求数量的变化导致其中的一些产品供大于求，这些产品的生产能力有一部分被闲置。例如，假定一个经济原来每年需要使用 10 亿吨煤炭、12 亿立方天然气和 3 亿度电，经济的生产能力可以满足这样的能源需求，但是现在经济社会的能源需求结构发生了变化，每年需要 8 亿吨煤炭、11 亿立方天然气和 4.2 亿度电，这导致煤炭和天然气的一部分生产能力过剩，而电的生产能力出现短缺。这种产能过剩可以被叫做"结构性产能过剩"。

第三种情况，经济中实际生产出来的商品和服务的数量小于按最大的生产能力（充分就业条件下）所能够生产出来的商品和服务的数量，即实际产出小于潜在产出（或低于产出的自然率水平），一部分产能没有得到利用，一部分资源被闲置。这种情况可以被叫做"利用不足型产能过剩"。

生产能力利用不足从另一个角度看也就是产能过剩。[①] 在图 0 - 3 中，之所以 $y_e < y_f$，是因为有效需求的数量为 AD 曲线上的 E 点所示，相对于 E 点的总需求来说，$y_f y_e$（$= y_f - y_e$）这部分生产能力无法得到利用，也就是相对于现在的有效需求数量来说这部分产能过剩了。如果政策发生变化或某些外生因素发生变化使得总需

---

① 人们一般所说的"产能利用不足"似乎是指一部分产能闲置，产能利用没有达到既定条件下的产出最大化。这是从微观经济学的视角来理解产能过剩。根据微观经济学中的生产的三个阶段理论或生产要素的合理投入区间理论，在生产的第二个阶段到第三个阶段的转折点，现有资源和技术条件下的总产出达到最大，在这一点以前，产能利用是不足的，而在这一点以后产能利用是过度的。从宏观经济学的视角来看，不可能出现超出（总）产出最大化的产能，也就是不可能出现超出潜在总产出的产能，只可能出现超出消费最大化或超出目前有效需求规模的产能。所以，从总需求—总供给分析框架来看，可以把生产能力利用不足理解为从另一角度看的产能过剩。假定某个行业的产能的实际利用率只有 63%，低于适度的产能利用率 79%～82%（美国标准），那么我们判定这个行业的产能过剩了。但是，我们也可以说这个行业的产能利用不足，因为它的产能利用率没有达到 79%～82%。一个经济的实际的总产出小于潜在的总产出，意味着一部分资源闲置或产能利用不足，但这种状况也可以理解为产能过剩——现有的生产能力超出了有效需求规模，也就是从目前的有效需求来看，一部分产能过剩了。因此，按照本书所解释的产能过剩，解决产能过剩可以有两种途径：一是削减产能（"去产能"），二是提高产能利用率（"用产能"）。这两种途径都可以使产能的实际利用率等于或接近产能的最优利用率，只是前一种途径是做减法，后一种途径是做加法（增加有效需求）。需要强调的是，"产能利用不足"不是指"产能不足"或"产能短缺"，"产能利用不足"和"产能过剩"不是一对相反的概念。

求曲线移动到 AD_1，那么 E_1 点的有效需求将使得生产能力 y_f 得到充分利用，产能过剩消失。

　　产能过剩可以划分为绝对过剩和相对过剩：一部分生产能力从技术标准和经济效率原则来看应该被市场淘汰而没有被淘汰，这部分产能就是绝对过剩产能。这种绝对过剩产能为什么没有被淘汰往往需要从市场机制失灵和政府干预不当等角度进行考察，即可以从体制上找到原因，例如，政府出于某种原因保护多年亏损的企业使其免于破产，导致这些企业变成"僵尸企业"（zombie firms）。在市场机制有效的情况下，绝对过剩产能很难长期存在。相对产能过剩是指由于某种原因（例如国际金融危机）有效需求暂时萎缩或有效需求增速减慢，从而使一部分产能不能被有效利用，这部分产能从技术标准和经济效率原则来说是有存在的合理性和必要性的，当市场复苏，需求转旺时，这部分产能会被充分利用起来。因此，相对过剩产能也可以被叫做"暂时闲置产能"。可见，我们要淘汰或清除的是绝对过剩产能，而不是要消灭所有的过剩产能。

　　产能过剩有时候也可以被叫做资本过剩。所谓资本过剩，是指按照某种标准来衡量，经济中积累的资本存量过多了。这里的资本过剩是指实物资本或资本存量过剩，不是指货币资本、金融资本或投资资金（流动性）过剩。

　　生产能力是指一个经济在一定时期由资本、劳动力、技术和其他资源组合起来形成的关于生产什么产品、生产多少的能力。因此，一个经济长期的生产能力是由资本的数量和技术含量、人口或劳动力的数量和质量、制度状况决定的，如果技术和制度一定，那么生产能力就主要由资本数量（或规模），特别是固定资本数量来决定。这和短期的总产出 y 是就业量 N 的函数并不矛盾。在短期，资本存量是一定的，这个资本存量能够被利用多少，是否能够得到充分利用，取决于就业量 N 的大小，而短期 N 的大小主要是由有效需求的数量决定的，有效需求状况决定了现有的资本愿意雇用多少就业量。所以，虽然劳动力是推动资本的活的要素，但是雇用多少劳动力是由资本决定的。因此，内含着一定技术的资本存量规模具有相应的生产能力，也就是说，如果资本内含的技术水平是一定的，那么这个资本存量规模就对应着一定的生产能力，生产能力过剩就意味着资本过剩，资本过剩是产能过剩的一种表现形式。

根据马克思主义政治经济学的定义，过剩资本是指已经不能按一般利润率进行增殖的那部分多余的资本。因此，可以用资本所获得的利润率与行业一般利润率的差距来判别是否存在资本过剩。

现代经济学度量资本过剩的方法主要有三种。

（1）用资本边际产出（实物流量）或资本边际收益（金融流量）来度量是否存在资本过剩。如果资本边际产出或资本边际收益等于零或为负数，那么这些资本就是过剩的资本。从宏观上看，如果资本边际产出（资本边际生产率）的增长率低于经济增长率，那么就表明经济中的资本过剩了。

现在通常用增量资本产出比（incremental capital-output ratio, ICOR）来判断资本是否过剩。$ICOR = \Delta K / \Delta y$，$1/ICOR = \Delta y / \Delta K$，其中 ΔK 和 Δy 分别是资本增加量和（总）产出增加量。$ICOR$ 提高表明增加一单位总产出所需要的资本增加量越来越大，也就意味着投资的效率下降。同时，$ICOR$ 的提高造成资本的平均生产率 Y/K 下降，因而资本的总体效率也下降，这表明一部分资本过剩了。

（2）在新古典经济增长模型（Slow-Swan model）① 中，当资本积累超过了其黄金律水平时②，资本积累就过度或过剩了，这也叫做"动态无效率"。当存在技术进步时，新古典增长模型可以用（0-1）式表示：

$$sf(k) = (\delta + n + g)k \qquad (0-1)$$

① Robert，Solow. A Contribution to the Theory of Economic Growth [J]. Quarterly Journal of Economics，1956，70（1）：65-94.
② 资本（积累）的黄金律水平也叫资本积累的最优水平，是指能使社会成员的人均消费最大化的资本积累水平。

其中，s 是储蓄率或积累率，$f(k)$ 是人均收入，因此 $sf(k)$ 就是人均储蓄或人均积累；δ 是资本折旧率，n 是人口或劳动力增长率，g 是技术进步率或全要素生产率（TFP）增长率，k 是人均资本，因此，$(\delta+n+g)k$ 表示在存在资本折旧、人口增长和技术进步时所需要的人均资本。如果（0-1）式得到满足，那么经济将实现稳态。所谓稳态，就是人均资本存量变化量（dk）等于零，效率工人[①]的人均资本保持不变，经济达到长期均衡状态。

　　费尔普斯（Phelps，1961）在新古典增长模型的基础上，提出了判断资本是否过剩的另一种方法。[②]

　　在稳态下，效率工人的人均消费（c）等于人均收入（y）减去投资（I），这里假定投资等于储蓄（$I=S$），即

$$c = y-I \tag{0-2}$$

　　根据新古典增长模型，（0-2）式又可以写为

$$c=f(k)-(\delta+n+g)k \tag{0-2A}$$

　　可将有技术进步时的资本的黄金律水平定义为使每个效率工人消费最大化的资本积累水平，即求（0-2A）式的极大值。求（0-2A）式的一阶导数，得

$$MPK=\delta+n+g \tag{0-3}$$

其中，MPK 是资本的边际产出。

　　由于资本的边际产出决定了实际利率（r），所以费尔普斯提出了判断资本过剩的方法，指出在以下三种情况下，资本是过剩的：当实际利率低于收支相抵的投资增长率，即 $r<(n+g+\delta)$ 时；当无折旧（$\delta=0$），即 $r<(n+g)$ 时；当既无折旧，又无技

[①]　技术进步首先体现在劳动者的劳动效率（E）的提高上，如果劳动者的人数为 L，那么 $L\times E$ 就是效率工人的人数。

[②]　Phelps，E. S. The Golden Rule of Accumulation：A Fable for Growthmen [J]. The American Economics Review，1961，51（4）：638-643.

术进步（$\delta=g=0$），即 $r<n$ 时。

（3）根据艾贝尔（Abel，1989）等人提出的 AMSZ 准则[①]来判断资本积累是否过度。AMSZ 准则的主要内容是：第一，在确定性条件下，一个经济是处于平衡增长路径上，所以可以把一个经济的长期增长率视为收支相抵的投资增长率（即人均资本增加量 $dk=0$）。如果平衡增长路径上资本的边际产出低于经济的长期增长率，则表明经济中的资本积累过度或经济是动态无效率的。第二，在不确定性条件下，如果 t 时期的资本的总收益小于总投资，即资本净收益小于零，那么资本就过剩了。

总需求－总供给模型不但可以用来分析一定时期均衡产出和均衡就业量的决定，而且也可以用来分析经济增长或宏观经济运行的动态过程。

经济增长是一个从特长期的视角分析的宏观经济问题。[②] 经济增长过程就是一个经济的生产能力（潜在的总供给）不断增长的动态过程。这个过程也可以用总需求－总供给模型来描述。

图 0－4 刻画了经济的增长过程。

从特长期来看，一个经济的劳动力和资本都会不断增加，技术会不断进步，经济体制会发生调整和变革，这些供给侧因素的变化会导致潜在产出增长，即潜在总供给或长期总供给（LS）曲线向右平行移动。图 0－4 显示的是 1953 年到 2015 年这六十多年中三个不同年份一个经济的潜在产出水平 y_1、y_2 和 y_3。图 0－4 中的 AS_1 和 AD_1、AS_2 和 AD_2、AS_3 和 AD_3 分别是这三个年份的总供给曲线和总需求曲线，E_1、E_2 和 E_3 分别是这三个年份的短期均衡点。由于生产成本提高，因而短期总供给曲线是不断上移的；

---

① Abel，A.，Mankiw G.，Summers L. and Zeckhauser R. Assessing Dynamic Efficiency：Theory and Evidence ［J］. The Review of Economic Studies，1989，56（1）：1－20.

② 特长期（very long run）分析假定可利用的资源（自然资源、资本、劳动力）和技术是可变的，它重点关注经济的生产能力的增长；长期（long run）分析和短期（short run）分析都假定可利用的资源和技术是一定的，但是长期分析认为实际总产出主要由总供给一方的力量决定，而短期分析认为实际总产出主要由总需求一方的力量决定。

因为生产的扩大会引起需求的扩张，所以总需求曲线也是不断上移的，这说明从特长期来看，价格总水平是不断提高的。用一条曲线连接 E_1、E_2 和 E_3 就构成了长期经济增长路径（见图 0-4 中的虚线）。例如，就中国经济来看，按不变价格计算，1953 年、1978 年和 2015 年的 GDP 分别为 824.4 亿元、3 678.7 亿元和 689 052 亿元，2015 年的 GDP 分别是 1953 年和 1978 年的 835.8 倍和 187.3 倍！1953 年、1978 年和 2015 年的人均 GDP 分别为 142 元、385 元和 49 992 元，2015 年的人均 GDP 分别是 1953 年和 1978 年的 352 倍和 129.8 倍！按居民消费价格指数（CPI）来衡量中国经济的价格总水平的走势，如果 1978 年的 CPI 为 100，那么 2015 年的 CPI 为 615.2，物价水平提高了大约 5.2 倍。

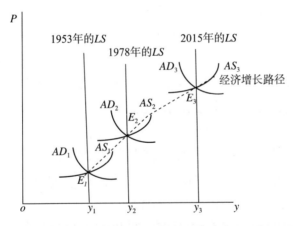

图 0-4　供给是长期经济增长的主要决定因素

无论是生产过剩还是产能过剩，都是总需求—总供给关系失衡（包括数量失衡和结构失衡）的结果和表现形式，因此可以用总需求—总供给模型来进行分析。至于总需求—总供给关系为什么会失衡，那就需要通过对需求侧的决定因素和供给侧的决定因素进行解析来寻找答案。而无论是需求侧的决定因素还是供给侧的决定因素，都受一个经济现行的经济体制和政治体制的制约和影响，因此，一个经济的总需求—总供给关系的失衡需要从这个经济的体制

上去寻找根本原因。

当然，用总需求－总供给模型来分析供给过剩有其局限性，主要是因为：（1）我们只能从总需求与总供给在数量上的对比关系或差距来分析供给过剩，而无法从结构上来分析供给过剩，也就是说，总需求结构与总供给结构不匹配也可能导致供给过剩，这种结构性失衡表现为供给过剩与生产（供给）不足并存。运用总需求－总供给模型一般不能直接判断出结构性失衡的性质和严重程度。我们的总需求－总供给模型只能分析前述的第一种和第三种情况的产能过剩，不适合分析第二种情况的产能过剩。（2）产能过剩可以区分为绝对产能过剩和相对产能过剩。前者是从技术原则和经济效率原则来看，这部分产能过剩了，因为它们在技术上落后了，或从经济效率原则上看使用这些产能已经不合算了，因而这些产能应当被淘汰或消灭；后者是从技术原则和经济效率原则来看，这些产能还需要保留，只是相对于目前的经济下行和市场需求低迷状况来说，它们暂时过剩了，但是当经济回升和市场需求增加时，这部分产能还可以得到有效利用。因此，从总需求－总供给模型来看，我们只能根据总供给能力＞有效需求来判断存在供给过剩，但是我们无法根据这个模型来判断哪些过剩产能是绝对过剩产能，哪些过剩产能是相对过剩产能。（3）运用总需求－总供给模型不能直接分析供给过剩和结构性失衡背后的制度原因。

所以，我们还需要在总需求－总供给分析框架的基础上，添加其他的分析，例如制度分析和结构分析。

本书余下部分将按照上述逻辑思路来展开分析。

上篇　缘由篇

为什么要进行供给侧结构性改革？中国经济的供给侧出了什么问题？中国的供给过剩始于何时？过剩的状况如何？更重要的是，形成供给过剩的主要原因是什么？本篇将对这些问题做出解答。

第一章

中国经济大转折：由供给短缺到供给过剩

从总需求—总供给的对比关系来看，有近70年历史的中华人民共和国经济经历了由供给短缺到供给过剩的大转折，这个大转折又可以划分为四个阶段。由于总需求—总供给关系的变化，这四个阶段国家层面的经济工作和经济政策重点是不同的：中华人民共和国成立到20世纪80年代，中国经济是一种高度短缺经济，"发展生产，保障供给"是那个时期的经济工作和经济政策的重点；20世纪80年代后期到90年代中期，供给短缺逐渐缓解，中国经济逐步实现总需求—总供给相对平衡，"稳定""增长"是这个时期的经济工作和经济政策的重点；1998年前后中国经济出现供给过剩，一直到2015年，实施"积极的财政政策""扩大内需"成为经济工作和经济政策的主基调；2015年以后到现在，宏观经济的总体格局仍然是供给过剩，但是经济工作和经济政策的重点转向了供给侧结构性

改革。

一、由供给短缺到供给过剩

1949 年 10 月中华人民共和国建立以后相当长的时间里，中国经济一直是供给短缺型经济，即总供给＜总需求，许多消费品和生产资料高度短缺，供不应求，政府不得不通过票证和物资供应计划调配来强制平衡总需求—总供给关系。

中华人民共和国成立之初，由于粮食和日用消费品高度短缺，政府不得不实行配给制。中国政府于 1953 年开始对粮食等主要农产品实行计划收购和计划供应，即实行统购统销制度。1955 年 8 月 25 日，国务院颁布《市镇粮食定量供应暂行办法》，规定市镇居民口粮、工商行业用粮和牲畜饲料用粮均按核定的供应数量发给供应凭证，单位和居民必须凭供应凭证购买粮食。根据《市镇粮食定量供应暂行办法》，在以大米为主食的地区，口粮供应的定量标准是：一般居民和 10 周岁以上儿童，每月每人 22 至 26 斤，其平均数不得超过 25 斤；机关工作人员、团体工作人员、公私营企业职员、店员和其他脑力劳动者，每月每人 24 斤至 29 斤，其平均数不得超过 28 斤；重体力劳动者，每月每人 35 斤至 44 斤，其平均数不得超过 40 斤。同时，《市镇粮食定量供应暂行办法》还规定，市镇熟食业出售的米饭、面食和复制业出售的挂面、切面、米粉、年糕等，居民和流动人口应凭地方粮票或全国通用粮票购买。即便到 1978 年，中国人均粮食占有量也只有 319 公斤，粮食供给仍然短缺，城镇居民吃饭用粮仍然需要凭粮票购买。

由于"三年（1959—1961 年）自然灾害"导致中国农业和轻工业大幅度减产，粮食和一般消费品供给更加短缺，于是从 1961 年 10 月起，中国各地又按照人口和工资标准发放日用工业品（消费品）购货券和购货票证，60 多种日用工业品被纳入凭券（票）购买范围，除了粮票之外，还有布票、糖票、食用油票、煤油票、肉票、盐票、肥皂票、火柴票、糕点票等。有些地方甚至规定购买豆腐、搪瓷杯、电池、手帕、鞋子、电灯泡也需要凭票证。

许多物资和生产资料也严重匮乏，钢材、木材、棉花、药品、煤炭、电力、石油、柴油等经常供给短缺，许多火电厂经常是"厂无隔夜煤"，停水停电是家常便饭，许多居民家庭夜晚还需点煤油灯照明，许多生产资料因为供不应求需要通过政府计划部门"配给"。

虽然不是所有的商品都需要凭票证购买，但是许多商品是"有钱无货"，或"有钱也买不到"，因为这些商品供给短缺。20 世纪 90 年代以前，在中国政府计划部门、商业部门、物资供应部门、粮食供应部门、食品供应部门工作的人都是有"实权"、得"实惠"的人，他们的工作都是令人羡慕的，因为他们"近水楼台先得月"，可以买到别人买不到的短缺商品，他们成为"找关系""走后门"的对象。那时候人们"找关系""走后门"主要是为了购买短缺的物资和消费品。

20 世纪 80 年代随着改革开放带来的生产大发展，原材料、燃料和其他生产用物资的供给越来越紧张，于是中国大地上出现了企业"采购员满天飞"的现象，出现了倒卖紧缺物资批文的"官倒"和倒买倒卖紧缺物资的"私倒"。

1979 年开始的改革开放通过制度改革，逐步放松计划体制对经济活动的控制，开放搞活，引入市场机制，打破吃"大锅饭"的局面，改革分配制度，极大地调动了个人、企业和地方政府①的积极性，释放了经济体制的活力，使工农业生产和经济得到了快速发展。

农村实行家庭联产承包责任制极大地调动了农民生产粮食和其

———————

①　与许多西方市场经济国家不同，自中华人民共和国建立以来，中国地方政府一直是经济发展的主导力量或主体之一。

他经济作物的积极性，中国农业在 1979—1984 年出现了"超常规"增长，农业总产值年均增长 8.29%，为 1950 年以来的历史最高增速。粮食总产量由 1980 年的 32 055.5 万吨增长到 1984 年的 40 730.5 万吨，人均粮食产量由 1980 年的 326.7 公斤增加到 1984 年的 392.84 公斤；棉花总产量由 1979 年的 220.735 万吨增长到 1984 年的 625.84 万吨，人均棉花产量由 1979 年的 2.28 公斤增加到 1984 年的 6.04 公斤；油料产量由 1979 年的 643.54 万吨增加到 1985 年的 1 578.42 万吨，人均油料产量由 1979 年的 6.64 公斤增加到 1985 年的 15 公斤；花生产量由 1979 年的 282.24 万吨增加到 1985 年的 666.36 万吨；农林牧渔业总产值由 1979 年的 1 697.6 亿元增加到 1986 年的 4 013.01 亿元。经过短短 5 年时间的改革、开放和发展，中国的粮食和其他农产品短缺的现象就得以大大缓解。20 世纪 80 年代初，中国政府发出通知取消布票；此后其他票证被逐步取消，1992 年中国最后一种票证——粮票——被取消。

随着改革的重点转移到城市，价格改革、国有企业改革、投资融资体制改革全面展开，特别是国有企业进行了生产经营体制和方式改革，乡镇企业、私人企业和个体工商户兴起；随着对外开放的发展，我国通过引进外资、外国先进设备和技术，促进了资本积累和技术进步。这些改革开放举措大幅度提高了中国经济的潜在总供给能力和实际产出。到 20 世纪 90 年代，供给短缺的场景逐渐从中国消失，随着粮票在 1992 年被取消，中国凭票证购买消费品的时代终于终结。这表明中国消费品市场由供给短缺状态进入供求平衡状态。1979 年中国人均 GDP 只有 423 元（约合 272.90 美元），到 1987 年就突破了 1 000 元，达到了 1 123 元（约合 301.88 美元），到 1997 年进一步增加到了 6 481 元（约合 781.79 美元）[①]。中国彻底打破了"贫困的恶性循环"，成功跃过了"贫困陷阱"。自 1997 年下半年开始，中国宏观经济的一个重大的历史性转折是由供给短

---

① 1979 年、1987 年和 1997 年人民币兑美元年平均汇率分别为 1 美元换 1.55 元、3.72 元和 8.29 元人民币。

缺转向供给（相对）过剩。据中国商务部每年对 600 种主要消费品的调查统计（见表 1-1），1995 年到 1997 年上半年，中国消费品市场上的总供给和总需求大体上是平衡的，但是到 1997 年下半年，中国市场上有近 32% 的主要消费品出现供给过剩。1997 年夏秋季开始爆发的东南亚金融危机对中国经济造成了强烈的外部冲击，出口市场萎缩恶化了中国经济相对生产过剩的状况。1999 年以后，中国市场上消费品过剩的比率猛升到 80% 以上（2000 年除外）。此后中国经济发展一直遭受着总需求不足的困扰，由此也导致了中国政府经济工作和宏观经济政策思路的大转变——由新民主主义革命时期的"发展生产，保障供给"政策基调转变到"扩大内需，稳定（经济）增长"的政策基调，即由重点促进供给增加转向重点促进需求增长，由着力供给侧转向着力需求侧。

表 1-1　　　　　中国消费品市场上（600 种）商品供求状况变化　　　　（%）
（1995—2003 年）

年份	供不应求的商品的占比	供求平衡的商品的占比	供过于求的商品的占比
1995 年上半年	14.4	67.3	18.3
1995 年下半年	13.3	72.3	14.6
1996 年上半年	10.5	74.5	15.0
1996 年下半年	6.2	84.7	9.1
1997 年上半年	5.3	89.4	5.3
1997 年下半年	1.6	66.6	31.8
1998 年上半年	0.0	74.2	25.8
1998 年下半年	0.2	66.1	33.8
1999 年上半年	0.2	27.6	72.2
1999 年下半年	0.0	20.0	80.0
2000 年上半年	21.6		78.4
2000 年下半年	2.0	18.4	79.6

续前表

年份	供不应求 的商品的占比	供求平衡 的商品的占比	供过于求 的商品的占比
2001 年上半年	0.2	19.3	80.5
2001 年下半年	0.0	17.0	83.0
2002 年上半年	0.0	13.7	86.3
2002 年下半年	0.0	13.0	87.0
2003 年上半年	0.0	14.5	85.5
2003 年下半年	0.0	15.2	84.8

资料来源：根据中国商务部每年对 600 种主要消费品的供求状况的调查数据整理得出。

消费品市场上供给大量过剩导致企业的一部分生产能力闲置和一部分劳动力失业，即经济中的生产过剩导致企业的产能过剩。据当时有关部门对全国重点企业 67 种主要工业产品生产能力的调查，1997 年开工率在 80％以上的占 33.3％，开工率不足（60％～80％）的占 32.8％，开工率严重不足（60％以下）的占 33.9％；1998 年受市场消费需求不足的影响，企业开工不足状况进一步恶化。[①] 也就是说，只有 1/3 的工业产品的生产能力利用率是正常的，2/3 的工业产品的生产能力利用率由于产品相对过剩而不足。

为了应对东南亚金融危机对中国经济的冲击，中国政府首次出台了旨在扩大内需的积极的财政政策。1998 年 8 月 29 日，九届全国人大常委会第四次会议审议通过了中央财政预算调整方案，将中央财政赤字调整为 960 亿元（1997 年为 560 亿元），增发 1 000 亿元长期建设国债，同时配套增加 1 000 亿元银行贷款，全部用于基础设施建设。从 1998 年到 2004 年，中国政府累计发行了 9 100 亿元长期建设国债，各大国有商业银行发放了相应数额的配套资金；中国人民银行先后 7 次降低存贷款利率，2 次下调法定存款准备金率，增加了货币供应量和信贷规模；取消实行了 40 多年的福利分

---

① 金人庆. 中国科学发展与财政政策 [M]. 北京：中国财政经济出版社，2006：78.

房制度，推行住房分配货币化，开放开发房地产市场，同时实施教育和医疗体制改革；改革外贸体制，开放外贸的进出口自主权，允许民营企业自营出口。这些改革和举措有力地拉动了中国经济需求侧的"三驾马车"，极大地缓解了中国经济的相对生产过剩，使中国经济很快止跌回升，经济（GDP）增长率由1999年的7.7%上升到2000年的8.5%和2001年的8.3%。2001年中国正式成为WTO成员，极大地拓展了中国的国际市场空间，极大地促进了中国对外贸易的发展，外需的扩大和对外贸易的持续增长使中国经济的潜在总供给能力得到了充分利用，经济增长一路高歌猛进：2002年经济增长率突破9%（9.1%），2003年到2007年中国经济年增长率都在10%以上，2007年的增长率更是高达14.2%。

2007年上半年美国爆发次贷危机，此次次贷危机因其"大而猛"而被称为"金融海啸"（financial tsunami），随后演变成国际金融危机。在东南亚金融危机爆发后，时隔10年，中国经济又一次遭遇重大外部冲击。这轮冲击也是首先打击了中国的外需，然后冲击了中国的内需，使需求侧的"三驾马车"同时减速，生产过剩于是成为中国经济的主要矛盾。

为了应对国际金融危机的冲击，稳定经济增长和稳定就业，中国实施了新一轮旨在扩大内需的积极的财政政策，主要内容就是中国国务院于2008年11月出台的四万亿元投资扩张计划。[①]这个扩张计划的投资重点是铁路、公路、机场、水利等重大基础设施建设和城市电网改造，投资约15 000亿元，占4万亿元投资的37.5%。

这个扩张计划对复苏中国经济的作用是明显的，而且是见效很快的：中国GDP增速由2009年第一季度的6.2%的低谷快速回升到第二季度的8%，第三季度继续上升到10.4%（见图1-1）。

---

① 从2008年第四季度到2010年年底，中国中央政府通过增加中央基本建设投资、中央政府性基金投资、中央政府其他公共投资和灾后重建投资等，安排1.18万亿元投资，加上地方政府配套和社会投资2.82万亿元，形成4万亿元的投资规模。

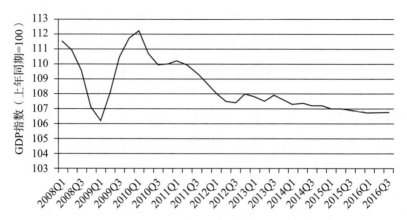

图 1-1 中国经济增长（2008 年第一季度—2016 年第三季度）

资料来源：国家统计局。

二、中国经济步入下行周期

中国经济增速在 2010 年第一季度达到 12.2% 的峰值以后开始进入下行周期，先后跌破 10% 和 8% 两个重要关口，2015 年第三季度更是跌破了 7%（6.9%），2016 年进一步下降到 6.7%（见图 1-1）。

随着经济增速不断下降，生产过剩便逐渐演变成产能过剩，连续 7 年的经济下行，使产能过剩问题越来越严重，如同海平面不断降低，露出水面的礁石越来越多，越来越大。

中国经济中的产能过剩究竟出现在哪些行业？过剩程度如何？这本账似乎不是很清楚，中国学术界和政府主管部门并没有统一的说法，但是下面的两组数据应当具有权威性。

一组数据是，2013 年下半年中国国务院发展研究中心的一个课题组对产能过剩问题进行了专题研究。课题组在河北、山东、河南、浙江、江苏、上海和北京等省和直辖市进行了实地调研，得到的数据和相关信息如下：2012 年中国钢铁产能已达到 10 亿吨左右，产量为 7.2 亿吨，约占全球产量的 46%，产能利用率为 72%；2012 年中国水泥生产能力达到 30.7 亿吨，水泥产量为 22.1 亿吨，产能利用率为 73.7%，考虑到正在建设的新型干法水泥生产线有约 290 条，全部建成投产后，产能将达 36.3 亿吨，届时产能利用率会进一步下降；2012 年中国电解铝产量为 1 988 万吨，产能为 2 765 万吨，产能利用率仅为 71.9%，而且电解铝行业的产能仍然在快速增加；2012 年，平板玻璃行业的产能为 10.4 亿重量箱，产量为 7.6 亿重量箱，约占全球产量的 50%，平均产能利用率为 73.1%，如果正在建设的 32 条浮法生产线全部建成，那么总产能将达 11.3 亿重量箱，产能利用率会进一步下降。2012 年中国船舶行业产能约为 8 010 万载重吨，完工量为 6 021 万载重吨，产能利用率为 75.2%，但如果包括三年以上没有产出的产能以及转移至海工和修船等的部分产能，那么船舶行业产能可以达到 1.2 亿载重吨，产能利用率会更低。①

另一组数据来自中国政府主管工业生产的工业和信息化部（简称工信部）。该部在 2015 年 12 月 28 日发布的《关于做好淘汰落后和过剩产能相关工作的通知》（工信厅产业函〔2015〕900 号）中公布的 2015 年重点行业淘汰落后和过剩产能目录包括 14 个行业：炼铁、炼钢、焦炭、铁合金、电石、电解铝、铜冶炼、铅冶炼、水泥、平板玻璃、造纸、制革、印染、铅蓄电池。

2014 年 7 月工信部公布的十五大行业②淘汰落后和过剩产能企业名单中，炼铁行业有 44 家，炼钢行业有 30 家，焦炭行业有 44

---

① 国务院发展研究中心"进一步化解产能过剩的政策研究"课题组.当前中国产能过剩的特征、风险及对策研究——基于实地调研及微观数据的分析［J］.管理世界，2015（4）：3。这个课题组认为：尽管不少研究通常采用 75% 或 79%～82% 作为合理产能利用率的标准，但调研发现，不同行业的合理产能利用率存在很大差别。例如对于平板玻璃和炼钢炼铁行业，其生产工艺特点导致整条生产线一旦点火就不能轻易停产，否则就会产生巨大的经济损失，所以，业内认为平板玻璃的合理产能利用率应为 90% 左右，而钢铁行业应为 80%～85%。由此可以判断这些行业产能过剩程度相当严重。

② 炼铁、炼钢、焦炭、铁合金、电石、电解铝、铜（含再生铜）冶炼、铅（含再生铅）冶炼、水泥（熟料及磨机）、平板玻璃、造纸、制革、印染、化纤、铅蓄电池（极板及组装）。

家，铁合金行业有 164 家，电石行业有 40 家，电解铝行业有 7 家，铜（含再生铜）冶炼行业有 43 家，铅（含再生铅）冶炼行业有 12 家，水泥（熟料及磨机）行业有 381 家，平板玻璃行业有 15 家，造纸行业有 221 家，制革行业有 27 家，印染行业有 107 家，化纤行业有 4 家，铅蓄电池（极板及组装）行业有 39 家。工信部要求，有关省（区、市）要采取有效措施，力争在 2014 年 9 月底前关停列入公告名单内的企业的生产线（设备），确保在 2014 年年底前彻底将其拆除淘汰，不得向其他地区转移。

以上可以看做中国政府确认的产能过剩企业和所属行业。

三、资本利用效率下降

如前所述，供给过剩意味着资本过剩，资本过剩表现为资本利用效率的下降。

通过测算增量资本产出比（ICOR）的变化，可以看出 21 世纪以来中国经济的投资效果或资本效率的变化。

图 1-2 显示的是 1996—2015 年中国经济中的 ICOR 的变化，其中 ΔY 是每年国民总收入增加量，ΔK 是每年固定资本形成总额增加量。可以看出，2008 年国际金融危机以来，中国经济的 ICOR 是上升的，2008—2013 年的 ICOR 明显高于 2005—2007 年。

从图 1-2 来看，中国经济的资本效率变化似乎不是很大。这可能是因为，图 1-2 反映的是中国经济总体的 ICOR 变化，一些行业（例如第二产业中的一些行业）的 ICOR 上升，另一些行业（例如第三产业中的一些行业）的 ICOR 则可能是下降的，它们的升降相互抵消使得综合的 ICOR 变化不大。

单从工业部门来看，ICOR 的变化就有些令人吃惊了。

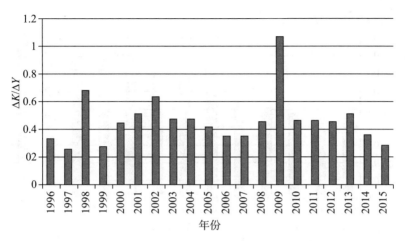

图 1 - 2　中国经济中的 *ICOR* （1996—2015 年）

资料来源：根据国家统计局公布的"1996—2015 年国家数据"计算获得。

　　图 1 - 3 显示的是中国工业部门的 *ICOR*，其中 ΔY 是每年的工业增加值，I 是每年工业部门的投资。国家统计局提供的国家数据中没有"工业总投资"或"工业部门资本形成总额"指标，本书作者利用国家数据中的"分行业固定资产投资"数据表，通过加总其中的"采矿业全社会固定资产投资""制造业全社会固定资产投资""电力、燃气及水的生产和供应业全社会固定资产投资"来代表工业总投资。

　　图 1 - 3 告诉我们，21 世纪以来，工业部门的 *ICOR* 是不断上升的，2015 年工业部门的 *ICOR* （0.93）是 2003 年部门的 *ICOR* （0.37）的 2.51 倍，也就是说，获得同样的工业增加值，2015 年所花费的投资是 2003 年所花费的投资的 2.51 倍！

　　图 1 - 4 反映了 2003—2015 年工业部门投资效果的变化，即 $\Delta Y/I$ 的变化。近十几年来，工业投资的效果是不断下降的：如果说 2003 年 1 元钱的工业投资可以带来 2.71 元的工业增加值，那么到 2015 年，1 元钱的工业投资只能带来 1.07 元的工业增加值了！

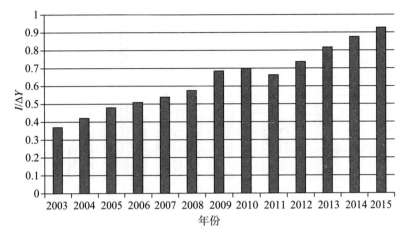

图 1 - 3　中国工业部门的 *ICOR*（2003—2015 年）

资料来源：根据国家统计局公布的"2003—2015 年国家数据"计算获得。

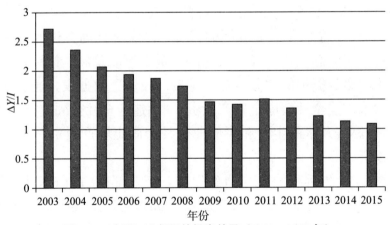

图 1 - 4　中国工业部门的投资效果（2003—2015 年）

资料来源：根据国家统计局公布的"2003—2015 年国家数据"计算获得。

　　图 1 - 3 和图 1 - 4 的数据印证了中国的产能过剩大多发生在工业部门的一些行业和企业中。

　　以上就是 2015 年 11 月 10 日中共中央总书记习近平在中央财经工作领导小组第 11 次会议上提出"加强供给侧结构性改革"的背景。

第二章

产能过剩的原因：需求分析

中国的产能过剩是多种原因造成的，并且是这些原因长期累积形成的，即产能过剩不是短时间形成的，其原因也不是单一的。这些原因大体上可以分为需求侧的原因、供给侧的原因和体制上的原因。本章先分析需求侧的原因。

一、客观看待"四万亿元"

把产能过剩完全归咎于中国政府 2008 年第四季度开始实施的四万亿元扩张计划似乎是一种简单的做法，但不完全合乎实际。事实上，早在 2005 年前后，中国经济中就出现了大面积的严重的产能过剩。

《中国经济周刊》2006 年 5 月 8 日发表了武在

平和祝剑锋合写的题为"中国十三大行业产能过剩突出，产能利用率很低"的文章，该文披露中国十三大行业产能过剩情况如下：

（1）钢铁行业。2005年总产能4.7亿吨，只生产了3.7亿吨，产能过剩1亿吨。目前还有在建产能7 000万吨，拟建产能8 000万吨。

（2）电解铝行业。2005年电解铝行业总产能1 030万吨，内需只有602万吨，外需为102万吨，闲置产能达326万吨。此外还有11个在建项目、14个拟建项目。

（3）铁合金行业。到2005年9月底产能达2 213万吨，在建、拟建项目投产后，总产能将达到2 497万吨，然而2005年内需仅1 200万吨，开工率只有40%。

（4）焦炭行业。2005年全国焦炭产量2.43亿吨，内需和外需共计2.32亿吨，产能超出需求0.11亿吨。此外全国还有新建和扩建项目240个，焦炉390座，生产能力将增加1亿吨左右。

（5）电石行业。2005年全国电石产量1 042.6万吨，国内电石生产厂家生产装置平均开工率维持在60%左右。此外在建、拟建项目还有1 200万吨到2 200万吨产能。

（6）汽车行业。2005年汽车产量近800万辆，而销量只有570万辆，目前已过剩两百多万辆。如果不对投资进行限制，那么"十一五"期末汽车产能可达2 000万辆，比实际需求高出一倍多。

（7）铜冶炼行业。到2005年年底建设总能力达205万吨，是2004年年底的1.3倍。预计到2007年年底，产能将达370万吨，远远超过全国铜精矿保障能力和国际市场可能提供的铜精矿量。如果不及时加强宏观调控，那么铜冶炼行业就会步电解铝行业的后尘。

（8）水泥行业。2005年水泥产能12.87亿吨，产量10.38亿吨，剩余产能2.49亿吨。

（9）纺织行业。在商务部监测的84种纺织品服装中，86.9%的商品供过于求。到2005年年底，纺织综合加工能力过剩 15％～20％。

（10）电力行业。2005 年年底全国发电装机容量达 5.1 亿千瓦。在建项目装机容量为 2 亿千瓦左右。预计到 2006 年年底，总装机容量将达近 6 亿千瓦，部分地区将出现电力富余；2007 年年底装机容量将富余 10％。

（11）煤炭行业。2005 年原煤产量达到 21.9 亿吨，已经接近预计的 2010 年中国煤炭消费 22 亿吨的目标。此外，在建产能还有 4 亿吨。

（12）集装箱行业。目前干货集装箱产能已达 450 万 TEU（20 英尺标准箱），而全年需求量仅为 240 万 TEU，供求比例高达 2∶1。预计 2007 年干货集装箱产能将达到 580 万 TEU，产能过剩更加严重。

（13）手机行业。2005 年中国手机产能已达到 5 亿多部，国内市场一年的容量只有 7 000 万至 8 000 万部，而且很难再有大幅的增长。

国务院早在 2006 年 3 月 12 日就发出《关于加快推进产能过剩行业结构调整的通知》（国发〔2006〕11 号），要求国务院相关部委和地方政府加快产能过剩行业结构调整。该通知强调指出："当前，部分行业盲目投资、低水平扩张导致生产能力过剩，已经成为经济运行的一个突出问题，如果不抓紧解决，将会进一步加剧产业结构不合理的矛盾，影响经济持续快速协调健康发展。"

该通知对当时的产能过剩和经济结构失衡所做的判断是：钢铁、电解铝、电石、铁合金、焦炭、汽车等行业产能已经出现明显过剩；水泥、煤炭、电力、纺织等行业目前虽然产需基本平衡，但在建规模很大，也存在潜在的产能过剩问题。在这种情况下，一些地方和企业仍在这些领域继续上新的项目，生产能力大于需求的矛盾将进一步加剧。还应看到，这些行业不但在总量上过剩，而且在企业组织结构、行业技术结构、产品结构上的不合理问题也很严重。目前，部分行业产能过剩的不良后果已经显现，产品价格下跌，库存上升，企业利润增幅下降，亏损增加。如果任其发展下去，那么资源环境约束的矛盾就会更加突出，结构不协调的问题就会更加严重，企业关闭破产和职工失业就会显著增加，因此必须下决心抓紧解决。

基于这些判断，国务院在该通知中提出了推进产能过剩行业结构调整的八项重点措施："切实防止固定资产投资反弹""严格控制新上项目""淘汰落后生产能力""推进技术改造""促进兼并重组""加强信贷、土地、建设、环保、安全等政策与产业政策的协调配合""深化行政管理和投资体制、价格形成和市场退出机制等方面的改革""健全行业信息发布制度"。

可见，产能过剩是先于四万亿元扩张计划出现的。

那么，今天我们如何看待四万亿元扩张计划呢？它对目前的供给过剩应当承担什么样的责任呢？

四万亿元扩张计划当时是一种应急举措，是一个拯救计划，其目的是通过强力扩张内需来拯救经济增长和就业，稳定经济，稳定社会。

从当时的经济走势来看，出台四万亿元扩张计划是必要的。

美国次贷危机和随后的国际金融危机首先冲击的是中国的出口，使中国经济中的外需增速急剧下降，并且很快跌落成负增长。2008 年 11 月以前中国出口总值同比月度增长率一直是两位数，9 月和 10 月分别为 21.5％和 19.2％，但是 11 月的出口增速急剧下降到－2.2％，此后出口负增长保持了 13 个月，一直到 2009 年 11 月，其中，2009 年 5 月的出口增速大幅下跌到－26.4％（见图 2-1）。2009 年中国出口总额和净出口分别比 2008 年减少了 18 365.25 亿元和 7 457.09 亿元，分别占 2009 年中国 GDP 的 5.26％和 2.14％。2009 年中国出口减少的数额比当年上海市和甘肃省的 GDP 总和还要多！[①] 这些不能出口到国际市场的货物不得不退回到国内市场待

①　2009 年上海市 GDP 为 14 001 亿元，甘肃省为 3 380 亿元。

销，从而极大地加剧了中国国内市场的生产过剩和总供求失衡。

生产过剩的直接结果是经济增速下降，因为过剩的产品实现不了其价值，以利润为目标的企业做出的理性反应是减少甚至停止过剩产品的生产。中国 GDP 同比增长率从 2007 年第二季度的 15％的高位一路下滑，下降到 2009 年第一季度的 6.4％，这是 1992 年中国开始季度 GDP 核算以来的最低增速；第二产业增加值增长率2007 年第二季度为 15.6％，2009 年第一季度下降到 5.8％，工业增加值增长率由 2007 年第二季度的 16％下降到 2009 年第一季度的 4.6％。

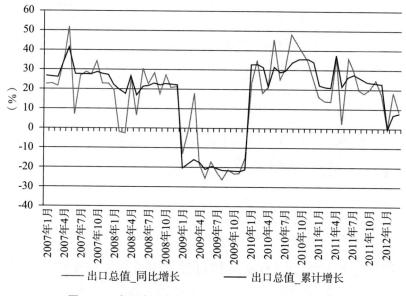

图 2-1　中国出口增长（2007 年 1 月—2012 年 3 月）

资料来源：国家统计局"2007—2012 年国家数据"。

随着经济增速不断下降，失业人口在不断增加。中国社会科学院于 2008 年 12 月 16 日发布的《社会蓝皮书》提供的数据是，中国城镇失业率已经攀升到 9.4％。尽管国务院要求国有企业不得裁员，但是按照中国国家统计局的数据，2009 年中国失业人数还是首次突破了 900 万人，达到 921 万人，比上一年净增加 35 万人。

这些数据清楚地表明了当时中国经济形势的严峻性和紧迫性。不难推测，如果中国政府不实施救市措施，那么经济增速还将进一步下降，失业人数还将进一步增加，由此不但会造成更多的资源闲置和产能过剩，而且可能引发社会动荡等一系列政治社会问题。

从四万亿元政府投资最初的计划安排来看，它重点是用于重大基础设施建设、2008 年中国南方大洪水灾害后的恢复重建和民生工程建设，这三大项就占了四万亿元的 81.75%，而不是直接投向我们今天所说的产能严重过剩的行业（见表 2-1）。

表 2-1　　　　　　　　　　　四万亿元投资的重点投向

重点投向	资金测算
廉租住房、棚户区改造等保障性住房	约 4 000 亿元
农村水电路气房等民生工程和基础设施	约 3 700 亿元
铁路、公路、机场、水利等重大基础设施建设和城市电网改造	约 15 000 亿元
医疗卫生、教育、文化等社会事业发展	约 1 500 亿元
节能减排和生态工程	约 2 100 亿元
自主创新和结构调整	约 3 700 亿元
灾后恢复重建	约 10 000 亿元

资料来源：中国中央政府门户网站（www.gov.cn，2009 年 3 月 6 日）。

四万亿元投资后来在实际执行过程中进行了结构调整，其实际支出结构如图 2-2 所示。

不难看出，四万亿元投资没有直接投向产能过剩行业。时任国家发改委主任张平在全国人大十一届三次会议 2010 年 3 月 6 日上午举行的记者会上甚至说：四万亿元投资没有一分钱进入"两高一资"（高耗能、高污染和资源性）产能过剩的行业，也没有一分钱进入房地产购买土地这一类的投资。

那么，四万亿元投资和后来的产能过剩有没有关系呢？四万亿元投资有没有问题呢？笔者对这两个问题的回答都是肯定的。

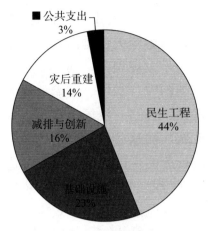

图 2 - 2　四万亿元投资结构

资料来源：根据时任国家发改委主任张平在全国人大十一届三次会议 2010 年 3 月 6 日上午举行的记者会上的讲话提供的数据计算而得。

为了应对国际金融危机对中国经济的冲击，中国政府的措施不仅仅是增加政府投资四万亿元，还推出了一个"政策包"，四万亿元只是其中的一项内容。四万亿元投资扩张计划以及 2009 年中国政府出台的扩大内需的十条规划和十大产业振兴规划，加上宽松的财政政策和货币政策，共同构成了中国政府应对国际金融危机冲击，保增长、扩内需、调结构、促发展的政策组合。当时增加四万亿元政府投资支出的主要目的是扩大内需和产业振兴。因此，四万亿元投资的效果应当和扩大内需的十条规划、十大产业振兴规划的实施效果结合在一起分析。

扩大内需的十条规划的内容包括：（1）加快建设保障性安居工程。（2）加快农村基础设施建设。（3）加快铁路、公路和机场等重大基础设施建设。（4）加快医疗卫生、文化教育事业发展。（5）加强生态环境建设。（6）加快自主创新和结构调整。（7）加快地震灾区灾后重建各项工作。（8）提高城乡居民收入。（9）在全国所有地区、所有行业全面实施增值税转型改革，鼓励企业进行技术改造，减轻企业负担 1 200 亿元。（10）加大金融对经济增长的支持力度。

这十条规划的内容及其扩大投资与产能过剩确实没有直接关系，而且其中的大多数内容今天还是需要大力推进的。但是，我们进一步分析发现，在这十大规划中，第一、二、三、七条规划的内容及其投资会直接拉动钢铁、水泥、玻璃、煤炭等行业的投资和生产规模扩大，修建铁路、公路、机场、水利工程和房屋必然需要大量的钢铁、水泥、玻璃，而这些行业早在2005年前后就已经产能过剩了。并且，这些行业的生产规模的扩大又进一步拉动了相关产业的扩张，例如，钢铁行业的扩张必然进一步拉动电力和煤炭行业的扩张，这就可能形成产能过剩的传递效应和累积效应。以钢铁和电力为例，在国际金融危机冲击下，中国钢铁产量在2008年9月至2009年1月出现负增长，在四万亿元扩张计划出台以后迅速反弹，并远远超过2008年国际金融危机之前的增长速度，而钢铁产量提速又带动了电力增长率的持续攀升（见图2-3）。

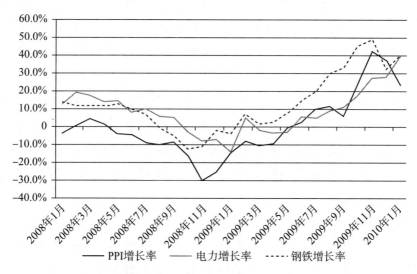

图2-3　2008年四万亿元刺激计划带来钢铁和电力大增长

资料来源：国家统计局"2008年国家数据"。

十大产业振兴规划是指对钢铁、汽车、船舶、石化、纺织、轻工、有色金属、装备制造业、电子信息和物流业十个重点产业进行调整，促进其振兴和发展。

不难看出，这十大产业中有六个产业就是目前产能严重过剩的行业。

十大产业振兴规划的初衷并不是要单纯地扩大这些产业的规模和提高其生产能力，而是要把扩大内需、振兴产业和科技支撑结合起来，提高这些产业的科技含量和竞争力，做强做优这些产业。例如，2009年2月14日国务院常务会议在审议钢铁产业调整振兴规划时强调，要严格控制钢铁总量，淘汰落实产能，不得再上单纯扩大产能的钢铁项目。

但是，在政策执行过程中，中央政府的意图并没有得到很好的贯彻落实，产业振兴规划变成了生产规模扩张行动，因为数量扩张远比结构优化和质量提升容易做到，数量扩张省力气、省成本，并且数量扩张见效快。当时为了扩大内需而出台的一些配套政策措施也助长了地方政府和企业提高生产能力的行为。例如，为了扩大出口，当时企业界和沿海地区地方政府呼吁通过增加出口退税、降低或取消出口关税的办法来增加企业收入，减轻企业负担。国务院后来采纳了这些建议：以钢铁行业为例，国务院决定自2008年12月1日起，取消67个税号的钢材出口关税，包括所有热轧板卷、热轧中厚板、大型型材（包括大型H型钢）、大部分钢丝、所有焊管、有关税的合金钢板、合金钢窄带、合金钢条杆等，以促进这些产品出口。为了促进机电产品出口，国务院决定自2009年1月1日起提高部分技术含量和附加值高的机电产品的出口退税率，其中摩托车、缝纫机等产品的出口退税率分别由11%、13%提高到14%、14%。出口退税刺激了这些产品的出口，给这些出口产品的生产企业提供了错误的市场信号，于是这些企业便在生产和投资上"大干快上"。

从国际金融危机后的中国经济形势来看，中国政府出台扩大内需的政策组合是必要的，其本意是好的，对于稳定就业、稳定经济增长、稳定信心和稳定社会是发挥了积极作用的。但是，这个政策

组合又事实上加重或者恶化了本已存在的产能过剩,加剧了本已存在的总供求结构失衡。其中的原因现在不难梳理出来:

(1)扩张政策导致了内需扩大,客观上为企业扩大生产提供了市场,从而刺激了企业扩大投资,提高生产能力。

(2)中央政府的扩张计划引发各地政府加速扩张。2008年11月21日新华网一篇报道的题目是"中央4万亿经济刺激计划引发各地政府全力冲刺"。这篇报道说,"刚刚过去的十天里,为了挤上'四万亿'这趟车,中国的各个地方政府都在挑灯夜战","跑部(委)进京"。"(国家)发改委大楼所在的三里河,所有宾馆都已客满。"各地方政府都抱着同一种心态:四万亿元是一锅香喷喷的大锅饭,捞到自己碗里就是自己的,于是大家都想快捞多捞。在国务院公布四万亿元扩张计划的第二天,河南省一位副省长就带领了一个由从省发改委、建设厅、国土局、环保局等各部门抽调的人员组成的小组,前往北京,住进了距离国家发改委10分钟路程的国宏宾馆。并且河南省在国务院四万亿元扩张计划公布后第二天就发文要求各部门各市县上报材料到省发改委,只给了三天时间,郑州市发改委一位处长抱怨时间太紧张,"要逼死人"。安徽省发改委主任带着一队人马和200多个项目来到北京,加上此前的申报,共申报了446个项目,需要投资347亿元。当时的安徽省委书记2008年11月13日在《我省争取国家项目和资金最新进展情况》上批示"很好,加大力度,加紧工作,力争多一些支持"。这个批示说出了当时各地政府的共同心声。新华社的这篇报道估计,"就目前各地已公布的数据看,全国各省直辖市自治区已公布的固定资产投资总额已逾10万亿元,远远超出国务院所设想的拉动地方和社会投资规模达到4万亿元的目标"。

(3)四万亿元投资出台过急过快,项目集中审批、突击审批,必然造成其合理性、科学性降低,不可避免地会出现一些重复建设和"打水漂"的项目。2008年11月5日国务院常务会议要求,"扩大投资出手要快,出拳要重","加大支持力度,加快工程进度,同时抓紧启动一批新的建设项目"，虽然这次会议也强调"措施要准，工作要实"，"要突出重点，认真选择，加强管理，提高质量和效益"，但是最终还是"急办""快上"占了主流。俗话说"一快三分假"，突击审批、快速上马的项目难免有打马虎眼的，有弄虚作假的，有以次充好的。2009年上半年笔者在中国东部某省做关于美国次贷危机的原因和影响的讲座时，一个地级市的领导自豪地告诉我，他们市的一个水库建设项目近五年获得了三次国家项目资金资助，也就是建一个水库共花了建三个水库的钱。另一个例子是，据中央电视台焦点访谈节目报道，西北某省一个现代农业种植项目在四万亿元项目审批过程中获得政府投资5 000万元，建成后却因为缺水而废弃。

（4）四万亿元投资项目间接拉动的上游和下游产业的生产规模扩张是政府扩张计划制订者没有充分预期到的。

（5）投资增加有二重效应，既会扩大本期的总需求，也会增加未来的总供给（产能）。投资增加会通过乘数效应成倍扩大本期总需求，这是投资的短期效应；但是投资增加又会增加资本形成（厂房、设备和生产线），增加资本存量，从而增加未来的生产能力，而且这些生产能力在资本存量生命周期内都将持续存在，这是投资的长期效应。四万亿元投资扩张计划带来的产能大规模增加这种长期效应是这个计划的制订者和实施者估计不足的。

二、"三驾马车"减速

在四万亿元投资带来诸多行业产能大幅度增加的过程中，如果总需求能够相应增长，那么供给过剩就不会出现。不幸的是，在四万亿元投资的扩张效应还没有完全显现之前，中国经济的外需和内需增长就遭遇了"滑铁卢"。

在扩张政策的刺激下，中国的消费增长率由 2009 年的 9.7%恢复到 2010 年的 15.2%，2011 年达到国际金融危机以来的最高增速 21.1%，但是此后不断下降，2014 年以来均低于 10%。与国际金融危机前的 2007 年（18.7%）相比，2014 年和 2015 年中国消费增长率几乎下降了一半。与此同时，中国的资本增长率由 2010 年的 21.3%一路大幅度下滑，2014 年和 2015 年分别为 7.3%和 3.4%，前者不到 2007 年（24.7%）的 1/3，后者不到 2007 年的 1/7（见图 2-4）。

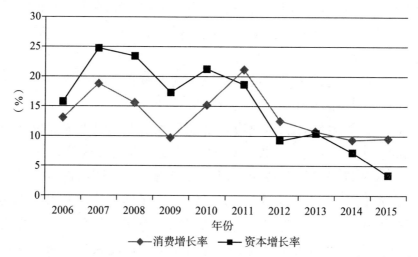

图 2-4　中国内需（消费和投资）增长情况（2006—2015 年）

资料来源：国家统计局"2006—2015 年国家数据"。

　　在国际金融危机的冲击下，2010—2016 年中国出口年增速由 20%以上持续下降至负增长。中国的净出口增速则呈现剧烈震荡、大幅度下降的走势：2007 年中国净出口增速为 40.6%，2008 年下跌到 3.4%，2009 年进一步下降到 -37.9%；扩张政策也只使 2010 年的净出口增长率上升到 0.13%，2011 年为 -22.4%。2012 年和 2015 年虽然有较大的正增速，但是远没有恢复到金融危机前的增长水平（见图 2-5）。可见，扩张政策组合对外需增长的作用是不明显的。这是因为金融危机导致国际市场需求萎缩，贸易保护主义死灰复燃，中国的货物和服务出口严重受阻。

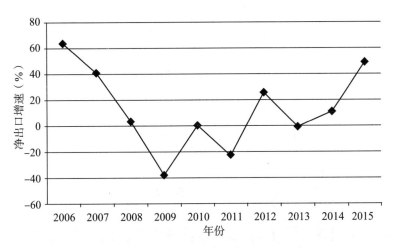

图2-5　中国外需（净出口）增长情况（2006—2015年）

资料来源：国家统计局"2006—2015年国家数据"。

　　国际金融危机首先造成对中国外需增长的负向冲击，在扩张政策的效应衰减后，中国的内需增长又持续下降。并且，总需求的"三驾马车"减速还存在相互强化的效应：消费需求增长减速直接导致企业产品库存增加和生产过剩，企业投资不得不减少；根据近几年我国出口商品结构与投资增长的关系估算，出口对我国投资的影响大约占40%，所以出口减速又压低了投资增速。在总的有效需求增速不断下降的过程中，由于受固定资本更新、投资方向选择、投资与生产周期的制约，供给侧的调整大大滞后于需求侧的变化，于是，一些行业的产能过剩就如同退潮后的暗礁一样，不可避免地暴露出来了（见图2-6）。比较而言，这一轮的中国产能过剩，内需增速回落是主要原因。

　　如果说在国际金融危机爆发以前，中国经济的均衡位置在图2-6中的E_0点，那么中国经济的产能是得到充分利用的，实际产出y等于潜在产出y_f，中国经济以两位数的增速高位运行。2008年的国际金融危机对中国的总需求造成了负向冲击，总需求

中国式供给革命

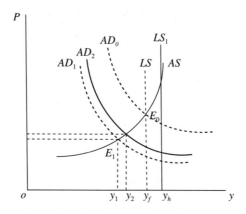

图 2‑6　中国产能过剩：需求侧分析

曲线由 AD_0 下移至 AD_1，宏观经济的均衡位置由 E_0 点下移到 E_1 点，实际产出减少到 y_1。2008 年第四季度中国政府出台四万亿元扩张计划，随后使 AD 曲线向右上方移动，同时由于扩大投资增加了资本形成，提高了经济的生产能力，潜在总产出曲线由 LS 移动到 LS_1，这使得中国经济增速在 2009 年第二季度又回升到 8% 以上（8.2%），此后中国经济以高于 8% 的增速持续运行了 12 个季度，直至 2012 年第二季度下降到 7.6%，在这期间最高的季度（2010 年第一季度）增长率达到 12.2%。当四万亿元扩张计划的刺激效应在 2010 年以后逐渐衰减时，总需求规模虽然在增加，但是其增速是大幅度下降的，假定 AD 曲线移到 AD_2，而这时的潜在总产出曲线已经右移到 LS_1，为了简化，再假定短期 AS 曲线不变，现在潜在总供给 LS_1 与实际总供给 AS 的差距为 $y_2y_h = y_h - y_2$，y_2y_h 就是 AD 增速下降伴随着产能扩张导致的产能过剩的规模。

可见，虽然 2010 年以后，中国经济中的 AD 规模还是在不断增加，但是其增幅或增速赶不上潜在产出（产能）的增幅或增速（图 2‑6 中 AD_1 与 AD_2 的距离小于 LS 与 LS_1 的距离），导致产能大量过剩。

因此，目前中国经济中的产能过剩是有效需求增速减慢和 2009—2011 年扩张计划导致生产能力大幅提高共同作用的结果，而不是单纯的需求方的原因或单纯的供给方的原因导致的结果。

三、两轮扩内需的效果为何不同

中国政府 1998—2001 年为应对 1998 年东南亚金融危机而实施的刺激计划没有造成严重的产能过剩，而 2008—2010 年实施的扩张计划却造成了严重的产能过剩。为什么这两轮刺激计划的效果大不相同？

1998 年的扩张计划和 2008 年的扩张计划的总基调是相同的，这就是通过扩大政府支出（投资）来扩大内需，托举经济增长，制止经济下滑，稳定经济和社会。

虽然 1998 年的扩张计划和 2008 年的扩张计划的"政策包"的内容有所不同，但是政策组合的主菜单是相近的：主要是通过扩大基础设施投资来扩张总需求。1998—2004 年，财政部共发行 9 100 亿元长期建设国债，到 2004 年年末，7 年累计实际安排国债项目资金 8 643 亿元，其支出结构如图 2－7 所示。

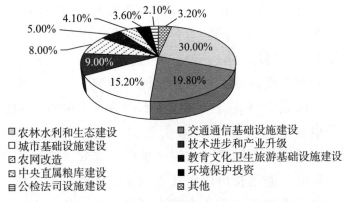

图 2－7 1998—2004 年扩张计划的支出结构

资料来源：金人庆 . 中国科学发展与财政政策 ［M］. 北京：中国财政经济出版社，2006：82.

由图 2-7 可以算出，在 8 643 亿元投资支出中，交通通信基础设施建设和城市基础设施建设合计占 35%，如果把农林水利和生态建设以及农网改造也看做基础设施建设，那么这四项支出总计占 73%，与 2008 年的扩张计划（见图 2-2）相比，1998 年的这一轮扩张计划用于基础设施建设的支出的比例高得多。

据财政部统计，1998—2004 年这七年间，通过中央财政增发长期建设国债 9 100 亿元，拉动地方政府配套资金、银行信贷资金和企业自有资金的投资，形成了约四万亿元的全社会投资规模，到 2004 年年底累计完成投资三万多亿元。[①] 这比 2008 年四万亿元扩张计划所拉动的社会投资规模小得多。据估计，2008—2010 年的四万亿元扩张计划拉动的社会投资规模累计在 20 万亿元上下。

这两轮强刺激的经济后果之所以不同主要是由于经济环境不同和改革的力度不同。

实施第一轮强刺激时，中国以铁路、公路和机场为代表的基础设施数量少而且落后，远不能满足经济和社会快速发展的需要。1997 年全国铁路营业里程为 6.6 万公里，铁路电气化里程只有 1.2 万公里，公路里程为 122.64 万公里，高速公路里程只有 0.48 万公里。中国的汽车产业（特别是小汽车生产）20 世纪 90 年代才开始大规模发展。1997 年全国民用汽车和私人汽车拥有量分别是 1 219.09 万辆和 358.36 万辆。房地产市场化开发于 20 世纪 90 年代末才刚刚起步。"铁（路）、公（路）、机（场）"、汽车和房地产这些行业的发展直接拉动了钢铁、水泥、玻璃、煤炭、建材等相关行业的发展，所以当时政府扩大投资不但有很大的空间和潜力，而且投资效果也很好；再加上中国在 2001 年正式成为 WTO 成员，外需获得了迅猛增长，钢铁、水泥、玻璃、煤炭、建材的产能增长和其他工业品的产能增长可以由外需的大幅度增长来支撑，从而使得投资和外需这两驾马车成为支撑中国经济高增长的主要力量。

[①] 金人庆. 中国科学发展与财政政策［M］. 北京：中国财政经济出版社，2006：97.

但是到 2008 年实施第二轮强刺激时，经济环境已经由"河东"变成"河西"了：一方面，中国经济在 2005 年前后已经出现了明显的结构性失衡和产能过剩；另一方面，虽然一些基础设施人均拥有量还不高，但是以"铁、公、机"为代表的基础设施可投资的空间大大缩小了。2007 年全国铁路营业里程已达 7.8 万公里，铁路电气化里程已有 2.4 万公里，公路里程已达 358.37 万公里，高速公路里程已达 5.39 万公里。而且中国已经成为汽车生产和消费大国，2007 年全国民用汽车和私人汽车拥有量分别达到 4 358.36 万辆和 2 876.22 万辆。房地产市场则出现了大量泡沫，2007 年全国住宅商品房销售面积已达 70 135.88 万平方米。这就大大挤压了钢铁、水泥、玻璃、煤炭、建材等相关行业的发展空间，再加上国际金融危机的爆发使得我们不得不减少对外需的依赖，拉动经济增长的两驾主要马车（投资和外需）现在只剩投资这一驾了。同时，由于没有适度的技术进步速度做支撑，通过积极的财政政策大规模扩大投资，虽然也能够在短期内使经济增长止跌回升，但是随着"三驾马车"减速，很快就出现了产能过剩，总需求—总供给结构性失衡进一步加剧。

　　1998 年那一轮扩张计划的效果比较好与当时实施的住房、教育和医疗三大市场化改革也有很大关系。停止福利分房，推行住房货币化改革，直接催生了一个新产业或新市场，这就是红火了 20 年的房地产业或房地产市场。房地产业和汽车业成为支撑 20 世纪 90 年代末到 2010 年中国经济高增长的两大支柱产业。虽然对 1999 年开始的高校扩招、大学收费和推行教育产业化存在一些争议，但是教育和医疗改革扩大了内需是不争的事实。

　　尽管 2000 年美国互联网泡沫破灭，但是互联网和 IT 当时在中国的发展正方兴未艾，互联网和 IT 是助推中国经济 1998—2004 年高增长的两大新产业力量。

　　2001 年中国正式成为 WTO 成员，加入 WTO 为中国产品打开了广阔的国际市场，一方面使中国政府扩大投资形成的生产能力有了更大的市场需求做支撑，另一方面又拉动了中国的投资增加和供给增加。2000 年中国出口和净出口分别为 20 634.4 亿元和 1 995.6亿元，分别占当年 GDP 的 20.6％和 2.0％。2003—2008 年中国出口每年以万亿元的规模增长，分别突破 3 万亿元（36 287.9 万亿元）、4 万亿元（49 103.3 万亿元）、6 万亿元（62 648.1 万亿元）、7 万亿元（77 597.2 万亿元）、9 万亿元（93 627.1 万亿元）和 10 万亿元（100 394.94 万亿元）（见图 2-8），分别占当年 GDP 的 26.4％、30.3％、33.4％、35.4％、34.6％和 31.4％；净出口2005 年突破 8 000 亿元，达到 8 374.4 亿元，2007 年突破 2 万亿元，达到20 330.2亿元，占当年 GDP 的 9.3％。加入 WTO 以后，一直到 2008 年，净出口对中国 GDP 增长的贡献率总体是不断提高的（见图 2-9）。数据说明，加入 WTO 是中国第一轮扩张计划获得成功的主要国际方面的原因。

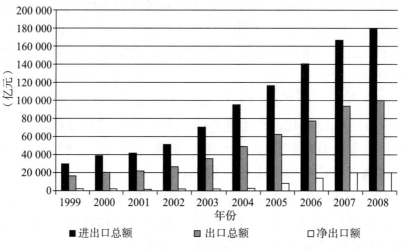

图 2-8　中国货物进出口总额（1999—2008 年）

资料来源：国家统计局"1999—2008 年国家数据"。

但是 2008 年的扩张计划却没有这么幸运，既没有了住房和医疗改革的机遇，也没有了汽车、IT 和互联网大发展的机遇。这一轮扩张不但不能像 2001 年那样通过加入 WTO 扩大国际市场，反

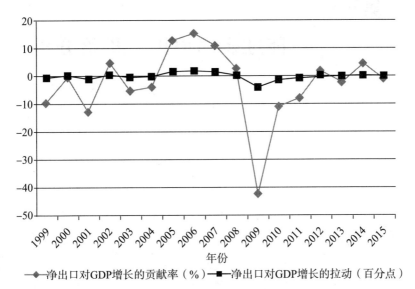

图 2 - 9　净出口对中国 GDP 增长的贡献率和拉动（1999—2015 年）

资料来源：国家统计局"1999—2015 年国家数据"。

而遭遇国际金融危机和贸易保护主义盛行带来的外需萎缩，外需（净出口）对中国 GDP 增长的贡献率和拉动已经大不如前（见图 2 - 9）。特别是，在 2008 年开始的这一轮扩张中，我们出台和实施的制度改革措施并不多，力度也不大。

第三章

产能过剩的原因：供给分析

中国产能过剩的另一个重要原因来自供给侧，供给侧的原因又分为数量方面的原因（供给数量超过需求数量）和结构方面的原因（供给结构与需求结构错位和不匹配）。

一、供给快速增长

如前所述，供给过剩首先表现为生产过剩——实际的总供给大于有效需求。我在本书第一章"中国经济大转折：由供给短缺到供给过剩"中已经谈到，中国经济在 20 世纪 90 年代末期已经由供给短缺型过渡到供给相对过剩型。进入 21 世纪，深化改革和扩大开放进一步促进了总供给能力的提高，2008 年国际金融危机以来的一系列因素加剧了中国经济的供给过剩。

首先，20世纪90年代中期开始的中国社会主义市场经济体制建设工程极大地调动了个人、企业和地方政府的积极性，极大地提高了资源配置效率和经济活力，从而极大地提高了经济的总供给能力。其次，2001年中国成为WTO成员之后，中国的外部市场迅速扩大，从而诱导中国企业持续扩大就业和生产规模。再次，中国加入WTO以后，引进外资、外国先进技术、外国先进的机器设备、外国管理人才更加便捷，这有助于促进中国经济的总供给能力提高。最后，2007—2008年的美国次贷危机和国际金融危机虽然对中国经济造成了负向冲击，但是在中国政府实施一揽子经济扩张计划的作用下，这种冲击的影响是短暂的，中国的国内需求和市场得到了快速恢复[①]，内需的扩大拉动了中国工业、建筑业和房地产业的增长（见图3-1），这三大产业是支撑中国经济高增长的三大主要支柱。

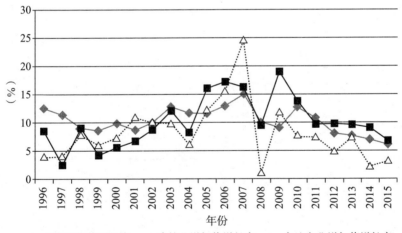

图3-1　中国工业、建筑业和房地产业增长（1996—2015年）

资料来源：国家统计局"1996—2015年国家数据"。

　　由图3-1可以看出，除了2008—2009年受国际金融危机冲击

---

　　① 2010年下半年开始，中国经济出现温和的通货膨胀，这可以看做市场复苏繁荣的一个信号。2010年7月中国的CPI涨幅突破3%的警戒线，达到3.3%，此后物价缓慢、不断上升，2011年6～9月连续4个月突破6%，最高达6.5%。

增长率有所下降以外，2002—2010 年中国的工业、建筑业和房地产业的增加值一直是高速增长的。

如果以 1997—1998 年中国经济遭受东南亚金融危机冲击为起点，那么到 2015 年中国主要工业品的产量最低也增长了 1.81 倍（原煤），最高增长了 12.45 倍（原铝）；从东南亚金融危机到 2008年国际金融危机这 11 年，中国主要工业品的产量增长了 1.2 倍到 4.6 倍；从 2008 年到 2015 年这短短的 8 年，中国主要工业品的产量又增长了 29%～139%（见表 3-1）。

表 3-1 中国主要工业品产量及其增长

	1998 年	2008 年	2015 年	2008 年比 1998 年增长	2015 年比 2008 年增长	2015 年比 1998 年增长
原煤产量 （亿吨）	13.32	29.03	37.47	118%	29%	181%
水泥产量 （万吨）	53 600	142 355.73	235 918.83	166%	66%	340%
平板玻璃 产量 （万重量箱）	17 194.03	59 890.39	78 651.63	248%	31%	357%
生铁产量 （万吨）	11 863.67	47 824.42	69 141.3	303%	45%	483%
粗钢产量 （万吨）	11 559	50 305.75	80 382.5	335%	60%	595%
钢材产量 （万吨）	10 737.8	60 460.29	112 349.6	463%	86%	946%
十种有色 金属产量 （万吨）	615	2 520.28	5 155.82	310%	105%	738%
原铝（电解 铝）产量 （万吨）	233.57	1 316.54	3 141	464%	139%	1245%

资料来源：国家统计局"国家数据"。

二、成本上升导致短期总供给曲线左移

造成中国经济由生产过剩转变成产能过剩的一个重要原因是自 2004 年开始中国的劳动报酬和其他成本进入上升周期，并且工资上涨速度超过了劳动生产率的增长速度（见图 3-2）；企业的生产成本持续上升，使得宏观经济中的短期总供给曲线向左上方移动，从而拉大了实际总供给与潜在总供给之间的差距。

改革开放给中国经济带来的一个重要变化是大量的农业剩余劳动力从农业部门和农村转移到工业部门和城市，成为农民工。改革开放之初中国的农业不发达，农民的年收入普遍较低，1983 年以前，中国农民的年人均纯收入一直低于 300 元，1978—1982 年中国农民年人均纯收入分别是 133.6 元、160.2 元、191.3 元、223.4 元和 270.1 元。城镇职工月平均工资 1985 年以前不到 100 元，1985—1989 年提高到 100～170 元。所以，20 世纪 80 年代农民工进城工作人均月工资 200 元就是高工资了。20 世纪 90 年代前期农民工的月工资为 300～500 元，90 年代中后期上升到 500～700 元，2010 年为 1 500～1 700 元。2008 年以后，农民工的工资水平以年均 20% 以上的速度增长。图 3-2 表明，进入 21 世纪以来，中国城镇就业者的工资增长率一直高于劳动生产率的增长率。除了 2007—2009 年受国际金融危机影响以外，其他年份的中国城镇就业者的工资增长率也高于 GDP 增长率和人均 GDP 增长率。

除了企业的用工成本之外，其他成本上升也较快。就能源成本来看，2004 年到 2014 年，中国的电力消耗从 7 美元每千瓦时上升至 11 美元每千瓦时，天然气成本则从 5.8 美元每百万英热单位上升到 13.7 美元每百万英热单位。就物流成本来看，中国目前制造

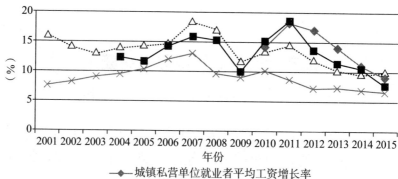

图 3 - 2 中国工资增长与劳动生产率增长

资料来源：工资数据来自国家统计局"2001—2015年国家数据"，劳动生产率数据来自国际劳工组织。

业生产成本中物流成本大约占30%，远高于发达国家的10%～15%；目前中国全社会物流总成本占GDP的比例不仅比美、日、德等发达国家高出一倍左右，而且高于印度、巴西等其他金砖国家，高于全球平均水平5个百分点左右。中国正在向社会主义市场经济转轨，转轨时期新旧制度的摩擦使得交易成本或制度成本居高不下。近几年资源类产品价格提高又是导致企业生产成本上升的另一个原因。

上述这些诸多因素不断推高企业生产成本，使得中国经济的短期总供给曲线向左上方移动，从而使产能进一步过剩（见图3-3）。

在图2-6的分析中，我们假定短期总供给曲线不变。现在由于劳动报酬、能源成本、物流成本和制度成本提高增加了企业的生产成本，从而使短期总供给曲线由 AS_1 移动到 AS_2，如果总需求一定，那么新的均衡点为 E_2 点，实际产出为 y_2，这使得产能过剩的规模由 y_0y_1 扩大到 $y_0y_2 = y_0 - y_2$（见图3-3）。

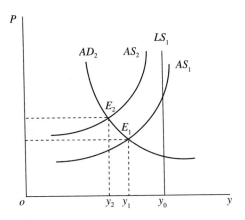

图 3-3 中国产能过剩：供给侧分析

三、TFP 增长减速

宏观经济学的知识告诉我们，技术进步使总供给曲线向右下方移动，从而可以抵消生产成本上升造成的价格总水平上升和供给减少的压力；技术进步带来的 TFP 增长会促进经济增长。

遗憾的是，在近些年生产成本不断上升的过程中，中国的技术进步速度在放缓，TFP 增速在下降。我们在《中国经济减速的原因与出路》一文[①]中，利用广义的索洛余值法，估计了 1988—2012 年中国 TFP 增长率的变化，发现 2008 年以来，中国的 TFP 增长率是持续下降的（见表 3-2）。

表 3-2	中国的 TFP 增长率	（%）
年份	TFP 增长率	
1988	8.110 1	
1989	1.879 6	

① 方福前，马学俊. 中国经济减速的原因与出路 [J]. 中国人民大学学报，2016 (6)：64-75.

续前表

年份	TFP 增长率
1990	−12.118 2
1991	7.749 1
1992	12.951 3
1993	12.594 3
1994	11.656 4
1995	9.399 7
1996	7.937 3
1997	7.094 3
1998	5.646 9
1999	5.512 1
2000	6.371 5
2001	6.075 5
2002	7.196 4
2003	8.231 5
2004	8.207 3
2005	9.427 7
2006	10.529 4
2007	11.673 5
2008	6.777 6
2009	6.061 4
2010	6.565 3
2011	3.836 1
2012	1.267 3

　　根据表 3-2 的数据画出的中国 TFP 增长率变化趋势线见图 3-4。

　　由表 3-2 可知，1988—2012 年中国 TFP 年均增速为 6.82%。其中 1992—1993 年的增速最高，超过 12%；2008 年以后 TFP 增长率持续走低，并且低于 1988—2012 年的年均增速！

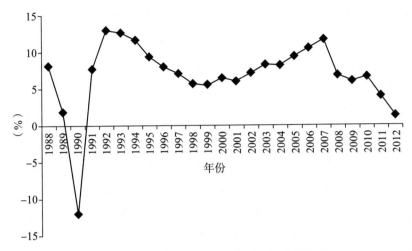

图 3 - 4　1988—2012 年中国 TFP 增长率的估计

　　值得注意的是，中国 TFP 增长率在 2007 年达到波峰值 11.673 5%以后便在波动中持续下降，2011 年和 2012 年更是分别大幅下降至 3.836 1%和 1.267 3%！

　　生产成本上升和技术进步速度放缓导致 TFP 增长减速，双向恶化了中国经济的供给侧。

四、供求结构失衡

　　中国经济的供给过剩不但是总供给数量的相对过剩，而且更重要的是结构性过剩——总供给结构和总需求结构错位和不匹配，供给过剩和供给短缺并存。一方面，一些原材料（如煤炭、粗钢、玻璃）和技术含量低、品质不高的产品大量过剩；另一方面，高科技产品、品质高的产品、中高收入者和老年人需要的产品又相当短缺。处于产业链低端、增加值低的产品相对过剩，而处于产业链中高端、增加值高的产品相对短缺。许多工业品过剩，而许多服务项目（例如优质教育和医疗服务、工农业生产性服务、家政服务、节能环保服务、休闲服务、社区服务等）短缺。中国消费者之所以每年到海外"扫货"，大量抢购韩国的面膜和化妆品，日本的马桶盖和电饭锅，新西兰或澳大利亚的奶粉，欧美的箱包，美国的保健品和 iphone 手机，皆是因为这些产品的品质和功能大大优于或（和）价格低于中国同类产品。据财富品质研究院统计，中国消费者2013 年境外奢侈品消费额高达 740 亿美元，占全球奢侈品消费额的 47%；而中国消费者对本国生产的奢侈品的消费金额只有 280亿美元，中国人购买国外奢侈品的金额是国内的 2.64 倍。另据新华社报道，中国商务部部长高虎城在 2015 年 3 月 7 日的十二届全国人大三次会议记者会上介绍说，2014 年中国出境人数超过 1 亿人次，境外消费超过 1 万亿元，其中相当大的比例用于购买外国产品。据中国中央电视台 2016 年"3·15"晚会报道，2015 年中国居民境外消费达到 1.5 万亿元，比上年增长 50%！中国消费者青睐"洋货"，固然与一些国人迷信"洋货"有关，但是主要原因还是这些外国商品的品质和（或）价格优于中国同类商品。如果每年中国居民出国购买外国产品的规模按 1 万亿元计算，消费支出乘数按 2 计算，那么每年中国内需流失海外的规模就是 2 万亿元，相当于 2015 年贵州、甘肃和海南三个省 GDP 的总和！

随着经济的快速发展和人均收入水平的不断提高，中国居民的需求结构在变化中不断升级。改革开放以来，中国居民的需求结构的变化经历了五个明显不同的阶段：

第一阶段的需求结构以吃、穿为主。改革开放之初，由于经济发展水平和人均收入水平低，供给高度短缺，许多国人还没有完全解决"吃饱穿暖"的问题，因此，这个阶段的居民消费结构以食品和日用品消费为主，吃、穿、用是消费支出中的大头。

第二阶段的需求结构以"三转一响"为代表。20 世纪 80 年代到 90 年代初，中国中等收入家庭的需求结构转向以自行车、缝纫机、手表和收音机为主，这个阶段的年轻人结婚成家的标配就是这

"三转一响"。

第三阶段的需求结构以家电三大件——彩电、冰箱和洗衣机——为标志。

第四阶段的需求结构以（住）房、（汽）车为代表。自20世纪90年代末开始，商品房和小汽车成为中国家庭消费支出的重点。

第五阶段的需求结构以高层次高质量的教育、医疗、养老、娱乐、旅游等服务消费为主。近几年中国居民日益重视子女的教育质量，注重提升自身的受教育档次；越来越多的人注重健身、养生、休闲；越来越多的人加入旅游大军。

越来越多的中国家庭的需求结构已经进入第四和第五阶段，而我们的生产结构还是以满足第一、第二、第三阶段的需求结构为主，满足第四阶段需求结构的生产正在发展，教育和医疗资源配置不足且不平等、高质量的教育和医疗服务供给不足、养老设施和养老服务不足就成为当下的突出问题。于是出国读书、出国就医的人越来越多，家庭养老纠纷增加，甚至对簿公堂。

中国经济中的许多行业内部也存在结构性过剩，如能源行业、汽车行业、房地产行业、石油化工行业等。根据国家发改委和中汽协、中汽研发布的中国汽车产能调查和分析报告，截至2015年年底，中国汽车产业乘用车产能利用率为81%，而商用车产能利用率只有52%。

中国经济的总供给结构和总需求结构的最大失衡可能就是，一方面，中国经济中存在大量的产能过剩和产品库存，许多产品苦于找不到销路；另一方面，中国又存在7 000多万需要扶贫的人口，他们的温饱问题还没有完全解决，基本消费需求还无法得到满足。

第四章

产能过剩的原因：体制分析

中国经济产能过剩和结构性失衡的更深层次、更重要的原因是制度或体制上的。

一、半市场经济体制

中华人民共和国建立以后中国逐步建立了一个高度集中的计划经济体制和高度集权的政治体制，与这种体制相适应的经济管理方式是中央政府通过指令性计划对资源配置和经济活动进行直接控制，依靠计划手段实现经济的综合平衡，协调重大的比例关系。在这种体制下，资源配置和经济运行只有"控"（control）没有"调"（adjustment），"生产什么"、"如何生产"和"为谁生产"等基本经济问题都由计划部门来控制和解决，没有市场机制调节的基础和空间，市场经济及其调节机制被排斥、被否定。

1979 年开始的改革开放启动了中国经济市场化改革的进程。中国的改革开放进程就是中国的经济体制由高度集中的计划经济体制向市场经济体制转轨的过程，就是政府与市场在资源配置中的作用此消彼长的过程，就是政府与市场的关系不断调整的过程。1993 年 11 月中国共产党十四届三中全会通过了《中共中央关于建立社会主义市场经济体制若干问题的决定》，明确了中国经济体制改革的目标是建立社会主义市场经济体制。从 1994 年开始，中国政府对价格体制、财政税收体制、金融体制、计划管理体制、投资体制、生产资料所有制和国有企业等进行了进一步深化改革。通过一系列改革和调整，商品市场、包括资本（金融）市场在内的各种生产要素市场逐步建立起来，商品价格和生产要素价格逐步市场化并反映资源的稀缺程度和供求关系；企业（主要是国有企业）逐步成为权责明确、独立决策、自主经营、自负盈亏的微观经济主体；中央银行制度和商业银行体系逐步建立起来；与市场经济体制相适应的现代财政体制和税收制度开始形成；《公司法》《合同法》《专利法》《著作权法》《会计法》《反不正当竞争法》等一大批为市场经济建设和发展保驾护航的法律法规陆续被颁布并实施，从而推进了向社会主义市场经济体制的转轨。经过近 40 年的改革和建设，中国已经初步建立了社会主义市场经济体制，资源配置和经济运行逐步转向依托市场机制进行调节。但是，中国目前的市场经济大体上还是一种"半市场经济"，还不是"全市场经济"或成熟、规范的市场经济，中国的经济体制正处在由"半市场经济"向"全市场经济"转换的征途上。

为什么说中国经济现在还是"半市场经济"呢？理由如下。

第一，中国经济中的消费品市场已经基本实现市场定价，但是生产要素市场还处在改革和培育过程中。

在中国消费品市场上，目前市场定价所占的比重由 1978 年的不到 3% 上升到 97%，政府定价和政府指导价所占的比重已经由

1978 年的 97％下降到不足 3％；在农副产品收购总额中，市场定价的比重由 1978 年的 5.6％上升到 97％，政府定价和政府指导价所占比重由 1978 年的 92.6％下降为 2％左右。

但是中国经济中的生产要素的市场化程度还不高，生产要素价格还是实行计划定价与市场定价并存的"双轨制"，要素价格还没有完全理顺，价格扭曲还比较严重。中国的土地实行公有制（农村土地集体所有，城镇土地国家所有），土地的用途（是农业用地、工业用地、商业用地，还是教育用地、房地产开发用地）、每年用于不同用途的土地的数量、不同用途的土地的执行价格都是政府说了算。在城镇，政府完全垄断或控制了土地一级市场。农村土地现在只能交易（转让）部分使用权，土地的流转（动）性很弱，实际上没有农业土地市场。根据中国现行的制度和法律规定，城乡居民个人不得参与土地买卖交易，土地很难在个人之间进行流动或交易。目前中国农村集体土地价格和城市国有土地价格之间存在巨大的差异，农村集体土地一旦被国家征用，转变为城市建设用地或工业用地或房地产开发用地，土地价格就会上涨几十倍甚至几百倍！而这个巨大的土地溢价却与农民没有半点关系。

中国的自然资源，包括矿藏、江河湖泊、森林、山地、草原、荒地、滩涂等都是国家所有。这些自然资源的使用要获得国家授权，并且由国家定价。这使得中国的电力、煤炭、石油、天然气等资源类产品常常由于价格过高和扭曲而受到学术界和公众的批评。

中国官方目前在理论上只承认劳动力具有商品属性，不承认劳动力是商品；中国劳动力价格（工资）还不是由劳动供求双方协商谈判决定的，而是买方（企业）主导或买方说了算。在目前的中国劳动力市场上，劳动者是原子式的分散的个体，无力与雇主进行工资谈判；工会则是与政府层级平行的准政府组织，不是行业工会，无法代表一个行业的劳动者进行劳资集体议价，并且现行的法律（例如《工会法》《劳动法》）没有赋予工会与雇主（企业）就劳动条件和工资进行谈判的权利。

中国的金融市场和资本市场还处在改革和建设过程中，金融市场上的存贷款利率才刚刚放开，利率市场化的程度还不高；不同所有制企业获得银行贷款的难易程度不同，银行有选择地授信而不是一视同仁，信贷配给现象比较普遍；一方面资本市场受少数大资本操纵，另一方面政府干预不当和监管不到位并存；过度投机、内幕交易、不平等竞争、信息不透明、信息传播阻滞在金融市场和资本市场上还相当普遍。

第二，中国经济中的市场竞争不充分，一些行业或市场的垄断程度还很高，甚至是完全垄断。

改革开放以来，中国的消费品市场和生产要素市场逐步向外资企业和中国境内的非国有企业开放，市场主体的多元化大大提高了市场的竞争程度，目前中国绝大多数消费品市场的竞争是充分的。与此同时，中国有些市场还是高度垄断的，有些市场是禁止潜在竞争者进入的。除了自来水和天然气供应这样一些自然垄断行业以外，一些行业还是国家控制的或国有企业垄断的，例如军火、石油、烟草、电力、通信、民用航空、铁路。目前中国的金融市场和保险市场主要是由国有商业银行和国有保险公司及其控股公司主导的。

中国重要的服务业，如医疗、教育、文化、出版、报刊、广播、电影、电视等行业，还是被政府高度行政垄断的。

第三，劳动力市场，特别是人才市场存在较强的刚性——劳动力在城乡之间、地区之间、行业之间和国有与非国有企业之间的流动还有许多制度障碍、政策障碍和人为障碍，自由流动性和竞争程度不高。中国还没有形成经理市场或企业家才能交易市场。

20世纪90年代中期，中国放开了对农村劳动力流入城市（"外出打工"）的限制，大量的"人口红利"带来了中国经济的高速增长。但是，中国的劳动力市场还存在较大的刚性，自由流动性还不足：农村劳动力向城市流动还受到住房、子女上学、社会保障、医疗等方面的约束，户籍制度造成的城乡分隔才刚刚破冰。由于城乡差距较大，目前中国城乡劳动力流动还是单向的——大量农村劳动力流入城市，而城市劳动力特别是科技人员和企业家很少流入农村。人才在不同单位之间、不同所有制企业之间、不同地区之间流动还受地方保护主义和单位保护主义的阻碍，还受人事制度的约束。中国的人才在纵向上流动的障碍尤为突出，一个人的家庭出身直接影响到他（她）从幼儿园到大学接受教育的条件和就业选择甚至劳动报酬，一个农民或普通工人的子女即便很有才能并且很努力，要上升到社会的中高层还是困难重重，或者要付出比有背景的人多出几倍甚至几十倍的努力。

第四，政府控制的资源和权力过多，政府干预过多和干预失当还时常存在。

2002年至2012年，中国国务院分6批取消了1 992个项目的行政审批权，近439个项目由审批制改为备案制或下放管理层级。到2013年3月李克强就任新一届国务院总理时，政府审批的项目还有1 700多个。李克强总理明确表示，本届政府下决心加大简政放权的力度，要再削减1/3以上的审批项目。2013年3月到2017年2月，国务院分9批审议通过取消491项审批权，下放127项行政审批权。审批权的削减意味着更多的资源配置权力交还了市场。

但是，中国目前还有不少审批权仍然控制在各级政府手里或准政府（例如行业协会或政府部门下属的某某中心）手里，市场机制的作用还受到政府权力的限制。例如，固定资产投资规模，石油、天然气、自来水、发电用煤、药品等的定价，重大项目审批，专项资金安排等还由国家发改委控制；涉及农林水利、能源、交通运输、信息产业、原材料、机械制造、轻工烟草、高新技术、城建、社会事业、金融、外商投资、境外投资13大类80多个项目还需国家发改委核准。许多职业资格证书还由不同的行业协会审批颁发；办企业、上项目、新产品上市还需要经过不少政府部门审批盖章。

更重要的是，一些政府部门和政府官员的自由裁量权还比较大，一些事情可以办还是不可以办，可以快办还是慢办甚至不办；

一个项目批给谁；谁应该拿补贴，拿多少……这类的事情往往是办事官员说了算。

在上述事项中，有些审批和核准是必要的，因为有些项目和生产涉及国家安全和经济安全，涉及环境、卫生和健康标准，但是有些审批和核准确实抑制了市场机制的作用，不利于市场经济的发展，需要逐步取消和放开。例如，北京一家企业几年前研发出一种既环保又超薄的建筑用保温材料，价格与同类产品相当，但由于有关政府部门不批准这种保温材料进入政府采购目录，因而这家企业生产的新保温材料无法打开市场。

中国经济学界的一些实证研究结果也表明中国的社会主义市场经济体制还在建设中，市场化水平有待进一步提高。据北京师范大学经济与资源管理研究所提供的《2005 中国市场经济发展报告》，2003 年中国经济市场化程度为 73.8%。陈丹丹和任保平的研究发现，2006 年中国经济的市场化指数为 78.2%。[①] 这两个研究设定的市场经济临界水平都是 60%。

二、中国的市场经济

与以英国为代表的欧洲市场经济国家不同，中国的市场经济有许多自己的特色，其中两个特色最鲜明、最重要，这就是制度出身不同和制度基础不同。

（一）制度出身不同

与以英国为代表的欧洲市场经济国家不同，中国的市场经济不

---

① 陈丹丹，任保平．中国经济转型绩效分析：1992—2006 年［J］．财经科学，2009（5）：80 -88.

是脱胎于封建经济，而是脱胎于计划经济。

英国市场经济制度从 17 世纪下半叶到 19 世纪的建立过程是以 17 世纪 40 年代资产阶级革命、推翻封建君主专制统治为先导的，是一个在不断摧毁封建经济制度和经济结构的同时不断确立资本私有制和自由市场制度的过程，这种市场经济制度的建立最终以资本自由和自律、契约自由和约束取代了封建社会的各种特权、垄断和行会制度，用自由竞争和自由贸易取代了政府干预和重商主义政策。这种市场经济制度自从正式建立以后就以自由放任的意识形态，通过市场机制配置资源，政府只是"守夜人"为其主要特征。虽然 19 世纪末 20 世纪初资本主义市场经济由自由竞争走向垄断，"凯恩斯革命"以后政府干预盛行，但是配置资源和调节经济运行的主要机制还是市场。

中国的市场经济制度建设实际上起始于 1979 年的改革开放，中国的市场经济体制建设过程是一个资源配置方式不断改革和转轨的过程：1949 年中华人民共和国成立以后确立了高度集中的计划经济体制，20 世纪 80 年代转轨到有计划的商品经济体制，20 世纪 90 年代中期开始再转轨到社会主义市场经济体制，这是社会主义制度结构下的资源配置方式的转轨过程。所以，中国的市场经济体制的建立过程是一个自主变革和转轨的过程，而不是一种制度推翻另一种制度的革命过程。

从资源配置方式或配置机制看，以英国为代表的资本主义市场经济的建立过程是一个市场调节与政府（封建国家）干预此长彼消的过程——在市场经济的成长过程中，资本的力量不断清除阻碍它自由发展的各种障碍。而中国的社会主义市场经济的建立过程则是一个政府干预（计划控制）与市场调节此消彼长的过程——通过持续的和深化的经济体制改革，政府控制资源和干预经济活动的权力不断削弱，不断放开，从而为市场配置资源和调节经济活动腾出了越来越大的空间。

在英国的市场经济建设过程中，市场力量的成长壮大是进攻型的，市场经济的成长过程是一个急风暴雨式的革命过程。在中国的市场经济建设过程中，市场力量的成长壮大是攻防结合型的，市场经济的成长过程是一个逐步摆脱旧体制束缚的过程；旧体制的力量不甘于就这么退出经济舞台，于是竭尽全力试图保住它的地盘，这就迫使新体制（市场）的力量边进攻边防守，新旧体制的力量格斗是拉锯式的，有时候呈胶着状态。中国的市场经济的成长速度取决于改革的力度和政府"放""让"的速度。在旧体制下，政府既控制了资源和资源配置，也控制了经济活动，政府不把这些权力"放""让"给市场，市场力量就无法成长起来。所以我们经常见到官方和媒体的提法是"放开搞活"——意思是政府在哪方面"放开"了，市场才能在哪方面搞活；政府把某些权力"下放"或"转让"给市场，这就是改革。实际上，正确的说法应当是把资源配置权"交还"给市场，既然是建立社会主义市场经济体制，那么资源如何配置就应该市场说了算。

（二）制度基础不同

迄今为止，只有中国的市场经济是建立在社会主义制度基础上，其他模式的市场经济都是建立在资本主义制度基础上。虽然今天世界上的资本主义经济制度和社会主义经济制度都是一种公私混合的制度，纯粹的资本主义私有制和纯粹的社会主义公有制已经很难寻觅，但是，中国目前的市场经济制度还是以社会主义公有制为主导的，西方国家的资本主义市场经济制度还是以私有制为主导的。与建立在以资本主义私有制为主导的经济制度基础上的市场经济不同，在中国的社会主义市场经济体制下，政府和国有企业控制了关键的经济资源和国家的经济命脉，政府还参与资源配置，甚至在一些领域、一些行业还主导资源配置，地方政府仍然主导本地区的经济发展，地方政府和企业是中国经济发展的双主体或双引擎，而在西方市场经济国家，企业是唯一的经济发展主体。

在未来的中国社会主义市场经济中，政府的地位和作用不可能退回到"守夜人"的角色。要建立社会主义市场经济，就离不开公有制、国有企业、公平分配、共同富裕、政府规划和政府调节，因此政府在经济活动中的作用肯定比西方市场经济中政府的作用大，经济活动的自由程度和竞争程度相应地要低于西方市场经济。

上述两个特色使中国的市场经济在人类市场经济发展中独树一帜，同时也使市场与政府的关系、政府的职能定位具有中国自己的特色。并且，由于中国社会主义市场经济体制建设的时间还很短，政府"放""让"权力给市场的过程还在进行，市场机制的成长、发育还不完善，目前的市场机制成长快但还不成型，调节的力度还不足，这使得市场机制对资源配置的调节作用发挥得不充分、不到位。

三、市场机制的刚性与软弱性

市场经济天然具有一种自调节能力，这是市场经济体制与其他资源配置方式或经济体制的主要区别。市场经济的自调节能力源自市场机制的功能。米尔顿·弗里德曼（Milton Friedman）在《市场机制与中央经济计划》这篇文章中把市场（价格）机制的功能概括为三种：（1）传递信息——价格传递有关偏好、资源可获得性以及生产可能性的信息。（2）提供激励——使人们采用成本最低的生产方法，并将可用的资源用于价值最高的用途。（3）分配收入——决定何人得到何物以及得到多少。价格之所以能为人们提供激励，只是因为它被用来分配收入；人们的收入与其贡献挂钩，自然激励人们去关注价格所传递的信息，激励人们努力降低成本。① 但是弗

---

① ［美］米尔顿·弗里德曼. 弗里德曼文萃：上册［M］. 北京：首都经济贸易大学出版社，2001：28-29.

里德曼的概括遗漏了市场机制的另一个很重要的功能，这就是"自动清除、自动调整、自我修复"的功能。从微观经济学的视角来看，当一种产品或服务出现生产过剩时，其价格必然下降，如果其他条件不变，那么生产这种产品的企业的利润将减少，那些生产成本高或竞争力弱的企业必将由于亏损而不得不率先退出市场，这就清除了一部分产品过剩和产能过剩。在这种清除过程中，经济比例关系或结构就得到了调整和优化，供求关系失衡就得到了修复。这表明，市场经济自身就内生了一套过剩产品和过剩产能的退出机制。

从宏观经济学的视角来看，在经济运行过程中，当经济遭到总需求冲击或总供给冲击而偏离其均衡路径（稳态）时，有三种机制发挥调节作用，使总需求和总供给恢复平衡。一种是数量调节机制，另一种是价格调节机制，还有一种数量调节和价格调节的混合机制。

由于一个经济的总支出（AE）等于总需求（AD）加上意外存货投资（IU），即 $AE=AD+IU$；在均衡状态下，总产出（Y）等于总支出并且等于总需求，即 $Y=AE=AD$，所以在均衡状态下，意外存货投资 $IU=0$，或者说，如果 $IU\neq0$，那么经济就是失衡的。

当 $Y>AD$，$IU>0$ 时，总产出大于总需求，这时候经济中出现超量产品库存（生产过剩），产品价格会下降；在这种情况下，追求利润最大化的厂商会减少生产，减少存货，直到产出与总需求恢复均衡为止。

当 $Y<AD$，$IU<0$ 时，总产出小于总需求，这时候经济中产品库存低于正常水平（供给短缺），产品脱销会导致产品价格上升；在这种情况下，理性的厂商会扩大生产，增加存货投资，直到产出与总需求恢复均衡为止。所以存货投资成为调节宏观经济使之实现均衡的一种机制。

宏观经济均衡还有一种价格调节机制——通过货币工资率、利率或预期价格调节实现总产出与总需求的均衡。如果货币工资率富有弹性，那么当劳动市场上供给大于需求，即出现劳动供给过剩时，货币工资率将下降，从而使劳动供给减少，对劳动的需求增加，最终使劳动市场恢复均衡。当劳动市场上供不应求，即出现劳动供给短缺时，货币工资率将提高，从而刺激劳动供给增加，对劳动的需求将减少，最终也使劳动市场恢复均衡。如果利率富有弹性，那么当资本市场上投资需求大于储蓄供给时，利率将会上升，这将刺激储蓄增加和投资减少，从而使资本市场恢复供求均衡。当储蓄过多或投资不足时，利率会下降，这会刺激投资增加和储蓄减少，最终使资本市场实现供求均衡。

根据卢卡斯的总供给函数[①]，经济中的实际产出（y）与自然产出（y_n）之差是某一期实际价格（P）与预期价格（P^e）之差的函数，即

$$y - y_n = \lambda \ (P - P^e) \qquad\qquad (4-1)$$

其中，参数或系数 $\lambda > 0$。

如果价格意外提高，即 $P > P^e$，那么实际工资就会降低，企业愿意提供的产量就会高于其自然率水平，经济中的总产出将高于产出的自然率水平，即 $y > y_n$。如果经济当事人把预期价格水平调整到和实际价格相一致的水平，即 $P = P^e$，那么全体企业愿意提供的产量就等于产出的自然率水平，即 $y = y_n$。

如果经济中的货币工资率、利率和价格是刚性或黏性的，那么总供给和总需求一旦失衡，宏观经济就将通过货币工资率和价格的缓慢调整，经过一个或长或短的周期逐步恢复均衡（见图4-1）。

在图4-1中，假定一个经济初始位于总需求曲线 AD_0 和短期总供给曲线 AS_0 的交点上，这一点也在长期总供给曲线 LS 上，

① Lucas Jr., Robert E. Expectations and Neutrality of Money [J]. Journal of Economic Theory, 1972 (4): 103-124; Lucas Jr., Robert E. Some International Evidence on Output-Inflation Tradeoffs [J]. The American Economic Review, 1973 (6): 731.

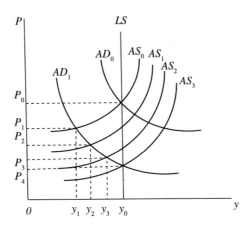

图 4 - 1 宏观经济由失衡到恢复均衡

这时候实际价格和预期价格水平均为 P_0，实际总产出为 y_0，y_0 是充分就业的总产出。假定这个经济受到总需求的负向冲击，例如，由于企业对未来收入的预期发生变化，投资需求减少了，受全球经济衰退的影响净出口需求减少，增税或政府支出减少，或货币供给的减少等引起了总需求的减少，反映在总需求曲线上，则是总需求曲线从 AD_0 向左移动到 AD_1。现在假定劳动市场的工资合同为期三年，且每年都有 1/3 的合同需要重新签订，这使得货币工资具有黏性——货币工资不能及时或敏感地反映劳动市场上的供求变化。当负向冲击使总需求曲线移动到 AD_1 后，实际总产出下降到 y_1，价格水平也下降到 P_1，这种状态一直持续到第一批劳动合同被重新签订时为止。在第一批占总数的 1/3 的劳动合同被重新签订时，劳动者向下修订预期价格为 P_1，劳动供求双方达成了较低的货币工资协议，较低的货币工资使短期总供给曲线向右移到 AS_1，这时价格水平下降到 P_2，实际产出增加到 y_2。到了需求冲击后的第二年，当第二批劳动合同被重新签订时，劳动者向下修订预期价格为 P_2，劳动供求双方又达成了更低的货币工资协议，更低的货币工资又使短期总供给曲线进一步向右移到 AS_2，相应地，价格水平下降到 P_3，总产出增加到 y_3。类似地，到了第三批劳动合同被重新签订时，总供给曲线向右移到 AS_3，这时，价格水平下降到 P_4，而产出则恢复到总需求冲击前的充分就业的水平 y_0。

宏观经济运行还有第三种调节机制，这就是 IS−LM 模型中的数量调节和价格调节的混合机制。

根据 IS−LM 模型，当产品市场和货币市场同时失衡，即总投资 I 与总储蓄 S 失衡（$I≠S$）且货币需求 L 与货币供给 M 失衡（$L≠M$）时，$I>S$ 将引起总产出 Y 提高，因为 $I>S$ 意味着企业存货意外减少，这将引起存货价格上升，从而刺激企业扩大产量。而 $I<S$ 将使总产出 Y 下降，Y 的变化又会引起出于交易和谨慎动机的货币需求 L_1 的变化，在经济中的货币数量 M 不变的情况下，出于投机动机的货币需求 L_2 会变化，从而影响货币市场上的利率 r。$L>M$ 将导致 r 上升，在其他条件不变时，r 的提高将会打击私人（企业）投资 I，从而抑制就业 N 和产出 Y 增加；而 $L<M$ 将会降低 r，这将通过刺激投资来扩大就业和产出。通过产品市场和货币市场这些机制的自动调节，宏观经济将由失衡走向一般均衡。经济由失衡到恢复均衡的过程就是供给过剩或供给短缺逐步消解的过程。

虽然市场机制不能完全清除过剩的产品和过剩的产能（不时爆发的金融和经济危机就表明了这一点），当经济失衡时市场机制也不总是能够把经济调整到充分就业水平上（凯恩斯，1936），但是，市场机制的这种自动调整、自动清除、自动优化（经济结构、经济比例关系）的功能和自我稳定的功能是客观存在并发挥作用的。

在目前的中国经济中，市场机制既有刚性的一面，又有软弱性的一面。这似乎是矛盾的说法，但是中国经济的现实情况就是如此。这也说明中国经济问题和改革的复杂性。在现阶段，中国经济中的存贷款利率，一些受政府控制的产品、服务、生产要素和资源类产品的价格，国有企业的工资，垄断企业的产品或服务的价格，其刚性程度还是较高的，这些价格并不能随行就市，它们实际上是刚性的而不是弹性的。此外，由于下列一些原因，中国目前的市场机制的调节功能又是软弱的，这表现为当供求失衡时，或者当供给出现过剩时，市场机制的调节力度不足，调节功能难以充分发挥，调节结果往往难以到位。

（1）市场机制发育不充分，一些产品和服务价格还是扭曲的，一些价格还是人为规定的，这些价格不能真实、及时地反映供求关系的变化和资源的稀缺性。

（2）一些市场主体对价格信号的变化是不敏感的，反应是迟钝的。例如国有企业对利率变化的敏感程度就没有私人企业高，垄断企业对市场价格的变化就不太在意；地方政府和国有企业对中央政府政策变化的敏感程度远高于对市场价格变化的敏感程度。

（3）从总体上看，中国经济中的市场竞争还不充分，有些市场（行业）的竞争程度不高，资源的自由流动性偏低，资源错配往往难以通过市场机制的自动调节来矫正，资源配置难以实现"帕累托改进"。

（4）市场机制的调节功能还受旧体制力量、政府干预等多重因素的限制和制约。出于政治、政绩、社会稳定等因素的考虑，地方政府有意识地保护或隐性担保了一些按照成本—收益核算原则本应该被清理的过剩产品、亏损企业、过剩产能，使之得以存活下来。政府的干预和保护使得优胜劣汰的市场竞争机制失灵，使得产能过剩的退出机制失灵。

以上这些原因使得市场机制不能有效地发挥它的调节功能和清除功能，从而造成一些产品持续的、长期的供给过剩，"僵尸企业"滞留于市场，该淘汰而无法被淘汰，经济结构失衡迟迟得不到调整，更难以优化和升级。

建立一个比较完善的市场经济体制是一个漫长的过程，不可能在短期内完成。如果从 1993 年 11 月党的十四届三中全会通过《中共中央关于建立社会主义市场经济体制若干问题的决定》算起，那么中国社会主义市场经济体制的建设才走过 25 年；即便从 1979 年的改革开放算起，中国社会主义市场经济体制的建设也才走过 39

年。英美和欧洲大陆国家的市场经济建设至少花费了一两百年，何况中国的经济体制转轨采用的是渐进的方式而不是"休克疗法"，中国建设社会主义市场经济体制所走的道路是探索式的，是中国式的或具有中国特色的，而不是模仿的、复制式的。渐进的方式，探索式的道路，自然所需的时间就相对较长。就是把中国的"追赶"速度算在内，我们也不可能指望通过三四十年的改革和建设就能够使市场体系和市场机制完善，使其功能作用发挥到位。一种新制度的建立和完善不可能速成，"快餐式"建立起来的制度一定是营养不全的、发育不全的。我们应该做好长期改革和新体制建设的准备。习近平同志 2012 年 12 月 31 日在主持中国共产党十八届中央政治局第二次集体学习时强调，改革开放是一项长期的、艰巨的、繁重的事业，必须一代又一代人接力干下去；改革开放只有进行时没有完成时，改革永远在路上。习近平同志的这个思想应当成为我们进行改革和社会主义市场经济体制建设时的理念。

四、追赶战略、官员体制与政策杠杆

作为历史上的大国和强国，作为世界四大文明古国之一，中国自 18 世纪下半叶开始慢慢地落后了，19 世纪到 20 世纪上半叶成为被世界列强侵略和瓜分的对象，1949 年中华人民共和国建立时，中国是世界上最大的贫穷国家和发展中国家，所以，在经济发展、科技发展和军事力量上"赶上"世界发达国家，"振兴中华民族"一直是中国人的"中国梦"。

为了实现追赶战略，中国共产党第一代领导人提出了"60 年赶超英美"的目标。① 第二代领导人提出用 100 年左右的时间赶上

① 毛泽东文集：第 6 卷［M］. 北京：人民出版社，1999：500；毛泽东文集：第 7 卷［M］. 北京：人民出版社，1999：89.

发达国家，实现现代化，在 21 世纪中期人均 GDP 赶上中等发达国家。为了实现这个追赶目标，中国政府制定了"三步走，人均收入翻四番"的发展战略。[①] 以习近平同志为核心的这一代领导人又提出"两个一百年和三部曲"的奋斗目标：第一部曲，用 20 年时间，到中国共产党成立 100 年时全面建成小康社会；第二部曲，再花 30 年时间，到新中国成立 100 周年时，全面实现中国特色社会主义现代化；第三部曲，在整个 21 世纪一步步实现中华民族的伟大复兴。

在中国现行的政治体制和行政管理体制下，这种追赶战略必须通过各级地方政府来实施和实现。由于 GDP 和人均 GDP 是经济发展的最重要的指标，也是最容易衡量和比较的指标，所以各级地方政府就把 GDP 增长作为追求的首要目标。为了明确地方政府的经济增长任务和责任，每年中共中央和国务院都会提出一个年度经济增长目标。为了使这个增长目标能够完成和超额完成，为了调动地方政府的积极性，从中央到地方每一级政府都会为下一级政府制定一套以 GDP 增长为核心的政绩考核评价体系，这套考评体系成为各级官员晋升的主要依据——谁主政的地方经济增长快，谁的政绩就好，谁晋升就快，这就使得追求 GDP 增速最大化和官员追求个人政治利益最大化融合为一体。

改革开放以来，特别是 1995 年中央政府与地方政府实行分税制以来，地方政府被赋予独立的事权和财权，哪个地方的经济发展得好，发展得快，哪个地方的税收收入就自然水涨船高，"有钱好办事"，"钱多多办事"，哪个地方政府就可以支配更多的资源，就可以办成地方政府领导人想办的许多事，包括许多"面子工程"和"政绩工程"，例如城市拆迁改造、修路、政府补贴兴建开发区和实现"四通"（通水、通电、通气、通路）、盖豪华办公楼和政府宾

---

① 按照邓小平当时的设想，第一步是在 20 世纪 80 年代中国的人均收入翻一番，人均 GDP 达到 500 美元；第二步是到 20 世纪末人均收入再翻一番，达到 1 000 美元；第三步是到 21 世纪 30 年代至 50 年代人均收入再翻两番，达到大约 4 000 美元。

馆，就有财力增加就业、改善民生和维护地方稳定，如此等等。而地方政府办成这些事，既促进了地方 GDP 和税收增长，又给地方领导人的形象（政绩）加了很多分。在这种财政分权制度安排下，地方政府（实际上是地方主要官员）有了较独立的经济利益，而这些经济利益与地方经济发展的快慢好坏紧密地联系在一起，这使得地方政府具有了"经济人"的特性，地方政府成为经济发展的市场主体之一。我们不难发现，在中国经济发展得快发展得好的地方，地方政府领导人组织资源、调配资源的才能也是很突出的。

因此，我们发现，现阶段中国地方政府（官员）的行为受双重激励驱动：一方面，仕途晋升的政治激励；另一方面，地方税收收入多支配的资源就多的经济激励。政绩考核制度把这两种激励融为一体，相互强化，加上不少地方政府官员还具有使命感和责任感，这就铸造了地方政府推动经济发展的强劲动力。[①] 因此，我们常常看到，许多地方政府官员比企业家还要企业家——政府官员比企业家有更强的做大总产出的积极性。

在中国经济基础薄弱、资本短缺的背景下，提高 GDP 增速最便捷的途径就是扩大投资、引进外资、多上建设项目，特别是大项目与特大项目。于是我们看到，地方政府"招商引资"的热情很高；许多地方政府不但在中国国内搞招商引资，而且还经常组团到世界各地招商引资。市场经济下的竞争本当是企业之间的市场竞争，但是在中国现阶段，除了企业竞争之外，还衍生出地方政府之间的竞争，地方政府竞相追求自身利益最大化演变成追求地方总产出增长的竞争。由于每个地方政府追求的都是本地区的投资增长、项目上马和经济增长，由此不可避免地会出现过度投资、重复建设，不可避免地导致环境、生态破坏。更为关键的是，地方政府官员为了追求自己升迁的政治目标，往往不顾成本、不顾市场机制扭曲、不顾资源错配，甚至不顾或忽视经济改革和发展成果的公平分

---

① 我认为，用"职务晋升竞标赛"来解释中国地方政府官员的行为动机是不完全的。

配和共享。因为，对于一个官员来说，升迁是他追求的主要目标，"不想当将军的士兵不是好士兵"；他追求的经济利益是为其政治利益服务的，他追求的经济目标是为政治目标奠定基础的。并且，对于地方政府官员来说，重复投资、投资失败、资源浪费、价格扭曲，这些都是外部（在）成本，由社会承担而不由他个人承担。于是中国经济发展形成了这样一种局面：整个国家层面的经济增长和经济发展是有规划的——追赶战略是长期规划，五年规划是中期规划，每年年底的中央经济工作会议则给出年度（短期）规划，资源配置是全国一盘棋的，但是地方政府之间的投资和经济增长是失调的、无序的，是各行其是的，是不按比例的。每个地方政府只从本地情况、本地需要、本地利益出发来追求投资增长、项目上马、资源利用和经济增长，即便它想从国家全局的角度来做出投资决策和资源配置决策，客观上也做不到，因为它缺乏它所在地区以外的供求、经济结构、资源稀缺性和价格等方面的信息，这些信息是它做出科学、合理的经济决策所不可或缺的依据；而且，谋求全国经济比例关系协调和均衡发展也不在地方政府或地方官员的职责和职权范围内。结果，这种地方政府官员为追求 GDP 增长（也为追求自己晋升）而引发的无序竞争会造成重复建设、浪费性或低效率甚至无效益投资、产能过剩和经济结构失衡。这些年我们经常看到这样一种现象：一个地方政府官员晋升到其他地方了，身后却留下了一大堆建设项目"烂摊子"和政府债务；前任建设的项目后任又推倒重来。

为了实现政府的发展目标，为了追求经济高增长，把政府的发展意图变成现实，中央政府经常会出台相应的财政政策、货币政策和产业政策；而为了创造自己的政绩和提高晋升竞争力，也为了履行自己作为一方大员的职责和使命，每个地方政府都会最大化地、竞争性地使用政策杠杆来促进本地经济增长，而官员的任期制和交换（交流）任职制度又加剧了地方政府官员行为的短期化，于是，"多争取优惠政策""用足用活中央政策"成了地方政府官员的公开口号，争取到多少优惠政策，如何把中央政策"用足用活"，"足"到什么程度，"活"到什么程度，反映了地方政府官员的行政技巧和行政能力。显然，"用足用活"政策不等于"用好"政策，不等于科学用策。

地方政府官员的这种动机和行为使得企业往往不是根据市场价格信号来决定"生产什么""生产多少"，而是围绕政府出台的优惠政策来做出投资决策和生产经营决策，这又使得企业与地方政府结成了利益共同体。

中央和地方政府经常使用的政策杠杆主要有：

（1）产业政策。为了引导和鼓励某些行业优先发展或重点建设，中央政府经常会出台一些产业政策，这些产业政策包括优先发展或重点建设的产业名录，这些产业的发展目标，政府给予的各种优惠政策措施等。这种产业政策不但是一种强烈的引导地方政府和企业投资方向和"生产什么"的信号，而且是一种有效激励地方政府和企业"按照中央政府的政策指挥棒跳舞"的激励机制——积极贯彻落实这些产业政策，不但在政治上表现为"与中央政府保持一致"，而且在经济上会获得许多优惠和好处，例如获得更多的财政补贴、税收优惠和银行信贷倾斜，从而增加地方 GDP、人均 GDP，增加地方政府财政收入，增加就业……这样既有利于地方政府官员晋升，又能给这个地方和企业带来实实在在的经济利益。这样的"一石二鸟"的事情何乐而不为呢？

2009 年中国政府出台的十大产业振兴规划要重点振兴和发展的十大产业是钢铁、汽车、船舶、石化、纺织、轻工、有色金属、装备制造业、电子信息和物流业，当时投资和发展这些产业都是有政策优惠的，都是受鼓励的。这十个产业中有六个是目前出现严重的产能过剩的产业，是目前供给侧结构性改革重点改革和调整的对象。

（2）财政补贴。财政补贴是中国政府支持产业发展的主要政策工具。中央政府为了鼓励和促进某些产业发展，常常会直接使用财政补贴的方式支持这些产业扩大投资、扩大生产规模和转型升级。例如，为了促进光伏产业发展，中央财政对光伏项目给予高达70%的投资补助，国家发改委于2013年8月30日下发文件规定对分布式光伏发电实行按照发电量补贴的政策，补贴标准为每千瓦时0.42元，而国家规定的光伏电价一类、二类、三类资源区分别是每千瓦时0.9元、0.95元和1元，即国家补贴占电价的46.7%～42%。此外，各地方政府还追加了一些财政补贴，例如浙江省规定，在国家补贴的基础上，对分布式光伏发电每千瓦时再补贴0.1元。这些补贴措施引发了中国各地的光伏投资热。各地只看到光伏投资合算、有利可图，看不到光伏的市场容量究竟有多大，地方政府的竞争导致光伏投资大干快上，结果使得光伏这个新兴产业刚刚发展起来不久就成为中国产能过剩的产业之一。

（3）银行信贷。对于产业政策支持的行业，国务院通常都要求银行信贷资金重点向这些产业倾斜，地方政府则通过贷款贴息、延长贷款偿还期限等或直接通过地方政府投融资平台给予资金支持等方式引导和激励企业向这些行业投资。

（4）其他优惠政策。这些优惠政策的内容可谓五花八门，包括向投资项目廉价甚至免费供应建设用地，或者由地方政府对企业购买项目建设用地进行补贴，对企业用电用水进行补贴，配给企业特定数量的资源开发权[①]，给企业减免税收或项目开工若干年内免税，免费为投资人建办公楼和别墅，解决投资人到项目所在城市落户问题，让其子女就读当地最好的小学和中学，等等。

此外，一些地方政府为了加快发展本地经济和产业，故意降低企业进入某些产业的环境保护、卫生、安全等方面的准入标准，默许甚至纵容企业不遵守这些准入标准。例如，一些钢铁、水泥、电

---

① 例如，内蒙古自治区政府2011年出台政策规定，对煤炭转化和综合利用项目，按项目有效生产期内实际用煤量1：2的比例配置煤炭资源；对装备制造项目、高新技术项目固定资产投资每20亿元配置煤炭资源1亿吨，一个项目主体配置煤炭资源最多不超过10亿吨。2011年内蒙古煤炭每吨利润大约是300元。对一个项目配置更多的煤炭资源开采权，意味着给这个项目提供更多的无风险利润。

解铝、平板玻璃，甚至光伏项目，往往也是高能耗、高污染、高排放的项目，为了鼓励企业投资生产，一些地方政府对这些"三高"项目不加限制，对企业生产造成的环境污染和生态破坏也睁一只眼闭一只眼，甚至中央督察组来检查了，发现了问题，地方政府还有意帮企业打掩护，为企业开脱责任。

在中国现行的体制和经济环境下，政府的这些政策杠杆在引导企业的投资方向、加大企业的投资力度上要比市场价格机制有力得多，也有效得多；企业（包括在华的外资企业）的投资和生产决策往往跟着政府政策的指挥棒转，而不是受市场需求和价格信号指引。

政府的产业政策导向从政策制定者的主观愿望来看，是想和市场需求保持一致，是想按照经济规律办事，是想通过产业政策来促进和加快产业和经济发展，特别是通过产业政策来扶持、培育和发展某些新兴产业和主导产业。但是从事后的事实来看，产业政策的实施往往产生以下几种结果，有些结果是与规划或政策目标相吻合的，有些结果则是与规划或政策目标不一致的。

（1）有些产业政策导向和市场需求、市场导向相一致，这些政策实施的效果比较好。例如，1979—1984 年，为了解决当时消费品市场供给严重短缺的局面，中国政府对发展轻工业实行"六优先"原则[①]，结果极大地促进了消费品生产的发展，供给短缺的状况逐步得到缓解，到 1990 年前后，中国消费品市场基本实现了供求平衡。

（2）有些产业政策导向虽然和市场需求、市场导向相一致，但是在政策实施过程中，由于经济形势和客观情况的变化，或由于地方政府在执行政策时"走了样""掺了水"（例如优惠政策层层加码，环保标准一再放松），结果政策效果没有达到预期目标，甚至造成许多后遗症，事与愿违，例如上面提到的中国政府对光伏产业的支持政策。

（3）有些产业政策导向则偏离了市场需求和市场导向，结果不

---

① 扶持轻工业发展的"六优先"原则是原材料、燃料、电力供应优先，挖潜、革新、改造措施优先，基本建设优先，银行贷款优先，外汇和引进先进技术优先，交通运输优先。

80

但没有促进经济结构优化和经济发展，反而加重了经济结构失衡，加剧了生产过剩和产能过剩。2009年中国政府推行的十大产业振兴规划导致了严重的产能过剩就是例证。我们前面说过，2005年前后，中国经济已经出现了严重的经济结构失衡，一些产业出现了程度不等的产能过剩，2009年为了应对国际金融危机，中国政府又出台十大产业振兴规划，从而进一步加剧了经济结构失衡和产能过剩。

政府的产业政策之所以有时候会失败，出现"好心办坏事"的结果，主要是因为市场需求信息、经济结构变化信息、经济形势发展的信息、经济主体的预期以及行为变化的信息，特别是潜在的技术创新信息以及由技术创新引发的新兴产业发展方面的信息，是政策制定者无法掌控的，这就可能造成政策意图与市场的客观需要"驴唇不对马嘴"，或者政策目标与实施结果南辕北辙。

从近几年的经济表现来看，中国的市场机制调节能力是偏弱的、不足的。

在本轮国际金融危机中，中国经济比美国经济大约晚一年遭受负向冲击，此后宏观经济形势由晴转阴。美国联邦政府在2008年2月至2009年2月三次共出台了16 330亿美元经济刺激计划，中国中央政府则在2008年11月出台了四万亿元刺激计划，中美的刺激规模占各自（2009年）GDP的比例分别是11.59%和11.45%。可以说，中美的刺激力度是大体相当的。但是，美国经济自2013年就开始好转和复苏（见图4-2），失业率、工业生产指数、PMI、商品零售总额同比增长率、企业库存增幅、CPI和PPI等经济数据持续改善[①]，目前美国已经初步完成了经济结构调整和再工业化过

---

① 综合美国劳工部和商务部的数据，美国失业率2016年4月以后降到5%以下，2017年3月以来进一步下降到4.5%以下，为16年来的最低失业率。工业生产指数2013年9月开始突破100（为100.4），此后不断上升。2016年9月制造业PMI突破50%（为51.5%），此后不断攀升，2017年8月升至58.8%；非制造业PMI自2015年以来一直为51.4%～57.6%。企业库存增幅在2014年7月达到5.9%的高位以后便不断下降，2015年3月以来下降到3%以下。商品零售总额同比增长率从2016年9月的低谷（1%）回升至2017年2月的最高值5.6%，此后约为4%。2015年以来CPI和核心CPI同比增幅分别在2.8%和2.4%以下，PPI同比增幅2016年8月开始由负转正，此后在2.6%以下。

程。美联储已于 2014 年 10 月退出量化宽松政策，并且于 2015 年
12 月进入加息周期，这表明美国经济已经走出低谷，进入复苏，
尽管复苏的进程一波三折，但是走出了这一轮经济周期的谷底，经
济形势不断向好的总趋势是确定的。美国政府现在不是担心经济过
冷而是担心经济过热。而中国经济在 2009 年止跌回升以后，自
2010 年第二季度开始，经济增速持续下滑，从 2010 年第一季度的
12.2％下降到 2016 年的 6.7％，降幅高达 45.1％。更为重要的是，
现在中国经济下行的压力依然存在，经济何时见底，本轮经济周期
的底部在什么位置，都还是未知数。中国经济结构调整已经进行十
多年了，但是调整却迟迟不能到位，经济结构失衡在不少方面还相
当严重，产能过剩在一些行业还有增无减。

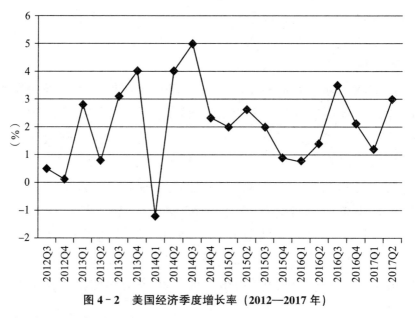

图 4－2　美国经济季度增长率（2012—2017 年）

资料来源：美国商务部。

更值得注意的是，地方政府追逐经济指标的竞争，地方政府为
了"维稳"而保护濒临破产的企业，保护过剩产能和落后产能，在
本轮国际金融危机中对中国经济的供给过剩、经济结构调整和经济
发展方式转型产生了显著的抑制效应。地方政府过度关注短期经济

增长目标与中央政府的中长期发展目标发生了冲突，这使得本应进行调整的产业结构和经济结构发生变形，调整效果打了折扣，市场机制的"自动调节""自动清除"功能在许多地方被破坏、被削弱，低端产能和污染产能在不同程度上难以清除。地方政府因为追求自身的短期目标（政绩）而大量累积的地方债务无疑对中国经济结构转型升级又形成了另一个重要阻碍。

中美经济表现的鲜明反差除了是因为美国的宏观调控可能比我们做得好以外，可能主要还是因为中美两国经济的市场机制调节能力的差异、中美两国在资源配置中市场与政府作用的差异。这些差异说明中国经济的市场化改革任重而道远。

中篇　方略篇

本篇主要回答的问题是：如何进行供给侧结构性改革？如何选择供给侧结构性改革的路径？在供给侧结构性改革中如何处理好政府与市场、短期调整与长期发展、总供给与总需求的关系？

第五章

处理好两个关系

一、供给改革，兼顾需求

  中国自 1998 年开始实施旨在扩大内需的积极的财政政策，2015 年 11 月启动供给侧结构性改革，这种改革和政策的大转向使中国学术界掀起了一场"（总）需求重要还是（总）供给重要"的大讨论，在经济学家之间则展开了"萨伊定律（Say's law）正确还是凯恩斯定律（Keynes' law）正确"[①] 的争论。中国一些学者认为，供给侧结构性改革的理论源头是萨伊定律，供给侧结构性改革的理论依据是 20 世纪 70 年代末 80 年代初在美国出现的供给学派经济学或里根经济学，有些学者则

---

  ① 萨伊定律：供给会创造它自身的需求（Supply creates its own demand）；凯恩斯定律：需求会创造它自身的供给（Demand creates its own supply）。

认为凯恩斯经济理论是错误的分析框架，"三驾马车"理论和政策是"骗人的把戏"，也有学者主张"抛弃凯恩斯，请回哈耶克"。

在我看来，上述这些观点是片面的，犯了"非此即彼"的错误；"（总）需求重要还是（总）供给重要"是一个伪命题。根据我们在本书前面所做的分析，一个经济的总产出、就业量和价格总水平等宏观经济变量都是在总需求和总供给相互依存、相互影响的过程中，最终在二者达到均衡状态时决定的，无论是总需求一方的力量还是总供给一方的力量都无法单独决定均衡的或实际的产出、就业和价格。有市场需求，产出才有销路；有生产成果，需求才能实现。这是简单的经济学原理。马克思指出："生产中介着消费，它创造出消费的材料，没有生产，消费就没有对象。""产品只是在消费中才成为现实的产品"，"消费创造出新的生产的需要，也就是创造出生产的观念上的内在动机，后者是生产的前提"[1]。

萨伊定律强调供给重要，认为供给决定需求；凯恩斯定律则强调需求重要，认为需求决定供给。这两个定律看起来是完全对立的，不兼容的，似乎二者只能择其一。实际上，无论是萨伊定律还是凯恩斯定律都是在一定条件下才成立的，它们不是在任何条件下都成立。放在总需求—总供给分析框架下来看，无论是萨伊定律还是凯恩斯定律都有正确的一面，也都有片面性的一面。

萨伊定律暗含的前提条件是：（1）市场价格机制是充分弹性的，其自动调节可以保证各类市场及时出清。（2）利率的自动调节可以保证当期收入中不用于消费的部分（储蓄）能够全部转化为投资。而这又是以利息是储蓄的报酬、利息是投资的成本，以及利率是完全弹性的为假设前提的。（3）货币是中性的，货币只是交易媒介，货币数量的变化只影响经济中的名义变量，不影响实际变量。（4）经济社会的分配制度能够保证把总产出和相应的总收入转换成等量的有效需求。

---

[1]　马克思恩格斯选集：第 2 卷［M］. 北京：人民出版社，2012：691.

萨伊定律认为在供给和需求的关系上，供给是决定性的，是第一位的，供给会创造需求，如果撇开制度因素，那么这种思想从长期来看是对的。因为，从长期来看，总供给是总产出增长（经济增长）主要的决定性因素。一般来说，在长期，从宏观经济学的视角来看，可利用的资源和技术是一定的，因而潜在总产出是一定的（长期总供给曲线是垂直的），但是价格和货币工资可以自由、充分调整，因此有效需求能够与总供给能力相适应，潜在总产出能够在充分就业的条件下被生产出来；在长期，供给不仅创造了需求（消费）的对象，而且创造了收入，即支付能力；人们当期不花的收入总是会用于未来的消费。

　　但是，萨伊定律具有片面性：（1）从长期来看，一个经济的总供给能力可以和总购买力相适应，但是在短期则未必如此；短期的总需求可以小于也可以大于总供给，因此，一个经济在短期可能存在就业不足或实际的总产出低于总产出的自然率水平，也可能出现经济过热或通货膨胀。（2）在一个供给短缺或需求旺盛的经济中，或在经济发展的早期阶段，增加供给或扩大生产无疑是排在第一位的，供给的重要性高于需求的重要性；但是在一个供给过剩的经济中，或在生产高度发达或供给能力很强的经济中，总需求未必随着总供给的增加而同比例地增加。（3）如果经济社会的分配制度和财富占有不合理，贫富差距过大，那么就不能够把总产出和相应的总收入转换成等量的有效需求，从而无法实现总需求与总供给的平衡。

　　凯恩斯定律暗含的前提条件是：（1）经济的生产高度发达，潜在的总产出水平很高。（2）货币工资率、商品价格和利率这些价格机制是黏性或刚性的。（3）货币是非中性的。（4）边际消费倾向（MPC）在 0 和 1 之间并且随着收入的增加呈递减趋势。（5）资本边际效率（投资的预期利润率）在短期是波动的，在长期则是递减的。（6）经济社会存在收入和财富分配不公。在这些条件满足时，有效需求就成为决定短期就业量和总产出的主要因素。

凯恩斯定律也有片面性：（1）在经济的总供给能力一定的条件下，有效需求的规模及其增长决定了总供给能力实现的程度，但是需求不能决定供给能力及其增长。（2）总需求与总供给在数量上均衡并不意味着二者在结构上也匹配、吻合。一个经济在一定时期有可能出现一部分产品供给过剩和另一部分产品供给不足并存的现象。（3）从长期来看，生产（供给）起决定性作用，没有生产，就没有分配、交换和消费的对象。"一定的生产决定一定的消费、分配、交换和这些不同要素相互间的一定关系"①。

从分析视角来看，萨伊定律是从长期或特长期分析视角得出的结论，凯恩斯定律是从短期分析视角得出的判断；从长期或特长期来看，供给对实际总产出水平起决定性作用；从短期来看，需求是实际总产出水平的决定性因素。因此，不存在萨伊定律是正确的还是凯恩斯定律是正确的这个"二选一"的问题。

从经济学发展史来看，主流经济学在古典学派时期认为供给重要，到凯恩斯主义流行时认为需求重要，到供给学派流行时又认为供给重要，经济学家们似乎对供给或需求不是"忠贞不贰"的。通过进一步研究我们不难发现，经济学家们重视供给还是重视需求与他们所处的经济发展阶段和当时的经济环境有关，他们的观点是"见异思迁"的。这里的"异"就是经济条件的变化，就是经济条件的不同，就是总需求与总供给的对比关系的变化。由于萨伊定律和凯恩斯定律都是在一定条件下才成立的，因此，经济条件变了，原来适用的理论就不再适用了，需要换一种理论。

古典经济学产生于资本主义市场经济兴起时期和资本主义制度确立时期，产生于工场手工业向机器大工业过渡的时期，在这个伟大的转轨时期和大变革时代，资本和商品经济的发展客观上需要：（1）摆脱封建专制残余和重商主义政策对新兴的市场经济发展的束缚，从理论上否定重商主义"财富来自流通（贸易）"的说教。

---

① 马克思恩格斯选集：第2卷 [M]. 北京：人民出版社，2012：699.

（2）通过大力发展生产力，促进供给增加，为资本主义制度奠定物质基础。正是在这样的背景下，"劳动创造财富"成为古典经济学家普遍认同的思想。古典政治经济学创始人威廉·配第（William Petty）提出了"劳动是财富之父，土地是财富之母"的著名格言。古典政治经济学体系的创立者亚当·斯密（Adam Smith）致力于探究一个国家国民财富的源泉以及财富增长的原因。他的看法是，劳动是国民财富的源泉，一个国家财富增长的快慢取决于分工发展的快慢和资本积累的多寡。因为，在他看来，增加国民财富只有两种方法，一是提高劳动生产率，二是增加有用劳动者；而分工的发展、机器的使用、劳动配置的改进会促进劳动生产率的提高，资本积累增加会增加所雇用的有用劳动者。到19世纪初萨伊提出"总产出必然创造一个等量的总需求"的命题时，古典学派重视供给的思想达到了顶峰。

与古典经济学家处在资本主义市场经济的青少年时期不同，凯恩斯处在资本主义市场经济的中年时期。在工业革命的基础上，资本主义制度得以最终确立，市场经济得到快速发展。在亚当·斯密出版《国富论》前后的1700年和1801年，英国GDP分别是107.09亿国际元和254.26亿国际元，英国人均GDP分别是1 250国际元和1 579国际元，而到第一次世界大战爆发前的1913年，英国GDP和人均GDP已经分别达到2 246.18亿国际元和4 921国际元。[①]与青少年时期不同，进入中年时期的资本主义出现了许多病症，在经济方面最突出的是生产过剩或有效需求不足，收入和财富分配不公，非充分就业成为经济常态。凯恩斯在《就业、利息和货币通论》第24章一开头就写道："我们生活于其中的经济社会的显著弊端是：第一，它不能够提供充分就业；以及第二，它以无原

---

① ［英］安格斯·麦迪森．世界经济千年史［M］．伍晓鹰，等，译．北京：北京大学出版社，2003：244．

则的和不公正的方式来对财富和收入加以分配。"① 正是在这种经济背景下，凯恩斯否定了萨伊定律，创立了有效需求理论，提出了需求管理的思路，"需求重要"的思想取代了"供给重要"的观念。凯恩斯的这一思想很快在英美主流经济学中达成共识，并成为英美等市场经济国家制定宏观经济政策的理论基础。

20 世纪 70 年代，在 1973 年和 1979—1980 年两次石油危机的冲击下，美国经济中的生产成本大幅上升，短期总供给曲线向左上方移动（由 AS_1 移动到 AS_2），同时由于政府长期推行凯恩斯主义刺激总需求的政策，总需求曲线向右上方移动（由 AD_1 移动到 AD_2），总供给和总需求两方力量的相互作用最终演变成滞胀。在图 5-1 中，经济的均衡点 E_2 点的价格总水平 P_2 高于 E_1 点的 P_1，而 E_2 点的总产出 y_2 低于 E_1 点的 y_1。第二次世界大战结束后兴起的以生产方式的电气化为标志的第二次科技革命极大地促进了生产力的发展和经济增长，同时也引起了生产结构和经济结构的巨大变化，由于总需求结构调整滞后，经济结构失衡。这种经济结构失衡的标志之一就是美国经济中出现结构性失业，劳动市场上出现职位空缺和失业并存的局面。在这种经济背景下，供给学派经济学乘势而起，里根政府的经济政策重点转向结构调整和刺激供给。于是，主流经济理论和政府政策的天平又向总供给一方倾斜。

需要指出的是，虽然随着经济环境和经济发展阶段的变化，主流经济学和政府政策时而偏向供给方，时而偏向需求方，但是这种偏向仍然没有脱离总需求－总供给分析框架，即经济学家们强调供给时并没有忽视需求，强调需求时也没有忽视供给。凯恩斯在《就业、利息和货币通论》中写道："在分析这样一个制度（货币的经济制度——引者）的经济行为时，我们所使用的方法仍然是供给和

① ［英］约翰・梅纳德・凯恩斯．就业、利息和货币通论［M］．高鸿业重译本．北京：商务印书馆，1999：386.

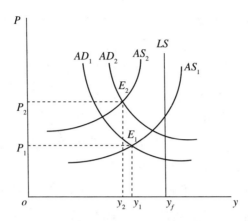

图 5-1　用总需求—总供给模型解释美国经济的滞胀

需求之间的相互作用。"[①] 在他看来，"均衡的就业量决定于，（1）总供给函数，（2）消费倾向，和（3）投资量。这就是一般就业理论的要旨"[②]。可见，虽然凯恩斯认为需求重要，但是他仍然认为均衡的就业量和均衡的总产出决定于总供给函数和总需求函数的交点，宏观经济分析需要使用总需求—总供给理论框架。N. 格里高利·曼昆（N. Gregory Mankiw）认为，自凯恩斯 1936 年在《就业、利息和货币通论》中创建现代宏观经济学体系以来，经济学家们已经达成四点共识，其中前两点是：（1）在长期，一个国家生产产品和提供服务的能力决定了其国民的生活水平。（2）在短期，总需求影响一个国家生产的产品和提供的服务的数量。[③] 这就是说，大多数经济学家认为，长期是生产能力重要，短期则是总需求重要。

　　中国现在进行供给侧结构性改革，虽然改革的重点、宏观调控的重点转向了供给侧及其结构，但是我们在理论上、在观念上仍然

---

　　① ［英］约翰·梅纳德·凯恩斯. 就业、利息和货币通论［M］. 高鸿业重译本. 北京：商务印书馆，1999：3.
　　② ［英］约翰·梅纳德·凯恩斯. 就业、利息和货币通论［M］. 高鸿业重译本. 北京：商务印书馆，1999：34.
　　③ ［美］N. 格里高利·曼昆. 宏观经济学：第 9 版［M］. 卢远瞩，译. 北京：中国人民大学出版社，2016：459－460.

不能忽视总需求，在政策实践上不能放弃总需求管理。我们要在稳定总需求的基础上促进总需求的适度增长和总需求的结构优化，这既是稳增长、促就业的需要，也是保障供给侧结构性改革顺利推进的需要。没有总需求的适度增长，产能过剩就会更加严重，因为过去的投资和现在的投资还在形成资本，还在提升生产能力；没有总需求结构的调整和优化，总供给结构性改革就没有了参照系，就失去了方向。因为我们进行供给侧结构性改革的目的乃至社会主义市场经济生产的目的是更好地满足社会成员不断增长的物质和文化需求，是不断提高人民的生活质量和福利水平。要使总供给结构与总需求结构更好地相匹配、相适应，供给结构调整就必须以适应需求结构为目的，必须由需求结构来指引。提高总供给能力必须以总需求规模及其增长为导向，提高总供给质量必须以总需求结构为基础。生产能力提高了，需求跟不上，就会形成新的产能过剩；如果供给质量提高了，但供给结构与需求结构不匹配，那么这个"质量"就不能得到市场的认可。

少数中国学者把"三驾马车"这种中国的总需求调控模式及其理论斥为"骗人的把戏"，认为中国近些年的宏观调控受了"三驾马车"这个错误理论框架的指导。他们所持的依据是，"三驾马车"理论是与现代经济增长理论背道而驰的；中长期的经济增长问题不是一个需求问题，而是一个供给问题，是一个国家的生产能力问题。因为根据索洛等人的现代经济增长理论（新古典增长理论），经济增长的引擎只有两个，一个是人均资本（包括物质资本和人力资本）的增长，另一个是TFP的提高。这两者都与"三驾马车"无关。因此，"三驾马车"论违背了经济学常识，误判了中国经济过去三十多年增长的真正原因，也误导了中国经济政策取向的选择。

这些学者的观点是有一些根据的，因为中长期经济增长的决定因素确实在总供给一方，我在本书前面也阐述了这一点。但是这种观点有一定的片面性。供给方的因素（人均资本和TFP）决定的是潜在的经济增长率，不是实际实现或达到的经济增长率。在总供给能力（生产能力）或潜在增长率一定的条件下，有效需求及其增长决定了实际的经济增长率，决定了总供给能力被利用的程度。虽然经济增长理论（特别是索洛增长模型）的假设前提是生产要素和技术是被充分利用的，但是这毕竟是特长期分析的一种假设，真实的经济增长并不总是在充分就业（充分利用）的条件下实现的，特别是短期和中期的经济增长。因此，一个国家一定时期实际达到的经济增长率究竟是多少不可能与"三驾马车"无关。

2010 年中国四个季度的 GDP 增长率分别是 12.2%、10.8%、9.9% 和 9.9%，同时物价基本稳定，没有出现明显的通货膨胀，这说明在 2010 年前后，中国经济的总供给能力可以支撑 10% 左右的经济增长。而目前中国经济的增速下降到 7% 以下，同时出现持续的大面积产能过剩，实际的经济增速在这几年快速下降，这与中国经济的内需和外需增长持续下滑不能说没有关系。

宏观经济关系虽然很复杂，但是宏观经济中的基本关系还是总需求－总供给关系。总需求－总供给关系包括二者的数量均衡关系和结构匹配关系。总需求－总供给在数量和结构上协调了，经济才能稳定，才能增长。经济分析和政策抉择既要关注供给方，也要关注需求方，要关注供求的相互影响和相互作用。我们既要关注长期经济增长，也要关注短期经济稳定，这样才能实现经济的稳定、可持续增长。长期不能脱离短期，因为长期是由若干短期构成的。如果我们只强调供给侧而忽视需求侧，只重视供给侧改革而忽视需求稳定和需求调节，只重视长期而不顾短期，那么这可能不是经济学家和政策制定者的正确做法，在实践上可能会带来相反的作用。

中国经济经历了三十多年的高增长，成功地迈过了经济起飞阶段，目前进入跨越"中等收入陷阱"的冲刺阶段。一个经济在其增长或发展的不同阶段对总供给的结构、质量、动力的要求是不同的，这就如同飞机按亚音速飞行和按超音速飞行对飞机发动机、质量和构造的要求不同一样。因此，我们现在强调供给侧结构性改革，强调经济结构或供给结构的转型升级，强调经济结构优化，强调经济、社会和环境协调发展和可持续发展，寻找经济发展的新动力，把经济工作和宏观调控的重点转向供给侧无疑是正确的抉择。但是，供给的转型升级是一个中长期过程，这个过程伴随着生产技术的重大变革、技术创新和诸多方面的经济结构调整，且更依赖经济体制乃至政治体制的深化改革，因而这个过程不可能在短期内走完。即便是被某些中国学者视为供给改革成功范例的"里根经济学"，供给改革也只是在里根政府的第二个任期才在经济结构和经济表现上见效。所以，要保持中国经济的平稳发展和转型升级的顺利进行，就不能放弃需求分析和需求管理。

我在本书上篇说过，经过三十多年的改革开放，中国的生产力和总供给能力已经得到了极大的提高，中华人民共和国建立后长期困扰我们的供给短缺已经成为历史，20 世纪 90 年代末期中国经济已经由短缺型经济转变为需求相对不足型经济，今后有效需求不足将是中国经济的常态，将是中国经济运行和经济发展的大背景。从这一点来看，我们也不能只强调总供给而忽视总需求。

通过对图 2-6 的分析我们发现，中国经济中的产能过剩是有效需求增速减慢和 2009—2011 年扩张计划导致生产能力大幅提高共同作用的结果，而不是单纯的需求方的原因或单纯的供给方的原因。因此，解决产能过剩问题需要在供给侧结构性改革过程中兼顾总需求的稳定和增长，不能忽视总需求。

我们注意到，习近平同志于 2015 年 11 月 10 日在中央财经工作领导小组第十一次会议上首次提出供给侧结构性改革时提出，在适度扩大总需求的同时，着力加强供给侧结构性改革，着力提高供给体系的质量和效率，增强经济持续增长动力，推动中国社会生产力水平实现整体跃升。可见，习近平的供给侧结构性改革的思路是兼顾需求的。

二、调结构与促增长

经济结构与经济增长的关系如同车况与车速的关系，车况好，车子就跑得稳、跑得快；车况不好，车子就跑不稳、跑不快，甚至会熄火。要实现经济的长期稳定和可持续发展，就必须不断调整和优化经济结构。

近几年中国经济存在供给过剩即经济结构失衡的现象，结构失衡不仅拉低了经济增长速度，而且降低了经济增长的质量和效益，大量的产品库存和产能利用不足本身就是资源浪费，增加了经济发展的成本。

经济结构调整和经济增长在短期是有矛盾的，某种程度上二者是鱼与熊掌的关系，不可兼得。通过去产能、去库存、去杠杆来调整经济结构，必然要减少一些产品生产甚至销毁一部分产品，关停一些企业，压缩一些投资，这就直接减少了产出增加。但是，从中长期来看，经济结构调整好了有利于稳定和促进经济增长。因此，结构调整和经济增长又如同"磨刀"与"砍柴"的关系，从长期来看，"磨刀不误砍柴工"，但是在短期，"磨刀"必然要耽误"砍柴"。

结构改革与结构调整是内涵不完全相同但内容又相互交织在一起的两个问题。结构调整主要是对失衡的经济结构进行矫正和重新定位，消除过剩产能，使经济轻装上阵。结构改革是要对经济结构进行再造、优化和升级，实现经济增长的动能的升级换代。如果说结构性改革是一个大课题，那么结构调整则是这个大课题中的一个子课题。供给侧结构性改革远比结构调整宏大得多，重要得多。

要完成供给侧结构性改革的目标任务就必须处理好调结构与稳增长（或促增长）的关系。调结构与稳增长的关系处理不好，必然延误供给侧结构性改革的进程，降低供给侧结构性改革的成效。

从 21 世纪以来的中国经济工作和政策实践来看，似乎我们没有处理好调结构和稳增长的关系。中央政府和地方政府长期存在"增长优先"的偏好，把稳定或促进经济增长放在优先位置，不到万不得已——经济结构严重失衡阻碍了经济正常运行和增长，不会对失衡的经济结构动手术；一旦经济增速下降幅度过大，速度过快，或结构失衡有所缓解，稳增长就又取代调结构成为经济政策的首要目标，调结构被缓行或退至次要地位。

表 5-1 列出了 2001 年以来中国经济工作主要任务和政策（宏观调控）目标的变化。中国每年的经济工作任务和政策目标都是由上一年 12 月召开的中央经济工作会议确定的。表 5-1 是根据历年中央经济工作会议的决定内容整理出来的。

表 5-1 中国经济工作主要任务和政策目标（2001—2017 年）

年份	经济工作主要任务和政策目标
2017	稳增长、促改革、调结构、惠民生、防风险
2016	稳中求进工作总基调，稳增长、调结构、惠民生、防风险
2015	努力保持经济稳定增长；积极发现并培育新增长点；加快转变农业发展方式；优化经济发展空间格局；加强保障和改善民生工作
2014	稳增长、调结构、促改革
2013	稳增长、转方式、调结构
2012	稳增长、调结构、控通胀
2011	稳物价、保增长、调结构
2010	调结构、保增长、防通胀
2009	扩内需、保增长、转方式、调结构
2008	控总量、稳物价、调结构、促平衡
2007	坚持加强和改善宏观调控，保持和扩大经济发展的良好势头；坚持以发展农村经济为重点，扎实推进社会主义新农村建设；坚持以节约能源资源和保护生态环境为切入点，积极促进产业结构优化升级；坚持提高自主创新能力，加快建设创新型国家……

续前表

年份	经济工作主要任务和政策目标
2006	稳增长、强"三农"、调结构
2005	保增长、稳物价、强"三农"、调结构
2004	坚持扩大内需的方针,继续实施积极的财政政策和稳健的货币政策,保护好、引导好、发挥好各方面加快发展的积极性,切实把工作重点转到调整经济结构、转变增长方式、提高增长质量和效益上来
2003	保持经济稳定增长和完善社会主义市场经济体制;扩内需、调结构
2002	坚持扩大内需的方针,继续实施积极的财政政策和稳健的货币政策;调整农业结构,深化农村改革,努力增加农民收入;进一步推进经济结构的战略性调整,着力抓好企业技术改造……
2001	加强农业基础地位,努力增加农民收入;大力调整和优化产业结构;进一步深化国有企业改革……

由表 5-1 我们看到,2001 年以来,我们有 2 年(2008 年和 2011 年)把稳(控)物价放在经济工作任务和政策目标的第一位,2 年(2001 年和 2010 年)把调结构放在第一位,其余的 13 年都把稳增长放在第一位。2016 年和 2017 年经济工作的主要任务事实上是把结构改革和结构调整摆在第一位,这样算下来,2001—2017 年的 17 年间,我们有 4 年把调结构摆在经济工作任务的第一位,有 11 年把稳增长摆在第一位,有 2 年把控物价摆在第一位。由此可见,政府对经济增长的重视程度远高于对经济结构调整的重视程度。这是不是因为中国经济结构合理或良好,所以不需要调结构,只需要促增长?不是!我在本书第二章谈到,中国经济在 2005 年前后就出现了严重的供给过剩和结构失衡。

中国的经济工作任务和政策目标还可能中途改弦更张,使得经济工作和政策的目标具有明显的时间不一致性或动态不一致性。2009 年 12 月的中央经济工作会议提出把"促进发展方式转变"作为 2010 年经济工作的重点,并且强调 2010 年的经济工作"特别是要更加注重提高经济增长质量和效益,更加注重推动经济发展方式转变和经济结构调整"。党和国家领导人在 2009 年下半年和 2010 年上半年纷纷发表讲话和署名文章，提出要把调整经济结构、转变经济发展方式放在 2010 年经济工作的突出位置。但由于 2010 年年中中国 CPI 涨幅突破 3% 的警戒线，11 月更是达到 5.1%，因而 2010 年 12 月的中央经济工作会议把 2011 年的经济工作重心转移到控物价上，调结构便被"冷冻"起来。宏观经济目标做这样的调整，主要是出于对"稳定"的考虑；因为政府担心物价不断攀升既造成经济秩序不稳，也造成人心不稳。事实上，当时的物价问题并不是首要的经济问题。CPI 年涨幅 4%～5% 只不过是温和的通货膨胀而已。进一步来看，当时的物价涨幅突破 3% 主要是经济结构失衡造成的，如果说是通货膨胀，那么也是结构性通货膨胀，所以当时放弃调结构而转向控物价，是治标不治本。

从当时的经济状况来看，我们的经济工作和政策目标早就应该把调结构放在优先位置。同时，调整和优化经济结构也是保证中国经济稳定、持续和健康发展的必要条件，没有合理良好的经济结构，经济发展只能是走走停停，经济增长必然是在摇摆中前行。可是大多数时候我们都把稳增长，有些年份实际上是把追求高增长作为第一位的经济任务，作为第一位的经济政策目标。

政府之所以形成"增长优先"的偏好，主要是因为：（1）追赶战略支配着短期经济工作和经济政策。要实现长期的追赶目标，就必须保证实现短期和中期的经济增长目标。（2）维稳的政治要求。在改革的时代，在体制转轨时期，必然会出现一些政治和社会不稳定因素，因为一部分人的既得利益会由于改革带来的利益调整和再分配而受到损害，或利益增进不均。政府的理念是：有了一定速度的经济增长，经济蛋糕做得越来越大，就能够为社会稳定和政治稳定提供物质保证，就能够缓解甚至遮蔽一些社会矛盾。（3）对于地方政府领导人来说，促增长和他的政绩、职务升迁是一致的，是融为一体的。（4）比较而言，促增长风险小，障碍少，容易实现；而调结构有风险，阻力大，短期不容易见效，因为调结构要关停企业，要裁减员工，要减少 GDP 和税收。促增长是给生产者和消费者吃"糖"，而调结构是给生产者和消费者吃"药"。促增长能够当年播种当年见效，而调结构是自己种树、别人乘凉。从规避风险或厌恶风险的角度来看，政府和官员也更偏好"促增长"，而不是"调结构"。

正确认识和处理好调结构与促增长的关系是推进供给侧结构性改革的重要一环。无论从目前中国供给过剩和经济结构失衡的严重程度看，还是从转变经济发展方式、实现长期可持续发展来看，短期牺牲一些产出和经济增长速度都是必要的、必须的，这种牺牲是调结构、转方式必须付出的代价。从经济波动的规律来看，经济由下行逆转向上的转折点是过剩产能和企业超额库存清除完毕之时，只有到这个时点，市场需求才会转旺，固定资产才会大规模更新，新投资才会稳步增长；在经济下行（或衰退）阶段，过剩产能清除得越慢，结构调整就越慢，经济在低谷中盘整的时间就越长，经济复苏和回升就越慢。并且，供给过剩和经济结构失衡耽搁的时间越长，对经济健康和长期增长的损害就越大。我们宁可忍受调结构的短痛，而不要经历结构失衡的长痛。正如 2016 年 12 月的中央经济工作会议指出的，结构性产能过剩是我们"绕不过去的历史关口"，我们躲不了，只有解决它，顺利过关，才是上策。

为了处理好短期稳增长和中长期调结构的关系，我提出如下建议：

（1）把现在的"稳增长、调结构"的政策目标次序调整为"调结构、促增长"，把调结构放在经济工作的优先位置。

（2）把现阶段中国经济增长的目标区间调整为 6%～8%，季度经济增长率可以在 7% 上下波动。设置这样的目标区间，可以给政府处理调结构与促增长的关系预留更大的回旋余地，有利于减轻政府稳增长的压力，避免政策在稳增长与调结构之间频繁切换，也有利于稳定企业和老百姓的信心和预期。

（3）把通过稳增长来实现稳就业调整为通过稳就业来实现稳增

长，也就是把稳就业放在突出的位置。从中国目前的产业结构和企业所使用的生产技术来看，稳增长不一定能够稳就业，但是稳就业往往可以稳增长。并且，就业稳定增长了，城乡居民的收入增长就有了保证，民生就可以改善，社会就能够稳定，经济结构调整和长期可持续发展就有了保证。

（4）通过深化改革，逐步淡化对地方政府的数量指标考核，增加对其结构指标和质量指标的考核，例如，可以把高污染、高能耗和高排放企业的清除进度，水的质量、土壤质量、空气质量和环境质量的改善程度，高库存且连续多年亏损的"僵尸企业"的破产、重组或转产比率，食品安全，假冒伪劣产品的增减等，列为对地方政府进行考核的指标。

（5）把扩投资、上项目和调结构结合起来。在产能过剩、超额库存增加的形势下，似乎不宜再扩大政府投资。其实不然。目前中国的产能过剩和超额库存增加主要是在第二产业，特别是工业制造业。第一、三产业仍然有很大的扩大投资的空间和潜力。就基础设施投资来说，农村和西部地区还有很大的空间，甚至有很多欠账。农村和西部地区的土地平整改造，水污染土地污染治理，水利工程，电网建设改造，公路铁路建设，网络和家用电脑推广，中小学教学仪器、图书资料与体育器材，农村医疗设施，农村文化工程，垃圾处理等，都可以作为扩大投资的对象。中国的教育（包括职业培训）、医疗、科技和军工仍然是投资潜力巨大的领域。只要有需求，投资就不会导致生产过剩和产能过剩，并且这样的投资也是消化现有过剩产能的有效途径。例如农村修水利修公路需要使用大量的水泥，修铁路需要大量的钢材，这有助于消化吸收水泥行业和冶金行业的过剩产能。因此，这里所说的扩大政府投资应当是有选择的、差别化的和靶向性的。这个选择的原则是，扩大的政府投资既要有利于拉动内需，又要有利于消化过剩产能，还要有利于调整和优化经济结构，提升经济发展的后劲。按照这样的原则所选择的投资，将在拉动经济增长的过程中促进经济结构优化升级。

现在实施的"三去一降一补"中的"三去"是从存量上调结构，我这里所说的选择性投资可以看做从增量上调结构的一种举措。调结构既需要注重从存量上调，也应当重视从增量上调。

　　从长期来看，调结构主要是要依靠市场机制，依靠市场机制的自动调节（资源配置）、自动清除（过剩产能和超额库存）和自我修复（供求比例关系）的功能。第七章还将进一步论述这个话题。

第六章

供给侧改革三步走之第一步：对症治疗

　　中国的供给侧结构性改革是一场涉及经济结构调整、供给新动力生成、供给质量提升、发展方式转换、经济体制深化改革等有关中国经济现在和未来发展的伟大的改革或革命，而不是一次简单的供给结构或经济结构调整，更不是简单的消除供给过剩。因此，供给侧结构性改革不可能在短期内完成，不可能一步到位，它将是一项需要花费较长时间的、艰巨的、复杂的工程。如何选择这场改革的路径？这场改革怎么改？这些问题关系到这场改革的成效与命运。

　　我认为，要保证供给侧结构性改革取得成功、取得实效，实现供给侧结构性改革的预期目标，供给侧结构性改革需要采取"三步走"战略：第一步是对症治疗，主要措施是"三去一降一补"，即去产能、去库存、去杠杆、降成本、补短板；第二步是巩固治疗，主要方案是经济结构调整、优化和升级；第三步是去根治疗，主要途径是制度改革、建设和创新。

这种"三步走"战略应当是交叉实施、梯次推进、逐步深入的，不是截然分开的。总体上看，"三去一降一补"是走好第二步和第三步的前提，是为第二步和第三步所做的必要准备，为后两步战略的展开扫清障碍；第二步"结构调整"是供给侧结构性改革的重点内容；第三步"制度改革"是供给侧结构性改革的压轴戏和落脚点。

但是，这个"三步走"战略不应是截然分开的，不是完成了第一步才进行第二步，完成了第二步才进行第三步，而是交叉推进、互相渗透的。"三去一降一补"主要是解决供给过剩，但是也有结构调整的内容。实施第二步战略还需要继续降成本、补短板。特别重要的是，制度改革、建设和创新应当是贯穿整个供给侧结构性改革过程的，没有制度改革，"三去一降一补"和结构调整是做不好的，是做不到位的，深化制度改革是搞好"三去一降一补"和结构调整的根本之道。我把供给侧结构性改革的路径设计成"三步走"战略，是要突出每一步战略的重点，是要强调改革的深度和层次，是要突出制度改革的关键性和重要性。

本章讨论"三步走"战略中的第一步，接下来的第七章和第八章分别讨论第二步和第三步。

一、"三去一降一补"的迫切性

近几年中国经济中的突出问题是企业超额库存过多，不少产品滞销；产能过剩，生产能力利用率过低；杠杆率过高，金融风险积聚；企业生产成本上升过快，不合理的成本负担过多。同时，中国经济发展中还有许多不足和欠缺，即存在许多短板，例如农业和农村发展滞后、科技创新能力不足、知识和人力资本积累不足、制造业大而不强……

据全国库存折扣商品专业委员会常务副会长兼秘书长毛德鼠估计，2015年10月全国库存积压物资已超过30 000亿元。这个库存积压的数量相当于中国2014年GDP的4.7%，差不多等于四川省2015年的GDP规模。国家统计局的数据显示，2007年到2014年，中国煤炭开采和洗选业规模以上工业企业存货由708.22亿元增加到2 467.71亿元，增长了2.48倍。据《中国房地产数据年鉴（2017年）》提供的数据，2016年全国住宅已竣工、在售楼盘有35 334个，建筑面积为840 204万平方米；已开工、在售楼盘有13 813个，建筑面积为165 846万平方米；未售楼盘有5 512个，建筑面积为52 380万平方米。如果按人均30平方米计算，那么这些在售和未售的住宅面积可以解决3.53亿人的居住需要。由于近几年房地产投资高速增长，商品房库存面积还在持续增长。

生产过剩和产能大面积持续过剩使不少行业陷入利润不断减少甚至亏损的境地，这些行业中的企业不得不减产，甚至亏损生产。据国家统计局提供的数据，2011年到2015年，中国规模以上工业企业亏损单位数分别是30 456、39 664、41 711、43 452和48 248家，分别占当年规模以上工业企业总数的9.35%、11.54%、11.28%、11.50%和12.59%，不仅亏损企业数量在逐年增加，而且亏损面在不断扩大。

企业库存（存货）超过正常或合意水平，一方面阻碍了企业固定资产投资的增加；另一方面占用了额外的流动资金，严重的还会导致企业的资金链断裂。在这种状况下，企业既无增加投资的激励，又无增加投资的能力。于是许多企业（特别是工业企业和房地产开发企业）作为宏观经济的细胞不得不处于休眠状态甚至是坏死状态。

企业财务状况变差导致银行呆坏账增加、政府税收收入和财政收入减少[①]，从而使金融风险增大，政府赤字率和债务率上升。据

---

① 国家统计局的数据显示，2011—2015年中国财政收入的增长速度分别是25%、12.9%、10.2%、8.6%和5.8%，增速下降很快。

中国社会科学院国家金融与发展实验室测算，近几年中国金融企业债务率快速上升，2015 年年末中国金融企业债务率上升到 131％，国际清算银行测算的结果是 170.8％。中国社会科学院国家金融与发展实验室统计的 2015 年年末中国非金融部门总体杠杆率为 249％，国际清算银行公布的中国总体债务率为 254.8％。2015 年年末，中国政府债务率为 41.5％左右，中国住户部门杠杆率为 40％左右。以上数据得到了国家发改委的认可。

企业负担过重、生产成本上升过快是近几年中国企业家和经济学家普遍关注的经济问题。据中国财政科学研究院 2016 年 4 月至 6 月对中国 12 个省份进行的企业成本调查，样本企业的总成本费用（主营业务成本＋销售费用＋管理费用＋财务费用＋营业税金及附加）占收入的比重 2013—2015 年分别为 109％、103.6％ 和 138％，样本企业处于普遍亏损状态。从企业成本的六大构成部分——企业税收负担、人工成本（含"五险一金"费用）、能源成本、物流成本、融资成本、制度性交易成本——来看，除税收负担稳中趋降外，其余五大成本都呈上升走势。[①] 有学者和政府官员认为，中国制造业成本已经高于东南亚、南亚和东欧国家，大约是美国制造业成本的 90％。其中珠三角和长三角企业的生产成本已经达到美国制造业成本的 95％，甚至有少数中国企业为了节约成本，把纺织厂和玻璃生产厂转移到美国。

如上所述，中国的经济发展中存在许多短板，它们阻碍了中国经济的稳定增长和效益提高，其中最大的短板可能就是自主创新能力不足。

一个经济的技术进步主要来源于自主创新和技术引进这两条途径。不同的国家或同一个国家在其不同的发展阶段，自主创新和技

---

① 关于中国企业的税收负担是否过重的问题，中国财政税收部门及其研究机构的研究者和其他研究者之间存在较大的分歧：前一类研究者认为中国企业税负低于国际平均水平，后一类研究者认为其大大高于国际平均水平，参见《企业税负到底有多重？》（和讯网，2017 年 1 月 24 日）、《制造业税费负担调查：企业税负究竟有多重？》（财经网，2017 年 1 月 26 日）、《中国企业税负到底有多重？》（《华尔街见闻》，2017 年 3 月 1 日）。

术引进对技术进步的推动作用或重要性是不同的。对于发达国家来说，自主创新是其技术进步的主要来源，技术引进是其辅助来源。而对于发展中国家来说，由于它们在科学技术及其创新上相对落后，因而技术引进则是其技术进步的主要来源，自主创新是其辅助来源。一个经济体由欠发达状态转型到发达状态的一个显著标志便是自主创新替代技术引进成为技术进步的主要源泉。

在改革开放后的相当长的时间里，中国通过大力引进外资、外国设备、外国技术和外国管理方法，再加上不断学习、模仿和改造，大幅提高了技术进步的速度和经济活动的技术水平，通过显著提高 TFP 增长率提高了中国的经济增长率，通过不断推进改革激发了个人和企业的活力，再加上大规模的"人口红利"，中国经济获得了持续三十多年年均约为 10% 的高增长。

一般来说，从国外引进的技术可以分为两类，即常规技术和高技术，改革开放三十多年来，通过引进、消化、吸收和自主研发技术，中国的常规技术水平已经接近（有些甚至已经超过了）发达国家的水平，因此，常规技术引进的数量就自然相对减少，引进的速度也就自然变慢了。2008 年以来中国技术引进的速度在波动中不断降低，首先是常规技术引进的速度下降了，其次是高技术引进的速度变慢了。图 6-1 显示，受国际金融危机的影响，2009 年中国高技术进口是负增长，增长率为−9%，2010 年是恢复性增长，增长率为 33.2%。剔除这两年的大跌大升，我们不难看出，2004 年以来中国高技术进口的速度呈现出大幅度降低的走势。

在技术引进速度放慢的过程中，如果自主创新速度提高并能够抵消技术引进速度放慢的影响，那么中国的技术进步速度还可以保持不变甚至提高。但是遗憾的是，中国技术引进的速度自 2004 年开始下降以后，自主创新速度不但没有加快，反而也出现了下降的走势，这就使得中国不能有效地通过自主技术创新来替代技术进口。图 6-2 显示，如果以发明专利数来衡量自主创新，那么中国每年授权的发明专利和国内发明专利的增长率都是在 2008—2009

年达到最高，年增长率分别为 37％以上和 40％以上，但是此后却在波动中下滑。

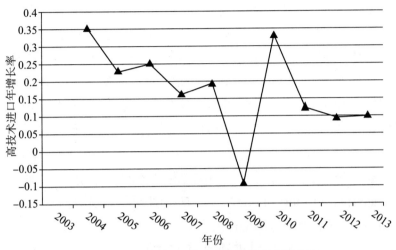

图 6-1 2004—2013 年中国高技术进口增长率

资料来源：相关年份的《中国高技术产业统计年鉴》。

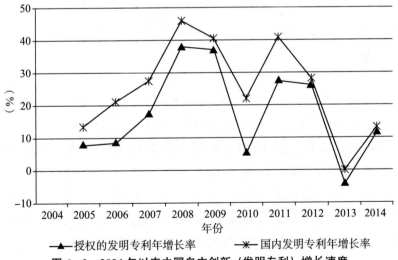

图 6-2 2004 年以来中国自主创新（发明专利）增长速度

资料来源：《2014 年中国统计年鉴》。

根据世界知识产权组织（WIPO）的报告，中国国际专利申请量自 2002 年以来一直保持两位数的增长速度，2014 年中国以

18.7%的增速成为全世界专利申请数量增长最快的国家，也是唯一一个增长率达到两位数的国家；2015年国际专利申请数比上一年增长1.7%，而中国的国际专利申请数（2.98万件）比上一年增长了16.8%，增速位居全世界第一；2016年国际专利申请数同比增长了7.3%，而中国的国际专利申请数（4.3万件）同比增长了44.7%！但是在中国的专利申请和被WIPO授权的专利中，实用性专利的占比偏高，发明专利的占比较低，并且中国企业申请的专利多数是在成熟技术基础上进行的"微创新"，在重大前沿科技领域的创新成果不足。按照迪尤尔（R.D. Dewar）和达顿（J. E. Dutton）对技术创新的划分①，中国的技术创新大多是"渐进式创新"（incremental innovation），"突破式创新"（subversive innovation or radical innovation）所占的比重较低。

2009年以后高技术引进速度和自主创新速度双双下降，导致中国技术进步速度放缓和TFP增长率下降。根据我们所做的一项实证研究，中国经济中的TFP增长率在2007年达到约11.67%的高位以后就不断走低，2008—2010年维持在6%以上，但是近几年下降到4%以下（见表3-2）。

上述这些问题导致中国经济潜在隐患和风险急剧增大，严重阻碍了中国经济的正常运行和健康发展，特别是这些问题叠加在一起，使得有些风险接近金融危机和经济危机爆发的临界点。面临这种经济状况，中共中央和国务院提出供给侧结构性改革的要点就是在具体工作中落实好"三去一降一补"五大任务。我认为，"三去一降一补"是供给侧结构性改革的对症治疗法，是应急治疗措施，是供给侧结构性改革必经的第一步。去产能、去库存是要给经济消肿化淤，去杠杆是要给经济降风险，这三项举措都是为了让经济轻装前行，安全前行，恢复活力；降成本是要给经济减负，补短板是为了使经济关系和经济结构协调，这两项举措都带有经济结构调整

---

① Dewar，R. D.，& Dutton，J. E. The Adoption of Radical and Incremental Innovations：An Empirical Analysis [J]. Management Science，1986，32（11）：1422-1433.

的性质。

二、如何推进"三去一降一补"

经过一年多的努力，中国的"三去一降一补"取得了如下成效：第一，2016年去产能的年度目标是钢铁去产能4 500万吨，煤炭去产能2.5亿吨，这些目标已经超额完成。2016年一共化解钢铁产能超过6 500万吨，化解煤炭产能超过2.9亿吨，煤炭企业煤炭库存同比减少4 077万吨，下降32%。在钢铁和煤炭去产能的过程中，需要重新安置钢铁行业职工18万人，煤炭行业职工62万人，到2016年年底实际安排的职工再就业人数已经接近70万人。这两大产能过剩行业已经开始扭亏为盈。钢铁工业协会会员企业2015年1月至11月亏损529亿元，2016年1月至11月盈利331亿元，煤炭企业的利润也增长了1.1倍。商品房待售面积自2016年1月以来逐月下降，市场化债转股和企业兼并重组正在有序推进，实体经济的成本有所下降，重点领域的补短板工作也取得了积极成效。第二，在"三去一降一补"实践过程中不断调整政府与市场的关系，积极探索体制机制市场化改革的路径，例如探索建立中长期合同制度、储备产能制度、增减挂钩减量置换指标交易制度、最低库存和最高库存制度，以及政府、行业和企业联手防范价格异常波动制度等。第三，"三去一降一补"作为供给侧结构性改革的重点任务得到了地方政府和企业的普遍认同，除了钢铁和煤炭行业去产能取得明显成效以外，水泥、平板玻璃、造船等行业的去产能也在积极推进，不少地方政府和企业主动减量、优化存量、引导增量。农业供给侧结构性改革、振兴实体经济、培育新动能、传统产业转型升级等都在积极推进。

"三去一降一补"虽然取得了初步成效，但仍然需要继续推进，

去杠杆、降成本和补短板这三大任务完成得还不够，进展还比较缓慢。

目前去杠杆的重点应当放在抑制过度投机和房地产泡沫上，放在化解地方政府的债务负担上。从长期来看，只有改善企业的生产经营环境，提高资本回报率，使之超过债务利息率，才能从根本上化解企业债务负担。

降成本主要是减税降费，其中降费是重点。可以通过改革和政策调整降低物流成本、融资成本和制度性交易成本。可以考虑暂时放缓工资上涨速度和频率，避免人工成本上涨过快，尽量保持工资上涨的速度与劳动生产率提高的速度一致。高速公路收费是物流成本居高不下的一大原因，可以通过延长收费年限来降低高速公路收费标准，已经收回投资的高速公路应当取消收费或大幅度降低收费标准，不能长期把高速公路当成"摇钱树"。

当前补短板的重点领域是民生保障、公共服务、脱贫攻坚、农业基础设施和科技创新，补短板更多的是要在供给侧结构性改革的第二步和第三步去完成。

进一步推进"三去一降一补"需要注意以下几个问题。

（1）"三去一降一补"五大任务是一个系统工程，要统筹兼顾、整体推进。

"三去一降一补"每项任务各有侧重，都很重要，各项任务相互影响、相互依存，关联互补性较强。例如，去库存要和去产能相结合，如果去产能做得不到位，那么旧的库存去掉了，新的库存又出现了；如果高杠杆率不降下来，那么不仅系统性风险过大，而且实体经济难以发展，降成本也难以奏效；如果不合理的税费负担减不掉，企业成本降不下来，那么企业就没有活路，振兴实体经济就是一句空话；如果体制和经济中的短板不补上，那么过剩产能、超额库存、过高杠杆即便这次去掉了，不久也会卷土重来，又会周期性地出现。因此，"三去一降一补"要统筹兼顾，整体推进，不可单向突进，不可顾此失彼。

去产能和去库存比较容易做，见效也比较快，但是去杠杆、降成本和补短板则不容易在短期取得明显成效，因为这三项任务牵涉更深层次的体制问题和发展问题，有待通过实施第二步、第三步战略来完成。因此，我们不能把去产能、去库存的进展等同于"三去一降一补"的整体进展，不能认为去产能、去库存做得差不多了，"三去一降一补"任务就基本完成了。

（2）"去产能"不能一刀切，应当有"去"有"留"。

我们在前面说过，过剩产能包括绝对过剩产能和相对过剩产能，我们不能把现在的过剩产能都当做绝对过剩产能全部清除，不能把现在的过剩产能都看做落后产能，保留相对过剩产能以待市场需求恢复转旺是必要的。处置"僵尸企业"和落后产能要下得了狠心，出得了重拳，不能心慈手软，但是去产能不要去过了头，不要把相对过剩产能和先进产能也一起去掉。2016年秋冬季我国钢铁和煤炭价格持续上扬，似乎与这两大行业去产能做过了头有关，因为生产过剩的产品、产能过剩的行业没有涨价的基础。

（3）去产能要辨症施治，不能一个模式打遍天下。

不同行业和企业供给过剩的原因和过剩的状况是不同的，产能过剩的标准是不同的。去产能要根据行业特点，根据不同行业、不同企业产能过剩的严重程度，根据不同行业、不同企业的市场空间和市场需求潜力采取差异化措施，进行有针对性的治理，不能用一个模式打遍天下，不能用一个标准、一把尺子要求全体行业和企业产能利用率达到多少。

（4）去产能要公平处理，不应有所有制歧视。

在近两年去产能的实际操作过程中，不少地方政府把去产能的砍刀首先对准民营企业和中小企业，去产能的指标优先摊派给这些企业去完成。这些企业为了生存，对地方政府的这种做法既不敢怒，也不敢言，只好忍气吞声。这种做法实际上是不公平的。在去产能的过程中，也应当奉行公平竞争原则。不论是国有企业还是非国有企业，不论是大企业还是中小企业，都应按效率原则和技术标准来衡量，真正过剩的产能都应该在清除之列，并且应当按同样的比例同样的标准来清除，不能厚此薄彼。不能让一些企业偷着乐，另一些企业背后泣。

（5）去产能要兼顾稳定产出和稳定就业。

去产能是手段，不是目的。去产能是为了给经济消肿化淤，是为了调结构和优化结构，是为了产出、就业和经济效益可持续增长。在去产能的过程中，我们要通过稳定就业、提高劳动生产率和资源利用效率等途径来稳定产出，增加产出。所以，去产能不能仅仅消极地"消灭"产能，一味地追求破产清算的数量达标，还要注重适当地兼并重组、联营和合作，尽量减少失业，尽量利用闲置的产能，尽量消化过剩产能。

（6）完成好"三去一降一补"五大任务，既要做好减法，又要做好加法。

在"三去一降一补"过程中，去产能、去库存、去杠杆、降成本是做减法，补短板是做加法。一方面，中国经济有泡沫，有风险，有过剩，因此需要"去"和"降"，需要"瘦身"；另一方面，中国经济又有许多短处和不足，甚至一些方面发育不良，例如市场机制、自主创新，因此中国经济需要"强身健体"，通过改革和调整来扩大有效供给，提高供给质量。就区域经济发展来说，中国西部的发展是短板；就产业发展来说，中国农业的发展是短板；就行业发展来说，中国的制造业大而不强是短板；就城乡人口来说，农民收入偏低、收入增长过慢和贫困人口过多是短板；就实体经济与虚拟经济的关系来说，实体经济发展不快、不足是短板；就经济可持续发展的动力来看，自主创新不足是短板；等等。这些短板需要我们努力做好加法。

（7）"三去一降一补"五大任务完成了不等于供给侧结构性改革的任务就完成了。

如果说供给侧结构性改革是一场持久战役，那么"三去一降一补"只是这场战役的第一阶段或第一层次。"三去一降一补"主要是要解决生产过剩和产能过剩的问题，其至多是一种产业结构和经济结构的调整过程，虽然这种过程也涉及结构性改革，但是"三去一降一补"本身还不是结构性改革。"三去一降一补"是结构性改革的前哨战和外围战，其为结构性改革扫清障碍，奠定基础。供给侧结构性改革的核心任务是"结构性改革"，包括经济结构改造升级，包括经济体制和政治体制改革，包括政府与市场的关系的重塑、再定位等，其中，制度改革是核心，是关键。

（8）注重建立解决供给过剩的长效机制。

目前的"三去一降一补"主要还是政府唱主角，政府通过一些行政手段、法律和政策措施来解决产能过剩和经济结构失衡，例如中央政府向地方政府、行业协会和大企业下达去产能的指标、任务和期限，并对去产能的任务完成情况进行考核，对没有按时按要求完成任务的单位及其主要负责人进行行政问责和经济处罚。这是一种应急办法，也是在中国现行的体制下见效较快的办法。但是，在"三去一降一补"的过程中，要注意发挥市场机制的作用，更多地使用市场的办法，不要重走过去依靠计划经济手段进行经济整顿的老路，不要把"三去一降一补"变成政府主导的"关停并转"，不要把"三去一降一补"看做政府控制和计划经济"复位"的契机。我国有七八千万家各种类型的企业，地区和行业差异大，并且供给和需求又是动态变化的，政府很难正确识别和界定哪些行业、哪些企业存在绝对供给过剩和相对供给过剩，很难判断某一个行业或某一个企业的产能过剩的轻重程度、金融杠杆率的高低程度，很难搞清楚一个企业的成本居高不下的具体原因，也无法具体了解每一个企业的"短板"所在。因此，政府实施"三去一降一补"的能力是有限的，效果也是有限的，"一刀切""命令式""越位""做过头"是难免的。从长远来看，解决产能过剩还需要更多地依靠市场机制，还需要从源头上消除过剩产能生成、积聚的体制机制，不能过多过久地依赖行政命令和行政处罚措施。解决供给过剩，建立经济结构动态调整和优化的机制还需要通过制度改革和制度创新，用市场主导来取代政府主导。市场机制才是解决供给过剩和经济结构动态优化的长效机制。本书下面两章将更多地讨论这个话题。

第七章

供给侧改革三步走之第二步：巩固治疗

"三去一降一补"针对的是生产过剩、产能过剩和经济结构失衡，要巩固"三去一降一补"的成果，防止供给过剩和结构失衡反弹，就必须把供给侧结构性改革推进到第二阶段（第二步），这就是对供给过剩和结构失衡进行巩固治疗。所谓巩固治疗，就是对经济结构进行调整、优化和升级，借此抑制生产过剩和产能过剩反弹，并使经济强身健体。

生产过剩和产能过剩是经济结构失衡的表征，即经济结构失衡表现为生产过剩和产能过剩。因此，要巩固治理生产过剩和产能过剩的成效，就必须调整、优化和升级经济结构。

一、中国经济结构失衡面面观

经济结构的内容丰富，含义广泛，包括总供给结构和总需求结构、产业结构、区域结构、城乡结构、实体经济与虚拟经济结构、所有制结构、市场结构等。中国经济结构失衡首先是总供给和总需求在数量上和结构上失衡。如前所述，一方面，从总量上看，自 20 世纪 90 年代末期以来，中国经济就一直处于总供给大于总需求或生产能力相对过剩的非均衡状态；另一方面，从结构上看，中国经济的总需求结构与总供给结构不协调、不匹配，供给过剩与供给不足并存。中国经济的生产和供给体系过去主要是为了解决生产不足和供给高度短缺，为了解决广大城乡居民的温饱问题，加上中华人民共和国成立后的经济是在"一穷二白"的基础上发展起来的，大多数产品的生产技术和设备还相对落后，所以许多企业的大众化的产品多，个性化的产品少，同质化的产品多，差异化的产品少，大批量生产的中低档产品多，中高档的产品少，处在价值链中低端的产品多，处在价值链高端的产品少……随着中国经济在改革开放后的迅速发展，人均收入水平不断提高，中等收入群体不断扩大，居民需求结构向中高档次升级，一些低档消费品和投资品便成了过剩产品，生产这些低档消费品和投资品的生产能力便成了过剩产能。而与此同时，由于收入增长和需求结构升级，居民对中高档的产品的需求不断增加，而中国经济的生产和供给体系又不能及时转型升级，满足这种需求结构升级的需要，这就导致一部分中国居民抢购美国的保健品、日本的电饭煲和马桶盖、韩国的化妆品、意大利的皮鞋、法国的香水和箱包、德国的铁锅、新西兰的奶粉等，致使中国一部分有效需求流向国外。[①]

中国经济为了实现"赶超"目标，长期实施非平衡发展（the strategy of unbalanced development）战略，例如，20 世纪 50 年代至 60 年代实施的重工业优先发展战略、城市工业优先发展战略、改革开放后实施的东部地区优先发展战略、沿海或特区优先发展战略、出口导向型发展战略……为了实现这种非平衡发展战略，在发

---

① 一些中国产品质量不达标（例如中国生产的某些奶粉少数生化指标超标），国外产品价格低，信息传播不足，也是一部分中国居民到国外抢购的原因。

展观念上，重投资、轻消费，重总量、轻结构，重产量、轻效益，重增长、轻质量，重城市、轻农村，重工业、轻农业；在发展手段上，实行低物价（包括通过计划定价人为压低资源和要素价格）、低工资和低福利的政策或制度，同时通过高储蓄（高积累）、高投资，为城市发展和工业化提供原始积累。这些非平衡发展战略的成功实施使中国经济获得了跨越式发展，在中华人民共和国建立 61 年后，中国就跃升为世界第二大经济体。① 但是，长期实施非平衡发展战略并把这种发展战略固化也导致中国经济结构多方面失衡。从总需求—总供给分析框架来看，这些失衡主要是总需求结构失衡，以及总供给一方的产业结构失衡、区域经济结构失衡、城乡发展失衡和实体经济与虚拟经济的关系失衡。

（1）总需求结构失衡。

无论是在改革开放前还是在改革开放后，中国经济增长方式一直是投资驱动型的，这表现为在总需求结构中，资本形成率不断上升，最终消费率不断下降（见图 7－1）；投资增长率大大高于消费增长率（见图 7－2）（造成投资与消费的比例失衡）。

图 7－1 显示，1979 年中国的最终消费率和资本形成率分别为 63.2％和 37.3％，2015 年分别是 51.8％和 44.7％，二者逐渐接近，2010 年二者甚至几乎相等，分别是 48.5％和 47.9％。

图 7－2 告诉我们，改革开放后的 36 年间（1980—2015 年），只有 11 个年份（全社会固定资产）投资增长率低于（最终）消费增长率，其余 25 个年份都是投资增长率高于消费增长率，有些年份的投资增长率是消费增长率的 2～3 倍！

这种长期通过高投资来支撑高经济增长的模式不可避免地造成粗放式投资增长和粗放式经济增长，致使技术含量低的资本积累快速增加，低档次的产能急剧增加，投资效益和经济增长质量不高。

---

① 2010 年中国 GDP 超过日本，成为世界第二大经济体。

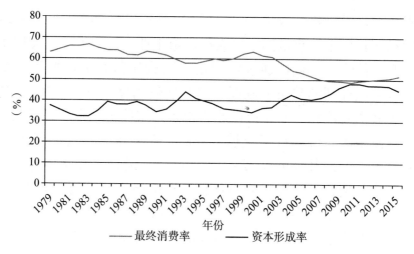

图 7 - 1　中国最终消费率和资本形成率

资料来源：国家统计局"1979—2015 年国家数据"。

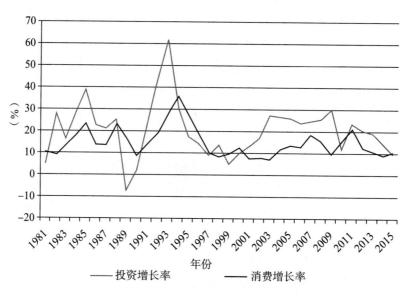

图 7 - 2　中国消费增长率和投资增长率

资料来源：国家统计局"1981—2015 年国家数据"。

（2）产业结构失衡。

中华人民共和国建立时，是一个科学技术水平低、经济发展水平低的农业国。1952 年中国第一、二、三产业增加值在 GDP 中所占的比重分别是 45.9%、23.2% 和 30.9%，第一产业在国民经济中几乎占半壁江山。通过实施"以钢为纲"和"优先发展重工业"的非平衡发展战略，中国的工业化和第二产业以超常规的速度迅速发展，自 1970 年开始，中国的第二产业增加值就持续地超过第一产业。[1] 改革开放以后，中国的工业化和第二产业又加速发展，1980 年中国经济的三次产业结构是 29.6：48.1：22.3，第二产业取代第一产业在国民经济中占了半壁江山。但是，在中国的工业化进程中，第三产业的发展长期滞后，一直到 1998 年第三产业的占比才超过 35.0%；直到 2013 年第三产业的占比（46.7%）才第一次超过第二产业（44.0%）（见图 7-3）。

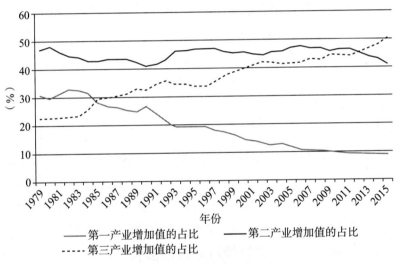

图 7-3 中国三次产业结构变化（1979—2015 年）

资料来源：国家统计局"1979—2015 年国家数据"。

第二产业的长期高速增长虽然对实现工业化，对建立独立、完整的国民经济体系，对摆脱经济落后面貌，具有重要意义，但是第二产业的单向突进，第一、三产业发展的滞后，不可避免地导致产

---

[1] 1958 年中国的第二产业增加值在 GDP 中的占比第一次超过第一产业的占比，但是 1961—1965 年和 1967—1969 年第一产业的占比又高于第二产业的占比。

业结构失衡，第二产业的发展需要第一、三产业的相应发展来支撑、来提供市场。一些人简单地把第一产业（其中主要是农业）在国民经济中的占比的不断下降看做中国产业结构升级优化的指示器。实际上，在农业占比下降的过程中，中国农业的生产技术水平和生产率并没有显著提高，农业的现代化程度还较低，家庭承包的小规模生产仍然是农业生产的主要组织形式，而这种小规模生产的农业组织形式的发展潜力是有限的。并且，在第二产业的过快发展过程中，由于技术进步和创新滞后，生产设备和产能新旧更替机制运行不畅，大量的低档次的甚至是过时的、应当被淘汰的生产设备和产能被沉淀下来，导致今天的严重的产能过剩。这可以在一定程度上解释为什么今天的生产过剩和产能过剩主要集中在第二产业。

（3）区域经济结构失衡。

自近代以来，中国东部的经济就比较发达；加上改革开放后实施"东部优先发展"战略，固定资产投资和产业布局的重心（点）转向东部沿海地区（见表 7 - 1），中国第六个五年计划时期（1981—1985 年）和第七、八个五年计划期间注重优先发展沿海地区的经济和开发开放上海浦东，使得东部地区与中、西部的发展差距进一步拉大（见表 7 - 2）。我国 2000 年开始实施"西部大开发"战略，2003 年开始实施"振兴东北老工业基地"战略，2004 年开始实施"中部崛起"战略，经过这些年的努力和发展，东、中、西部的差距在缩小，但是区域经济差距依然较大。

表 7 - 1　　　　　　　　　不同时期中国东、中、西部投资增长

地区	"七五"时期		"八五"时期		"九五"时期		"十五"时期		"十一五"时期	
	总额（亿元）	年均增速（%）	总额（亿元）	年均增速（%）	总额（亿元）	年均增速（%）	总额（亿元）	年均增速（%）	总额（亿元）	年均增速（%）
东部	10 051	21.0	35 477	40.8	75 700	9.3	154 941	19.7	408 767	20.1
中部	3 705	11.9	9 846	32.1	23 566	14.1	52 145	21.5	198 084	31.6
西部	3 506	12.2	10 182	33.6	24 312	16.0	24 117	22.2	197 758	28.2

资料来源：根据国家统计局"国家数据"整理得出。

表7-1表明，直到"七五"和"八五"时期，东部的固定资产投资增长率还大大高于中、西部，从"九五"时期末开始，由于实施"西部大开发"战略和"中部崛起"战略，中、西部的投资增速才开始超过东部。

这种长期形成的投资的区域结构差异必然使得中、西部的基础设施、资本存量和供给能力大大落后于东部，一些主要的经济指标就反映了这一点（见表7-2和表7-3）。

由表7-2可以看出，一直到21世纪初，中、西部的主要宏观经济指标均明显落后于东部。

表7-2　　　　　　　中国东、中、西部主要经济指标占全国的比重　　　　　　（％）

指标	东部		中部		西部	
	1978	2001	1978	2001	1978	2001
年底总人口	40.9	41.3	35.6	35.1	23.1	22.9
地区 GDP	50.2	66.3	29.4	29.9	16.0	15.1
第一产业	40.9	49.8	37.1	36.7	21.2	19.9
第二产业	60.1	62.5	28.3	26.8	14.7	12.3
第三产业	41.1	79.6	26.0	31.4	12.7	17.2
进出口总额	32.0	92.5	2.7	4.9	1.2	2.6
工业总产值	60.1	71.6	27.0	19.1	13.2	9.3
社会消费品零售总额	54.8	62.5	40.6	28.5	20.0	13.6

注：表中各年度东部、中部和西部的各指标的占比之和小于100％或甚至大于100％，可能是原始数据有问题。

资料来源：根据沈炜珍主编的《新疆生产建设兵团统计年鉴（2003年）》（中国统计出版社，2003年5月）计算得出。

由表7-3我们发现，改革开放前的1978年，中部和西部的人均GDP分别是东部的64.4％和52.8％，而到了2015年，经过三十多年的改革和发展，中部和西部的人均GDP分别是东部的57.9％和55.3％，东、中、西部经济发展差距不仅没有缩小，反而扩大了!

表7-3 中国东、中、西部人均GDP （元）

	1978	1985	1990	1995	2005	2010	2015
全国	379	853	1 634	4 854	14 368	30 876	50 251
东部	483	1 113	2 080	7 104	23 303	46 034	70 587
中部	311	716	1 268	3 691	11 108	24 979	40 901
西部	255	565	1 060	3 029	8 720	22 476	39 053

资料来源：根据国家统计局"2015年国家数据"整理得出。

（4）城乡发展失衡。

中国过去是一个农业大国，加上长期实行偏向城市发展和工业发展的非平衡发展战略，政府有计划地压低农产品价格并向农民征购粮食，低价供应工业部门和城市居民，通过户籍制度和政策规定限制农民向城市流动，直到20世纪90年代初，我们还把农民进入城市打工视为"盲流"而加以限制和打击，从而固化了城乡二元结构，致使发达的城市与落后的农村并存，现代化的工业与近代的农业并存。改革开放后，通过在农村实施家庭联产承包责任制和农村治理体制改革（例如撤销人民公社、撤区并乡），农业、农村和农民的状况发生了很大变化，农民的收入和生活水平有了大幅提高。但是由于一些历史原因、体制原因和政策原因，中国的农业、农村和农民总体上还是落后、贫困的代名词，从一些数据来看，中国城乡之间的差距不是缩小了，而是还在继续扩大。

由图7-4可以看出，除了1982—1985年城镇居民人均收入与农村居民人均收入之比低于2以外，其他年份均高于2。20世纪80年代后半期到90年代前半期，城乡居民人均收入差距是稳步扩大的。21世纪以来，城乡居民人均收入比更是扩大到3以上，最高达3.33（2007年和2009年）。从2013年开始，国家统计局改变了城乡居民收入调查统计范围、口径和方法，2013—2015年城乡居民人均收入比分别是2.81、2.75和2.73。

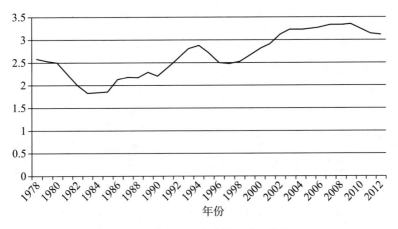

图7-4　城乡居民人均收入比（倍数）

资料来源：根据国家统计局"1978—2012年国家数据"计算得出。

图7-5显示，1978—1992年中国城镇居民人均消费与农村居民人均消费之比为2.17～2.93；1993—2013年，扩大到3.04～3.65；对统计范围、方法和口径进行了调整之后，2014年和2015年这个数字分别是2.92和2.81。

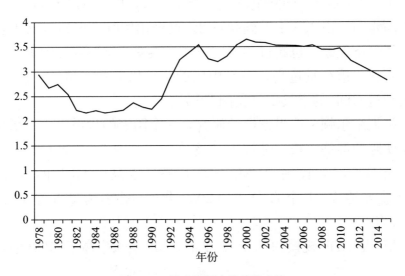

图7-5　城乡居民人均消费之比

资料来源：根据国家统计局"1978—2014年国家数据"计算得出。

（5）实体经济与虚拟经济的关系失衡。

市场经济（或商品经济）与实体经济的一个标志性的区别就是市场经济一定有金融市场（包括货币市场和资本市场），有金融市场就会有杠杆，于是就会有投机和套利活动，而投机和套利活动会造成商品（包括金融产品）价格与其价值背离，于是就产生泡沫，就会使经济虚拟化。所以，投机、套利、杠杆、泡沫是市场经济的正常现象和必然组成部分。但是，任何事物的发展都必须有一个"度"，超过了这个"度"就是非正常的了。近几年中国经济结构性失衡的一个重要方面就是虚拟经济过度膨胀，投机和套利活动过度，杠杆率过高，经济中的泡沫过多。这主要表现为金融业与实体经济之间的关系失衡，房地产业与实体经济之间的关系失衡。中国学者把前一种失衡称为货币或金融"脱实向虚"，把后一种失衡称为"房地产市场泡沫化"。

中国金融业与实体经济之间的关系失衡表现在以下四个方面。

一是 M2 与 GDP 的比例过高。

图 7-6 显示，国际金融危机爆发以来，中国 M2 与 GDP 的比例不断走高，由 1.5 上升到超过 2。这个比例既大大超过欧美发达的市场经济国家，也超过印度、巴西、俄罗斯这些金砖国家。[①]

不仅货币存量过高，而且中国的货币供应量（M2）增长率也大大超过 GDP 的增长率（见图 7-7）。

根据米尔顿·弗里德曼的研究，一个国家的货币供应量增长率等于实际的经济增长率才能保持物价稳定。图 7-7 显示，1996—2015 年这 20 年间，中国 M2 的增长率一直高于 GDP 的增长率，差距最大达 19.1 个百分点（2009 年），最小为 2.5 个百分点（2007 年）。

M2 是 GDP 规模的 1.5～2.1 倍，M2 增长率高于 GDP 增长率

---

① 2012 年若干国家（地区）M2 与 GDP 的比例如下：美国为 60%，欧元区为 44%，日本约为 144%，印度、巴西、俄罗斯等国的这一数值则为 40%～60%（数据来源于中国经济网，2013 年 2 月 22 日）。

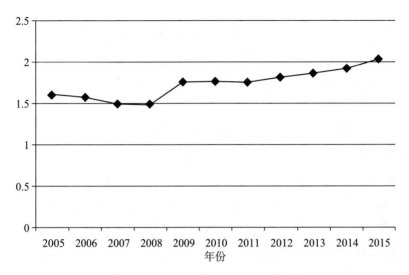

图 7 - 6　中国 M2 与 GDP 之比（倍数）

资料来源：根据国家统计局"2005—2015 年国家数据"计算得出。

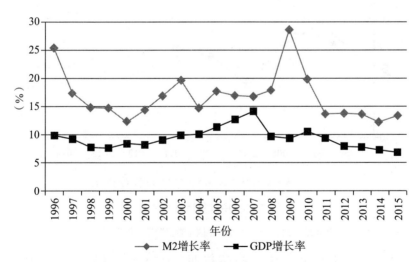

图 7 - 7　中国 M2 增长率与 GDP 增长率的比较

资料来源：国家统计局"1996—2015 年国家数据"。

2.5～19.1 个百分点，这固然与中国经济发展和金融深化有关，与中国经济活动以间接融资为主而不是以直接融资为主有关，但是不

可否认，中国经济存在货币超发。

根据货币数量论或米尔顿·弗里德曼的新货币数量论，如果货币流通速度不变，那么一个国家的物价上涨率＝货币供应量增长率－实际的经济增长率。令人困惑的是，这个公式无法解释中国的物价变化率（例如 CPI 变化率）、M2 增长率和 GDP 增长率之间的关系。近 10 年来，除了 2 个年份之外，其余 8 个年份中国 M2 增长率都明显高于 GDP 增长率与 CPI 增长率之和（见图 7-8），这说明一部分 M2 既没有用来推动经济增长，也没有用来推动物价上涨，而是在经济体系中"潜伏"下来了，这被中国学者称为"中国货币失踪之谜"。这个"谜"实际上是中国经济存在"泡沫"，只是这个泡沫目前没有破裂而已。

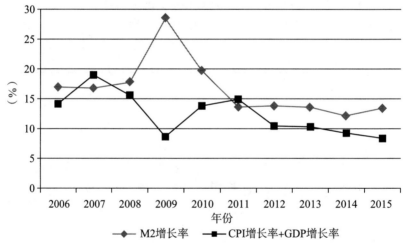

图 7-8　中国货币失踪之谜

资料来源：根据国家统计局"2006—2015 年国家数据"计算得出。

二是资金大量流入虚拟经济行业，流入实体经济行业的资金占比过低。

根据工信部的数据，2016 年中国银行业新增贷款 12.65 万亿元，其中房地产贷款占了 44.8%，将近一半；全部贷款余额为 106.6 万亿元，房地产贷款占了 25.03%，工业贷款只占 17%～

18%。资金过多地流向了股市、债市、房市、期货市场，通过投机炒作获取暴利；还有大量资金通过理财等金融衍生工具在金融体系内循环，或者在金融体系外循环。

三是金融业的利润和职工薪酬大大超过实体经济行业。

2009—2012 年中国五大国有商业银行（中国工商银行、中国建设银行、中国银行、中国农业银行、交通银行）净利润增长率分别是 18.65%、30.63%、26.47 和 13.86%。2013 年中国 500 强上市公司中，净利润额排名第 1～4 位的是中国工商银行、中国建设银行、中国农业银行和中国银行，这四家银行的净利润率分别是 44%、42%、34% 和 38%，净利润增长率分别是 10.2%、11.12%、14.5%和 12.36%，中国媒体称这些银行是"最赚钱的上市公司"[①]。而同期，中国实体经济中的企业大面积亏损，第二产业中许多著名的上市大公司都在亏损名单之列。2013 年亏损额排名前 10 的上市公司是中国远洋控股股份有限公司、中国铝业股份有限公司、中国冶金科工股份有限公司、英利绿色能源控股有限公司、鞍钢股份有限公司、马鞍山钢铁股份有限公司、山东钢铁股份有限公司、安阳钢铁股份有限公司、湖南华菱钢铁股份有限公司和中兴通讯股份有限公司。其中，中兴通讯股份有限公司亏损额最小，为 28.41 亿元，中国远洋控股股份有限公司亏损额最大，高达 95.59 亿元。

2010—2016 年，中国规模以上工业企业主营业务利润率分别是 7.6%、7.2%、6.66%、6.58%、6.16%、5.76% 和 5.97%，呈现出逐年走低的趋势。在 2016 年中国企业 500 强中，制造业企业有 260 余家，占一半多，但净利润只占 17.1%，而 33 家金融机构的净利润占比为 56.8%。

与盈利状况相对应的是金融业职工薪酬大大高于第二产业中的许多行业。

---

① 由于宏观、微观经济状况持续不佳，特别是利率市场化改革缩小了存贷款利率差，2014—2016 年中国银行业的净利润增速下降明显，2015 年五大国有商业银行的净利润率只有 1%上下。

表 7-4 显示，如果制造业城镇单位人员平均工资为 1，那么近十年来，金融业职工平均工资水平是制造业的 2 倍以上，也大大高于除 IT 行业以外的其他实体经济行业。

表 7-4　　　　　　中国行业工资水平比较（2006—2015 年）

行业 ＼ 年份	2015	2014	2013	2012	2011	2010	2009	2008	2007	2006
采矿业	1.07	1.20	1.30	1.37	1.42	1.43	1.42	1.40	1.33	1.32
制造业	1	1	1	1	1	1	1	1	1	1
电力、燃气及水的生产和供应业	1.43	1.43	1.44	1.40	1.44	1.53	1.56	1.58	1.58	1.56
建筑业	0.88	0.89	0.91	0.88	0.88	0.89	0.90	0.87	0.87	0.87
交通运输、仓储和邮政业	1.24	1.23	1.25	1.28	1.28	1.31	1.32	1.31	1.32	1.32
信息传输、计算机服务和软件业	2.03	1.96	1.96	1.93	1.93	2.08	2.17	2.25	2.26	2.38
金融业	2.07	2.11	2.15	2.15	2.21	2.27	2.25	2.21	2.08	1.95

注：表中数据以制造业城镇单位人员平均工资为 1 对其他行业城镇单位人员平均工资进行折算得到。

资料来源：根据国家统计局"2006—2015 年国家数据"计算得到。

证券公司、基金公司和投资类公司是金融业内薪酬最高的企业，它们的年均薪酬大大高于国有商业银行。一个投行经理或基金经理，年薪都是数百万元甚至上千万元。他们一年的收入往往是许多一线工人一辈子工资收入的数倍！

正是由于金融业盈利好、薪酬高、福利好，20 世纪 90 年代中期以来，它一直是中国各专业本科毕业生和研究生就业时的首选，中学生填报大学专业志愿时大多把金融学和经济学作为第一志愿，理工科和医学专业则被多数学生冷落。中国社会不仅存在资金的"脱实向虚"，而且存在高学历人才的"脱实向虚"。

四是债务率和杠杆率过高。

中国的债务率和杠杆率究竟有多高？目前似乎还没有一个权威数据。据中国国务院新闻办公室 2016 年 6 月 23 日在新闻发布会上提供的信息，截至 2015 年年末，中国中央政府债务为 26.66 万亿元，占 GDP 的比重为 39.4％。截至 2015 年年底，中国各级地方政府负有直接偿还责任的债务余额为 15.4 万亿元，政府负有担保责任的债务和可能承担一定救助责任的债务为 8.6 万亿元，共计 24 万亿元，占 GDP 的 34.8％。2016 年中国中央和地方政府的债务余额约为 27.33 万亿元，负债率约为 36.7％，其中，负有偿还责任的地方政府债务为 17.18 万亿元。国家财政部的数据显示，2015 年中国国有企业的债务占 GDP 的比重从 2012 年的不到 100％升至约 115％。

根据中国社会科学院国家金融与发展实验室提供的数据，2013 年和 2014 年中国地方政府债务（含或有债务）余额就分别达到了 27.56 万亿元和 30.28 万亿元。这个数据大大高于官方公布的数据。

自 20 世纪 90 年代末期以来，房地产业和汽车制造业是支撑中国经济高速增长的两大支柱行业。但是近十多年来，随着商品住宅的价格飞涨（见表 7-5），房地产行业越来越虚拟化和泡沫化，房地产业与实体经济之间的关系显著失衡。

从表 7-5 可以看出，2003 年到 2016 年，中国一线城市北京、上海、广州和深圳的房价分别上涨了 10.8 倍、9.2 倍、4.9 倍和 6.5 倍。笔者居住的北京市海淀区的一个小区，2005 年 6 月初次购买时均价为 4 800 元/平方米，到笔者写本书时的 2017 年 3 月，均价已经突破 116 000 元/平方米，12 年间上涨了 23.2 倍！这个住宅小区的房价还不是北京市最高的。

表 7-5　　　　　　　　北上广深商品住宅平均价格变化　　　　　　（元/平方米）

年份 城市	2003	2006	2009	2012	2015	2016
北京	4 737	8 080	13 799	20 700	36 373	55 779

续前表

年份 城市	2003	2006	2009	2012	2015	2016
上海	4 670	6 085	10 735	13 870	28 343	47 625
广州	3 888	6 315	10 189	14 044	18 637	22 752
深圳	5 879	9 190	14 858	18 847	24 136	44 114

资料来源:《中国房地产数据年鉴(2017)》。

21世纪以来,中国经济中最火爆的可能就是房地产市场,中国市场上价格上涨速度最快的可能就是商品住宅了。在中国房地产市场上,甚至出现了政府每调控一次房地产市场,试图打压一次房价,房价就快速上涨一轮的奇怪现象。如此快的房价上涨,如此大的赚钱效应,自然吸引了大量的资金和投机者进入房地产市场,实体经济中的许多企业(包括国有企业)也纷纷从事房地产投资开发,使房地产市场上的库存急剧增加。

房价快速上涨,并且许多城市的房价只涨不跌,于是倒卖商品房成了最赚钱的投机活动。开发房地产和买卖二手房比任何实体经济活动都赚钱快、赚钱多,房地产市场的火爆催生了一批中国富豪。房地产行业不仅造房子快,而且制造中国富豪的速度更快,是中国所有行业中制造富豪最快的行业(见表7-6)。

表7-6　　　　　　　　　中国富豪占比最高的五个行业　　　　　　　(%)

年份 行业	2013	2014	2015	2016
其他制造业	20.3	23.1	28.1	26.2
房地产	23.5	19.8	16.1	15.4
IT	9.6	10.1	11.2	11.8
金融与投资	7.0	7.8	9.1	10.8
医药	6.6	6.9	6.8	6.6

资料来源:相关年份的(胡润)中国富豪榜。

房地产市场的持续高热使大量的资源被错配到房地产行业,实体经济被冷落了。

如果一个国家的资本、人才大量涌入虚拟经济行业，而实体经济出现资金荒和人才荒，那么这个国家的经济就难免"空心化"了，实体经济与虚拟经济的关系就失衡了，这个经济自然就"虚而不实"了。

虚拟经济行业提供服务，创造（货币）收入，甚至可能比实体经济行业创造更高的收入，因为它容易使用债务杠杆。但是，创造收入不等于创造实物产品和真实财富。真实财富是实物产品的累积，货币只是真实财富的符号。一个社会的实物产品和真实财富主要是实体经济行业创造的。开银行、炒房子、炒股票可以赚钱，增加货币收入，但是这些活动本身不能直接生产出实物产品和真实财富。如果这些虚拟经济活动适度、适当地发展，那么它们可以促进实物产品生产和真实财富创造，但是这些活动本身不是生产实物产品和真实财富的活动。这就如同接生婆的作用一样，她的劳动有助于婴儿顺利出生，但是她并不是产妇，孩子不是她生出来的。如果一个社会的女人都热衷于做接生婆，不愿意当产妇，那么即便接生的技术很高超、很发达，也生不出孩子来。

如果虚拟经济活动不能促进实物产品生产和真实财富创造，而是变成实体经济的"寄生虫"，那么实体经济就不可能健康成长，这种经济就成了一种病态经济。

二、经济结构调整的切入点和着力点

要有效解决生产过剩和产能过剩，就必须解决上述的经济结构失衡。在我看来，要解决经济结构失衡，就必须从以下几方面入手。

（1）调整发展战略，逐步用平衡发展战略取代非平衡发展战略。

非平衡发展战略是 20 世纪 50 年代至 70 年代发展经济学家推荐发展中国家采用的经济发展战略之一，美国学者赫希曼（Albert O. Hirschman）是这个战略的主要倡导者。赫希曼在其《经济发展战略》（1958 年）一书中认为，发展中国家的资本、技术和资源是有限的，应当集中有限的资本和资源首先发展某些"关联效应"大的产业，以此为动力，逐步扩大对其他产业的投资，带动其他产业的发展。赫希曼反对平衡发展战略，认为发展中国家实施平衡发展战略是不切实际的，甚至是一种噩梦，而非平衡发展战略是有助于经济发展的无价之宝。他写道："在一个竞争经济中，收益和损失是不平衡的征兆，我们的目的是使不平衡存在而不是使其消失。要使经济向前发展，发展政策的任务是保持紧张、不成比例和不平衡。"[①] 一些发展经济学家认为，非平衡发展战略不仅可以在一个国家的产业发展过程中实施，而且可以在一个国家的区域经济发展过程中实施，也就是通过优先发展某个或某些区域来带动其他区域的经济发展。

中华人民共和国成立以来的经济发展基本上实行的是非平衡发展战略。例如，改革开放以前实施的"以钢为纲"战略、"以粮为纲"战略、重工业优先发展战略，以及城市优先于农村、工业优先于农业发展战略，改革开放以来实施的沿海特区建设、开发开放浦东、"让一部分地区、一部分人先富起来，先富带动后富，实现共同富裕"的战略。在中国经济底子薄、资本短缺、技术落后，特别是中国是一个工业发展落后、各地区经济条件差异悬殊的国家的背景下，采用非平衡发展战略是恰当的，实践证明其也是有效的。经过六十余年的建设和发展，中国跻身世界经济大国之列，这种跨越式发展与实施非平衡发展战略不无关系。

但是，一个国家，特别是一个大国，当产业和经济发展到一定

---

① ［美］艾伯特·O. 赫希曼. 经济发展战略［M］. 潘照东，曹征海，译. 北京：经济科学出版社，1991：59.

阶段以后，就需要调整其发展战略，由非平衡发展模式转换到平衡发展模式，不宜把非平衡发展模式固化。对一个产业进行重点投资可以促进这个产业的发展，但如果不对其他产业进行相应的投资，那么其他产业的发展就长期滞后，优先发展起来的产业或发展快的产业就缺乏足够的需求支撑，这些产业出现生产过剩和产能过剩就是不可避免的了。区域经济发展也是如此。例如，由于长期实施重工业优先发展战略，中国经济中的轻工业与重工业结构到改革开放初出现了严重失衡，在工业总产值中，轻、重工业的占比由 1952 年的分别为 64.5％和 35.5％变化为 1978 年的分别为 43.1％和 56.9％，而轻工业是重工业产品的需求大户，轻工业发展不足导致其对重工业产品的需求不足，重工业陷入产能过剩，人民的生活也受到了严重影响。为了矫正片面发展重工业战略带来的轻、重工业结构失衡问题，中国政府在 1979－1984 年采用了扶持轻工业发展的"六优先"原则，加快加强轻工业发展。通过若干年的结构调整和发展，轻、重工业结构逐渐趋于合理。目前中国经济中的钢铁、水泥、玻璃等行业的产能过剩大体上是由三方面原因导致的：首先，一部分绝对过剩产能没有得到及时处理；其次，国际金融危机后国际市场减少了对这些产品的需求，导致这些产品的出口下降，这些产品不得不退回到国内市场销售；最后，建筑、汽车、房地产等行业以及一些轻工业的投资和发展速度下降，这些行业原本是钢铁、水泥、玻璃这些产品的需求大户。第三个原因导致第二产业内部出现新的行业结构失衡。

目前中国经济中许多工业品和城市商品房库存过多，一个主要原因是农业和农村发展滞后造成农民的收入增长缓慢，农民对工业品和城市商品房的需求不足，也就是城乡经济结构失衡导致了一部分生产过剩和产能过剩。

虽然我们短期内可以通过实施非平衡发展战略和优先发展政策来对经济结构和经济发展补短板，但是从长期来看，我们应当树立均衡发展或协调发展的理念，用均衡发展或协调发展的理念来指导我们的长期发展规划（例如五年规划）。如此一来，我们的经济才能真正实现稳定、协调和可持续发展。如果经济结构长期失衡、失调，那么经济不可能得到稳定和协调的发展。非平衡发展也许在短期可以使经济获得高速增长，但是这种增长在长期是无法持续下去的。

经过近七十年的建设和发展，中国的国民经济结构已经比较完善，并且具备了扎实的工业和技术基础，经济发展和人均收入也已经达到了低中等发达国家的水平，这为中国经济发展由非平衡发展转向平衡发展提供了条件，而产能过剩和经济结构失衡凸显了发展战略转向的必要性和紧迫性。

（2）注重总需求与总供给的平衡。

总需求和总供给的平衡包括数量上的平衡和结构上的相互匹配、相互协调。

供给侧结构性改革把改革和政策的重心转移到供给一方，这是必要的，但是这并不意味着可以放弃需求管理和需求结构调整，并不意味着供给侧问题解决了，需求侧问题自然就解决了。保持总需求和总供给在数量和结构上平衡仍然是我们经济工作和宏观经济政策的基本点。这一点我在第五章已经论述过。

供给结构的调整和升级由于涉及技术和设备更新、劳动力素质提高、创新和体制变革等一系列深层次的问题，因而是一个中长期过程，不可能在短期完成。但是，短期内我们仍然需要保持经济的中高速增长，仍然需要保持经济的平稳运行和正常发展，而要实现这些短期目标，就仍然需要保持总需求的适度增长，需要做好总需求调控，使之与总供给及其增长相适应、相平衡、相协调。

过去很长时间中国的经济增长方式都是投资主导型的，即以投资高增长带动要素或资源高投入，从而支撑经济的高增长。长期实行这种粗放式增长、铺摊子式的经济发展方式不仅造成经济发展、环境保护和社会发展之间的不协调，而且必然造成经济结构失衡和一些行业产能过剩。

因此，要通过供给侧结构性改革使得总需求和总供给在结构上相协调，就必须改变这种投资主导型的经济增长方式，把经济发展由主要依靠要素投入转变到主要依靠技术进步、创新、知识积累和运用上来，转变到主要依靠发挥体制优势，调动个人、企业和政府的积极性上来，转变到提高资源配置效率上来。从总需求的结构来看，应当把增加消费需求，特别是居民消费需求作为改革和调整的重点。

（3）通过进一步市场化矫正资源错配机制，减少资源错配。

根据微观经济学原理，资源配置如果是有效率（帕累托最优）的，那么必须满足这样的边际条件：生产者生产任何两种商品的边际转换率等于消费者购买任何两种商品的边际替代率。两种商品（假定是 X 和 Y）的边际转换率（MRT_{XY}）等于两种商品的变化量之比，即 $MRT_{XY} = dY/dX$。在资源稀缺的条件下，增加一种商品（例如 Y）的生产就必须减少另一种商品（例如 X）的生产，因而多生产一单位 Y 的机会成本（C_X^0）就是放弃一定量的 X，放弃的 X 的数量又可以用多生产一单位 X 所增加的成本（即生产 X 的边际成本 MC_X）来衡量。因此，从供给方来看，边际转换率又可以表示如下：

$$MRT_{XY} = \frac{dY}{dX} = \frac{C_X^0}{C_Y^0} = \frac{MC_X}{MC_Y} \qquad (7-1)$$

两种商品的边际替代率（MRS_{XY}）等于两种商品的变化量之比，即 $MRS_{XY} = dY/dX$，根据边际效用递减规律，两种商品的变化量之比又等于这两种商品的边际效用之比的倒数，即

$$MRS_{XY} = \frac{dY}{dX} = \frac{MU_X}{MU_Y} \qquad (7-2)$$

如果从供给方来看，那么在完全竞争的市场环境下，商品是按照边际成本定价的，即 $P_X = MC_X$；而从需求方来看，消费者是根据商品给他提供的边际效用来确定他愿意支付的价格的，即 $P_X =$

MU_X，因此，

$$MRT_{XY} = \frac{\mathrm{d}Y}{\mathrm{d}X} = \frac{MC_X}{MC_Y} = \frac{P_X}{P_Y} = \frac{MU_X}{MU_Y} = MRS_{XY} \qquad (7-3)$$

（7-3）式表明，如果任何一种商品的价格既等于供给方的边际成本，又等于需求方的边际效用，即既满足生产者的利润最大化条件，又满足消费者的效用最大化条件，那么资源配置就实现了帕累托最优。

（7-3）式也意味着，如果一定量的资源生产任何一种商品所获得的边际收益相等，即 $P_X \times \mathrm{d}X = P_Y \times \mathrm{d}Y$，那么，资源配置就是有效率的。

因此，资源错配就是在一个经济中，一定量的资源用于不同产业或不同企业的生产时，其产品的边际收益不相等，或者产品的价格不等于其边际成本，或者产品的价格不等于它给消费者提供的边际效用。

资源错配还表现为在一些产业，在一些产品生产中，一些资源或要素配置过多，另一些资源或要素配置不足。

根据楼东玮的研究，1978—2011年，中国第一产业的资源（生产要素）错配指数呈现出下降趋势，但是劳动力还是配置过多，而资本配置不足；第二产业的资本错配指数在1999—2005年达到最高，2005年以后有所降低，但是相对于资本来说，劳动力配置比例还是偏高；第三产业则是劳动力配置不足。就所有制结构来看，与私人企业比较，国有企业配置的资本过多，国有企业获得投资资金的成本较低。①

Hsieh和Klenow（2009）根据中国1998—2005年的数据，印度1987—1994年的数据，美国1977年、1987年、1997年的数据，就资源错配对这三个国家制造业TFP的影响进行了测算。他们发

① 楼东玮. 资源错配视角下的产业结构失衡研究——关于错配指数的测度与分解 [J]. 云南财经大学学报，2013（4）.

现，如果中国和印度的资源配置效率达到美国的水平，那么中国和印度的制造业 TFP 分别可以提高 30％～50％和 40％～60％。他们据此推算，如果中国、印度和美国的资源错配被完全消除，那么这三个国家的总产出可分别增加 115％、127％和 43％。[①] Stefano 和 Marconi（2016）使用 Aoki（2012）的方法，利用中国 1980—2010 年 26 个部门的数据进行估算，发现如果消除资源错配，那么中国的 TFP 可以提高 25％～35％。袁志刚和解栋栋（2011）使用 Aoki 提出的框架，对改革开放以来中国劳动力错配对 TFP 的影响进行了测算，发现劳动力错配导致中国 TFP 下降了 2％～18％。盖庆恩等（2015）将要素市场的动态扭曲纳入分析框架之内，考虑了企业的进入和退出行为，发现如果劳动力市场的扭曲得到改善，那么制造业的 TFP 可以提高 33.12％。韩国珍和李国章（2015）使用 Aoki 的框架，发现劳动配置扭曲的改善对工业总 TFP 增长的贡献率为 9.1％。可见，中国经济中的资源错配是严重的，资源错配造成的效率损失是很大的。这也意味着通过减少或消除资源错配提高 TFP、增加总产出的潜力是很大的。

为什么会出现资源错配？主要原因如下。

第一，劳动力市场扭曲。劳动力市场扭曲主要表现为劳动力的价格（工资）长期高于或低于劳动的边际生产率，劳动实际的雇用量偏离利润或效用最大化时的雇用量。造成劳动力市场扭曲的因素主要有阻碍劳动力自由流动的制度因素（例如户籍制度限制了农村或农业部门劳动力向城市或工业部门转移）（Hayashi and Prescott，2008；盖庆恩等，2013）、性别歧视（Gustafsson and Shi，2000）、所有制差异与市场分割（Mueller，1998；Depalo et al.，2015）、社会网络和保险市场发展不足（Munshi and Rosenzweig，2016）等。

第二，金融或资本市场扭曲。金融或资本市场扭曲主要表现为

---

① Hsieh，C. T.，P. J. Klenow. Misallocation and Manufacturing TFP in China and India［J］. Quarterly Journal of Economics，2009，124（4）：1403-1448.

金融市场发展不完全、金融摩擦和金融抑制导致资本和企业家才能在不同行业、不同企业之间的错配（Jeong and Townsend，2007；Buera and Shin，2013）。

债转股是中国政府在应对 1998 年东南亚金融危机对中国经济的负向冲击和化解国有企业三角债的过程中发明的一种降债务杠杆的办法。这个办法解决了国有企业生存和发展面临的一些重大难题，例如资不抵债、负债成本过高、杠杆率过高，因而具有一定的积极意义。但是，债转股和政府出面进行兼并重组也使得一部分"僵尸企业"存活下来，使得问题企业把债务负担转嫁给接受兼并重组的优质企业，转嫁给国有商业银行或有政府背景的金融机构。这实际上是"稀释"了或在全社会范围内平均化了一部分国有企业过高的债务负担。

更重要的是，债转股给了一些国有企业、国有事业单位甚至地方政府一种错误的信号，使它们产生了一种错误的预期：不怕多借债，不怕还不起债，反正负债多了最后还是由政府出面冲销，或债转股，或兼并重组。20 世纪末 21 世纪初中国高校的合并潮引发的高校扩建潮（纷纷圈地建新校区）产生的大量债务最后由政府财政买单，就是大学借鉴国有企业债转股的策略获得成功的范例。近几年许多地方政府大量举债也是受国有企业债转股的启发和激励。现在，一些负债高的地方政府期盼着国务院出台政策把它们的债务"一风吹"。

第三，不适当的政策导致市场扭曲。这种扭曲是指政府实施不适当的政策造成生产要素或资源错配，例如，政府对某些产品定价不当，政府为了扶持和保护某些行业或企业而采用税收优惠、财政补贴、进入限制和差别关税等措施。凯保勒罗等（Caballero et al.，2008）研究了日本的"债务延期"政策导致"僵尸企业"产生，从而导致资源错配的现象。他们指出，在经济衰退时期，一些国家的政府为了减少公众指责，会要求商业银行对那些已经亏损应当破产的企业进行债务延期，商业银行为了满足资本充足率的要求也愿意这样做，这就催生了"僵尸企业"。"僵尸企业"的出现，一方面使本应通过企业破产释放出来的劳动力和资本继续被配置在低效率甚至是无效率的企业里，另一方面通过抬高工资和压低产品价格阻碍高效率的潜在竞争者进入这个行业或企业，从而使资源错配持续存在。

据 2017 年 5 月 21 日《深圳特区报》报道，汕头大学医学院第一附属医院重症医学科（ICU）5 月 18 日晚接诊了一名因服用敌敌畏而中毒的患者，入院时该患者已陷入昏迷，神志不清，情况十分危急。救治这种有机磷农药中毒的患者需要每 10～20 分钟肌注或静注 40～70mg 阿托品，但是医院当时没有每支为 5mg（1ml）的大规格的阿托品，只有每支仅为 0.5mg（1ml）的阿托品，当时紧急联系其他医院也没有找到大规格的阿托品，无奈，汕头大学医学院第一附属医院紧急动员医护人员用手掰开每支为 0.5mg（1ml）的阿托品玻璃安瓿瓶。抢救这位患者每小时需要掰开 800 支，直到次日凌晨患者被抢救过来，医护人员共掰开 8 000 支玻璃安瓿瓶！

这就是一起由政府定价不当和分配制度缺陷引起的资源错配案例。

大规格的阿托品之所以断货，是因为药品生产企业不愿意生产；企业之所以不愿意生产，是因为：首先，价格部门对阿托品的定价过低，企业生产阿托品获利微薄甚至不赚钱；其次，阿托品的最终需求者虽然是患者，但是直接需求者却是医院，医院向厂家采购了阿托品，患者才能用得上。由于医院要以药养医，而阿托品的价格又低，医生和医院使用阿托品赚不了什么钱，因而医院不进或尽量少进这种低价药。

市场上或医院里低价药经常断货，而一些低价药往往是常用药，甚至是救命药，例如这些年媒体报道的青霉素、阿莫西林、庆大霉素、乙酰螺旋霉素、红霉素、复方丹参滴丸、清咽滴丸、速效救心丸、王氏保赤丸、妇科千金片等也经常在医院药房里不见踪影。这说明给低价药的资源配置严重不足。

事实上，这种资源错配不难通过深化改革得到矫正：首先，取消这类药品的政府定价，由市场机制来自主定价。其次，为了用药安全和减轻患者的用药负担，政府物价部门可以在调查企业生产成本的基础上，采用成本加成定价法给这类药品定价，使企业有合理的利润可赚。最后，对医药医疗体制进行改革，使得医药医疗服务产生的成本和收益在药品生产企业、医院和患者之间合理分配，使得药品的最终需求者（患者）的需求能够真实地反映在药品的价格上。

　　第四，信息不完全导致市场扭曲。信息不对称、信息失真和信息摩擦可能导致生产者和投资者做出错误的决策，或者导致经济行为人进行逆向选择，从而造成资源错配，进而造成 TFP 损失和总产出减少。

　　资源错配是市场经济的一个共同现象，只是在不同的市场经济国家，在不同的发展阶段，资源错配的程度不同而已。但是总体上，中国经济中的资源错配程度要高于发达市场经济国家。其主要原因是：1）中国走向市场经济的时间不长，市场价格机制还在成长、发育过程中，价格机制的调节能力还不强，难以把资源配置到有效率水平。2）市场竞争程度不足。这一方面是因为中国经济中存在不同形式的垄断，例如所有制垄断、行业垄断、关键资源垄断等，这些垄断造成价格扭曲，使市场无法按边际成本定价；另一方面是因为劳动力和资源流动存在制度上的障碍，劳动力市场和其他要素市场存在较大的刚性和摩擦，行业间的平均利润率难以形成，要素价格在行业间难以均等化，从而导致劳动力和资本在有些行业和企业配置过多，而在有些行业和企业配置不足。3）政府干预过多和干预失当。在中国，不仅有宏观经济政策、价格政策、产业政策（例如优先发展政策和各种优惠、补贴政策）和区域发展政策等的失当或失误造成的资源错配，而且有政府官员任性决策等人为原因造成的资源错配。官员任性决策造成的资源错配可能更普遍。4）金融市场上存在的信贷配给和信贷约束造成信贷资金供给与信贷资金需求在数量和结构上错配，造成流动性在实体经济与虚拟经济中错配。5）中国劳动力市场发展不足，扭曲程度较高。在现阶段，中国劳动力市场上劳资集体议价制度尚未形成，中国目前没有行业工会的制度安排，劳动者都是作为单个主体或"原子式"的主体与企业进行劳动条件和工资福利的谈判的；劳动力的自由流动性还不高。

因此，要解决资源错配带来的生产过剩和产能过剩，就必须继续推进市场化改革，进一步发展市场机制，提高竞争程度，提高市场化水平，减少政府的不当干预。进一步改革价格决定机制，凡是可以由市场决定的商品、服务项目和要素价格都要完全交还给市场，进一步理顺价格关系，消除价格扭曲。通过深化改革提高个人与生产要素在不同地区、不同行业（市场）的自由流动性，特别是要提高个人由社会底层向社会上层的自由流动性。没有劳动力和生产要素在不同市场、不同产品生产中的自由流动，就无法形成市场经济中的充分竞争，而充分竞争是优化资源配置、提高劳动生产率和要素生产率的有效途径。继续大幅减少政府审批，借此减少政府的不当干预，减少政府官员的任性决策。深化金融体制和资本市场改革，提高金融审慎监管水平，减少资金和资本错配。真正使市场机制在资源配置中起决定性作用。

（4）经济结构调整、优化、变革和升级。

供给侧结构性改革首先要解决中国经济结构严重失衡问题，在此基础上，再对经济结构进行变革和升级。解决经济结构失衡问题就需要对经济结构进行调整和优化。

中国经济结构调整和优化的主要方向是：1）调整和优化产业结构。在做实做强第二产业的基础上，大力发展第三产业，继续提高第三产业在国民经济中的占比，继续降低第一产业在国民经济中的占比，同时搞好农业供给侧结构性改革，通过深化农业生产经营体制改革和大力进行农业基础设施建设，不断提高农业生产的技术水平和现代化水平，做强中国的农业，为国民经济可持续发展奠定基础。2）调整和优化城乡经济结构。大力推进新农村建设，通过农业发展和农业现代化大幅度提高农民的收入水平，改变农村面貌，使城乡得到协调发展和平衡发展。现代化的城市和落后的乡村的二元格局不宜长期存在。3）调整和优化区域经济结构。近几年来，中国东、中、西部的发展差距在有些方面有所缩小，特别是中部发展较快，但是西部与东部的发展差距还较大，东北三省近几年发展滞后，问题较多。如何加快西部和东北三省的发展是区域经济结构调整和优化的重点方向。4）调整和优化实体经济和虚拟经济的关系（二者的结构）。给虚拟经济减肥，去泡沫化，逆转资金"脱实向虚"是当前调整的重点。其中，降低地方政府和企业的负债率，控制房价、稳定房地产市场，降低企业的生产成本，是调整和优化实体经济和虚拟经济的关系的三个关键点。

在经济结构调整和优化过程中，需要进一步对经济结构进行变革和升级。变革和升级应当是供给侧结构性改革的目标之一。没有经济结构的变革和升级，经济结构调整的成果就可能得而复失，无法巩固。

经济结构变革和升级的主要着力点是：第一，做实做强中国的制造业，特别是高端设备制造业。制造业是其他行业之母，是一个经济的骨骼，是其他行业发展的基础。一个国家的制造业不发达、不强壮，这个国家的经济发展就很难走独立自主的道路，这个国家的经济实力就很难说是强大的。一个国家的 GDP 规模和人均收入水平固然很重要，但是 GDP 规模大和人均收入水平高不等于这个国家很有实力，不等于这个国家的竞争力强，不等于这个国家的可持续发展能力强，例如一些依靠石油、天然气、旅游资源、服务业或其他资源禀赋变得富裕的国家。"富国"不等于"强国"。中国的制造业号称"世界工厂"，规模已经位于世界前列，但是其质量（技术含量和竞争力）还不能进入世界制造业第一梯队。根据国家工信部部长苗圩的判断，在全球制造业的四级梯队中，中国目前还处于第三梯队，还未进入世界制造业强国之列。①

在供给侧结构性改革中要转变错误的观念，即中国的制造业已经很发达了，已经产能过剩了，当务之急是加快发展第三产业，提高第三产业在国民经济中的占比。实际上，发展第三产业和做实做强制造业并不矛盾，做实做强制造业可以为第三产业的发展提供更好的物质技术基础，同时也可以为第三产业的发展开拓更多更大的市场。例如智能设备制造业的发展不仅可以更好地武装第三产业，而且可以为第三产业提供更多的创业机会和就业机会。

做实做强中国制造业的关键是提高中国制造业的科学技术水平和工艺水平，提高制造业产品的精度和质量，而要实现这个目标，就需要用新技术新工艺武装制造业，扎实推进产学研相结合，推进科技成果产业化，推进人才流入制造业，扎根制造业，献身制造业，这又需要制度（特别是分配制度）改革和政策调整相配合。

第二，提高农业和工业的科学技术水平，实现农业和工业的现代化。中国自 20 世纪 50 年代中期开始工业化进程，目前已经实现了工业化，但是不能说中国已经完成了工业化。工业化是一个动态概念，是一个动态过程，随着科学技术的发展，随着新一轮工业革命的到来，工业化的内涵也在不断更新升级，工业化需要不断地现代化，需要不断地再工业化。工业化没有完成时。

中国进一步工业化不是要铺摊子，不是要扩大工业生产规模，而是要提高工业化的科技含量和档次，提高工业现代化水平，把信息通信技术和智能制造技术融入工业化，大力实施创新工程、人才工程和工匠工程。工业化也需要"补短板"，例如高端制造业和工业产品的工艺水平就是我们的"短板"。

中国共产党第一代和第二代领导集体都提出了"四个现代化"

① 苗圩认为，全球制造业已基本形成四级梯队发展格局：第一梯队是以美国为主导的全球科技创新中心；第二梯队是高端制造领域，包括欧盟、日本；第三梯队是中低端制造领域，主要是一些新兴国家；第四梯队主要是资源输出国（地区），包括 OPEC（石油输出国组织）、非洲、拉丁美洲等。参见《中国制造处于全球制造第三梯队》（中国新闻网，2015 年 11 月 18 日）。

目标，即到 20 世纪末实现中国农业、工业、国防和科学技术的现代化。现在看来，主要是农业现代化拖了后腿。中国的农业现代化水平还不高，一些地方的农业还是"糊口"农业，农村还有许多贫困县和待脱贫的人口。

中国农业现代化需要分三步走：首先，实施好完成好《中共中央、国务院关于打赢脱贫攻坚战的决定》，实现到 2020 年让 7 000多万农村贫困人口摆脱贫困的既定目标。其次加大农村基础设施建设力度，进一步推动科技下乡、知识和人才下乡，工业支援农业、城市支援农村等活动，推进农业供给侧结构性改革，加大政策扶持"三农"的力度，搞好农业生产，搞活农村经济，提高农民收入水平和生活水平。最后，通过深化农村土地制度、农业生产制度、农产品价格制度、农村基层组织制度和治理结构等方面的改革，通过实施城乡一体化均衡发展战略，使农业农村和农民进入整个国民经济的可持续发展的轨道。

第三，通过改革和创新把实体经济做实，把虚拟经济的"虚火"降下来。

要改变实体经济与虚拟经济的关系，需要变革和升级的内容很多，也很复杂。主要的着力点有：增加高质量的金融资产供给，例如加快推进优质信贷资产证券化，开发新的投资渠道，深化改革和发展资本市场，激励长期投资，平抑短期投机。通过放开、搞活、减负、降成本，提高实体经济中企业的盈利水平和竞争力，通过改革和政策调整引导人才、技术和资金更多地流入实体经济部门。对分税制进行调整和再改革，例如调整中央政府与地方政府的分税比例，调整税收结构，改革土地出让金制度，通过增加新的税种（例如房地产税）来增加地方政府的税收来源，改变地方政府"事权大、财权小，事权严重透支财权"的局面，同时把一些地方政府事务归还给市场或社会组织，为地方政府减负，使地方政府逐步摆脱"花钱靠卖地"的土地财政依赖。

第四，抢占新一轮科技革命制高点。新一轮科技革命即将到来。从历史经验来看，凡是在每一次大的科技革命浪潮中占得先机和制高点的国家都成为了科技强国、经济强国和军事强国。如果中国能够在即将到来的科技革命中占得制高点，那么必将催生技术创新和新产业、新业态，由此推动经济结构变革和转型升级。从短期看，我们就能够彻底摆脱国际金融危机对我国经济的负向冲击和影响，走上稳步回升繁荣的道路；中国的供给侧结构性改革和经济发展方式转变就有了可靠的物质技术基础。从长期看，中国由经济大国走向经济强国就有了可靠的物质技术保障。

要在新一轮科技革命中占有一席之地，首先，要选择好主攻方向和突破口，组织科研力量集中攻关。选择主攻方向和突破口要集中中国科学界的智慧，通过必要的遴选程序，同时要考虑到中国科技力量的比较优势和可行性。其次，需要实行"产、学、研、官"相结合的国家科技攻关体制。对于常规性的科技创新来说，实行"产、学、研"相结合的体制是适当的，是有效的，但是对于重大科技突破、抢占新一轮科技革命制高点的科技攻关来说，这种"产、学、研"三结合的体制可能力度和作用还不够，需要实行"产、学、研、官"四结合的体制。这里的"官"是指政府，特别是中央政府。"产、学、研、官"相结合的体制是政府领导、组织和实施的科技攻关体制，是一种在国家层面上在一定时期集中人力（特别是科技专家）、物力和财力对重大的关键性的科技项目实行攻关的体制，如同当年研发"两弹一星"一样。

第八章

供给侧改革三步走之第三步：去根治疗

　　经济结构失衡的原因十分复杂，但主要有四大类原因。一是消费者的偏好和收入变化引起总需求及其结构发生变化，而产品结构、生产结构和产业结构的调整滞后。二是生产技术的变化引起总供给及其结构发生变化，而总需求及其结构的变化滞后。三是制度缺陷或制度刚性导致供给及其结构不能随着需求及其结构的变化相应调整。所谓制度刚性是指制度不能随着需求量和需求结构的变化做出相应的调整，例如计划经济制度就是如此。四是外部的需求冲击或供给冲击导致一个经济的结构失衡。前三类原因源于一个经济体内部，是经济结构失衡的内因；后一类原因属于一个经济体的外部冲击，是外因。在经济全球化的时代，开放的经济体易遭受外部冲击从而引发结构失衡。就内部原因来看，前两类结构失衡是经济发展过程中常见的现象，因为消费者的偏好、收入和生产技术是经常变化的。前两类结构失衡也是正常现象，因为正是其引起结构调整，并使经济结构不断优化升级，在更高的层次上实现新的均衡。这种新的均衡又在消费者的偏好、收入和生产技术的变化过程中被打破，进入下一轮的结构失衡和结构调整，再优化再升级，经济结构就是在"均衡—失衡—调整—新的均衡—再失衡—再调整……"的过程中不断优化和升级的，经济发展也是在这种结构调整、升级过程中实现的。与经济增长过程主要是总产出的增长不同，经济发展过程是一个经济结构不断调整升级的过程，是一个经济体制变迁的过程。

在发育良好的市场经济下，前两类结构失衡通常可以通过市场机制的自动调节来调整，但是在生产技术和消费者需求发生重大变化时，市场机制调结构就显得力不从心。当市场机制调节不到位，结构失衡累积到一定程度时，就会爆发经济危机或大的经济波动。市场经济社会自 1825 年在英国爆发第一次生产过剩的经济危机以来，历次经济危机都是这样生成的。

前两类结构失衡的原因既可以是独立的，又往往是与第三类原因——制度缺陷或制度刚性——联系在一起的。在经济结构失衡的诸多原因中，制度原因是根本的原因，是决定性的因素。马克思早就分析过资本主义生产过剩和经济危机的制度原因。中国现阶段的产业结构、区域经济结构和城乡结构失衡同样有制度原因，以及由现行制度所决定的发展战略的原因，同时还有历史原因。例如，近些年中国金融业和房地产业利润高，投机过甚，杠杆过高，泡沫过多，其责主要不在金融企业和房地产企业身上，作为企业，多赚钱、多盈利是它们的职责所在，是它们的天性，无可厚非。问题在于它们为什么能够赚那么高的利润？为什么能够如此容易地赚那么多利润？我们看到，这些年，在中国，一个房地产开发商，不论他有没有文化，有没有专长，只要能够拿到土地批文，他就能够赚钱，而且能够赚大钱，其致富甚至暴富的秘诀何在？一个歌星，一个影视明星，年收入几千万元甚至 1 亿～2 亿元，他（她）唱几首歌，演一部电视剧或电影的贡献难道比研发量子计算机的科学家，比华为老板任正非，比屠呦呦的科学家团队的贡献还要大几十倍甚至上百倍？这就需要拷问制度。制度是否提供了公平、公正的竞争环境？制度是否有选择地把一些资源、一些机会提供给了特定的人群或特定的企业？制度是否创造了租金、创造了套利的机会？制度是否在某些方面留有缺口、存在漏洞？国家统计局新闻发言人几年前曾经说，在银行董事长和行长座位上放一个木偶，银行也照样赚钱。这就说明是制度在起作用。

2014 年以来，中国银行业的净利润增速快速下降，这固然与国内国际经济形势不好有关，但主要是金融体制进一步改革，利率市场化缩小了存贷款利差，以及金融业经营主体多元化和由此提高了竞争程度导致的结果。这从另一个侧面说明制度决定宏观经济绩效和微观效率。

制度决定人们的行为方式，决定资源配置方式，决定生产组织方式和生产成果分配方式，从而决定资源配置效率，决定微观效率和宏观经济绩效，决定经济结构失衡的轻重和经济波动的大小。

制度缺陷或制度刚性这一类原因所造成的经济结构失衡又可以分为两种情况：一是经济制度本身的缺陷成为经济结构失衡的原因；二是制度缺陷和制度刚性阻碍了市场机制的自动调节，导致市场机制调结构的功能失灵，使得前两类结构失衡积累到一定程度就以金融危机或（和）经济危机的形式爆发出来。

早在 19 世纪下半叶，马克思和恩格斯就在一系列论著中系统分析了资本主义制度与经济结构失衡、经济危机的关系。他们认为，资本主义制度的内在缺陷是资本主义私有制和生产的社会化之间存在矛盾。资本主义制度的特征之一是"剩余价值的生产是生产的直接目的和决定动机"[①]。这种制度特征决定了资本主义生产具

---

① 马克思恩格斯选集：第 2 卷 [M]. 北京：人民出版社，2012：650.

有这样的特点："进行生产是不考虑消费的现有界限的，生产只受资本本身的限制。"① "资本主义生产竭力追求的只是攫取尽可能多的剩余劳动……因此，在资本主义生产的本质中就包含着不顾市场的限制而生产"②。但是生产的社会化使生产规模急剧扩大，总产出加速增长，这就导致生产与消费，或总供给与总需求在数量和结构上无法协调，最终爆发生产过剩的经济危机。马克思认为："构成现代生产过剩的基础的，正是生产力的不可遏止的发展和由此产生的大规模的生产，这种大规模的生产是在这样的条件下进行的：一方面，广大的生产者的消费只限于必需品的范围，另一方面，资本家的利润成为生产的界限"③。因此，在马克思看来："一切现实的危机的最后原因，总是群众的贫穷和他们的消费受到限制，而与此相对比的是，资本主义生产竭力发展生产力，好像只有社会的绝对的消费能力才是生产力发展的界限。"④

中国经济结构失衡是上述四类原因交织、混合作用的结果，但是主要原因还是制度原因。要挖掉中国经济结构失衡的根，铲除产能过剩的基础，就必须从制度入手，全面、深化改革目前的制度。

需要指出的是，中国现阶段的经济结构失衡的制度原因与资本主义生产过剩的制度原因有本质上的差别，中国经济结构失衡主要是因制度缺陷和制度刚性阻碍了市场体系的发展和市场机制的自动调节而造成的，也就是上面所说的制度原因造成经济结构失衡的第二种情况。

中国的经济制度现在正处在由过去的高度集中的计划经济体制向社会主义市场经济体制转轨的过程中。一方面，这种转轨中的制度存在计划经济体制的残余，新旧制度存在摩擦；另一方面，市场

---

①　马克思恩格斯全集：第 26 卷（Ⅱ）[M]. 北京：人民出版社，1973：594.
②　马克思恩格斯全集：第 26 卷（Ⅱ）[M]. 北京：人民出版社，1973：596.
③　马克思恩格斯全集：第 26 卷（Ⅱ）[M]. 北京：人民出版社，1973：603 - 604.
④　马克思. 资本论：第三卷 [M]. 北京：人民出版社，2004：548.

经济体制还在建设进程中，还是"半市场经济"体制。在这种"半市场经济"体制下，市场机制的调节力度还不足，调节功效还无法到位，同时，市场机制还受传统制度的束缚甚至钳制，无法正常发挥其配置资源的决定性作用和调节功能。因此，中国目前的制度缺陷和制度刚性有其特殊性，或者说有"中国特色"。

中国共产党人和中国政府充分认识到了现行的制度缺陷和制度刚性，因而在 2013 年 11 月十八届三中全会上做出了全面深化改革的决定，要通过全面深化改革，"坚决破除各方面体制机制弊端"，到 2020 年，"形成系统完备、科学规范、运行有效的制度体系，使各方面制度更加成熟更加定型"[①]，并提出，"全面深化改革的总目标是完善和发展中国特色社会主义制度"。其中，在经济制度改革方面，"紧紧围绕使市场在资源配置中起决定性作用深化经济体制改革，坚持和完善基本经济制度，加快完善现代市场体系、宏观调控体系、开放型经济体系，加快转变经济发展方式，加快建设创新型国家，推动经济更有效率、更加公平、更可持续发展"[②]。

与 1979 年开始的改革相比，新一轮的改革"更加注重改革的系统性、整体性、协同性"，新一轮的改革是"进入攻坚期和深水区"的改革，因而是大改革，就经济体制和供给侧结构性改革来说是一场革命。

全面深化制度改革，完善和发展中国社会主义经济制度，是供给侧结构性改革的重头戏和压轴戏，是解决中国经济结构失衡、消除产能过剩的根本之道。

通过制度改革来解决供给侧结构性问题，需要推进多方面的制度改革、制度建设和制度创新。

---

① 中共中央关于全面深化改革若干重大问题的决定 [M]. 北京：人民出版社，2013：7.
② 中共中央关于全面深化改革若干重大问题的决定 [M]. 北京：人民出版社，2013：3 - 4.

一、制度改革的总体定位

在市场经济下，人们的经济活动是源于自利动机的，是自发自主的，人与人之间的交易过程是复杂的，并且交易的结果充满着不确定性。制度是人们制定的或自发形成的关于个人之间相互交易的一套规则，这些规则约束和抑制个人交易过程中的机会主义行为、恣意妄为和损人利己的行为，并惩罚那些违反规则的行为，使人们的行为遵守一定的秩序，人与人之间易于合作，交易的结果具有可预见性，从而促进分工、交易、创新和财富增长。制度虽然不是经济增长的充分前提，但是合理或恰当的制度是经济增长的必要前提。"需要恰当的制度安排是要为市场中和组织里的人际合作提供一套框架，并使这样的合作较具可预见性和可信赖性。"[①] 德姆塞茨（Harold Demsetz）在谈到产权制度的功能时说："产权是一种社会工具，其重要性就在于事实上它们帮助一个人形成与其他人进行交易时的合理预期。"他认为产权的一个主要功能就是促使人们将外部性内在化。

中国社会主义市场经济制度建设首先是要全面深化改革现有的"半市场经济"制度，然后再进行制度创新。这种制度建设和制度创新的目标定位是：

（1）把个人的逐利动机转化成对经济和社会有利的行为。经济增长的驱动机制是个人自我改善的欲望，也就是人的自利动机；经济增长的制动机制或约束机制是人的理智和竞争。一个制度是否有效率，是否能够促进国民财富增加，就看这个制度能否把个人自我改善的强烈欲望转变成对社会有益的行为。

---

① ［德］柯武刚，史漫飞．制度经济学：社会秩序与公共政策［M］．北京：商务印书馆，2002：24.

（2）最大限度地降低投资和创新活动的风险，最大限度地补偿这些活动的风险，把经济主体的贡献与其回报密切联系在一起，制度体系中包含着降低或分散（或化解）个人投资和创新风险的机制安排。

（3）使市场（机制）在资源配置中起决定性作用，在调节总需求－总供给关系中、在经济结构调整中起主导作用。市场机制能够很好地配置资源，市场机制也具有调结构的功能。

（4）最大限度地调动个人、企业和政府的积极性和创造性。这就需要建立这样一种制度，即有效的产权安排，法律对契约进行有效保护，个人充分自由，有约束并有积极性的政府，个人和政府信守承诺。

（5）形成公平、公正的竞争环境。企业生产经营需要公平、公正的竞争环境，个人生活和人才成长同样需要公平、公正的竞争环境。不能营造自由、公平、公正的竞争环境的制度不是好的或有效率的制度。

要实现上述目标，就需要进行一系列制度改革和建设，特别是产权（包括知识产权）制度、法律制度、价格制度、分配制度改革和建设，同时需要加强信仰和道德建设。没有共同的信仰和道德规范的社会必然是没有凝聚力的，冲突和摩擦是不可避免的，经济活动的交易费用必然很高。在中国社会主义制度下，有效地保护私人产权和私人合法财产或财富，科学地构建国有企业产权制度和公有产权制度，使国有或公有产权制度与市场经济相兼容，是中国社会主义市场经济制度建设在实践中面临的必须解决的问题。在中国的历史和文化背景下，把经济活动、人际交往的可预见性和可协调性由目前更多地依赖对个人关系的信任和对个人权威的忠诚转换到更多地对正式规则和法治的忠诚上来，则是改革的一大难点。

改革开放以来，个人的逐利动机获得了充分的释放，"一切向钱看"就是现代中国语言对这种逐利动机的经典表述，"天下熙熙，皆为利来；天下攘攘，皆为利往"（《史记·货殖列传》）、"人不为己，天诛地灭"、"人为财死，鸟为食亡"则是对这种逐利动机的中国式的极致表述。"一切向钱看"现在不仅成为许多人的信念，而且成为许多人进行活动的行动指南。通过自己的劳动、奋斗和贡献获得钱财和致富是无可非议的，是正当的，是应当鼓励的。中国现行制度存在的问题是，人们的自利动机被激发起来了，但是对自利动机的制动机制或约束机制却没有相应地建立起来，制动机制或约束机制还很弱小，甚至在许多时候不起作用，我们现行的制度还不能把个人自我改善的强烈欲望转变成对社会有益的行为，还没有形成一种把个人逐利过程中的外部性内在化的机制。于是，我们看到一些不文明、不道德、违法犯罪现象：损人利己、坑蒙拐骗、制假卖假、偷排污染、贪污受贿、以权谋私、化公为私、侵吞国有资产……

形成制约个人自利动机的机制主要是依靠市场竞争，依靠法制、信仰和道德建设，依靠人们文化程度和文明程度的提高。中国目前的这些制度改革和建设还在进行中。与经济增长速度相比，这些制度改革和建设是滞后的。

通过这些制度改革、建设和创新，建立起一套有效的激励—约束机制、资源配置机制、优胜劣汰机制、经济结构调整机制，使得财富增长和经济发展建立在这些机制作用的基础上。通过全面深化改革，"加快发展社会主义市场经济、民主政治、先进文化、和谐社会、生态文明，让一切劳动、知识、技术、管理、资本的活力竞相迸发，让一切创造社会财富的源泉充分涌流，让发展成果更多更公平惠及全体人民"[①]。

二、围绕四个方面推进制度改革

供给侧结构性改革要对现行的制度进行全面深化改革，其中的

---

① 中共中央关于全面深化改革若干重大问题的决定［M］. 北京：人民出版社，2013：4.

关键是要围绕以下四个方面扎实推进制度改革和创新。

（一）改革和重构政府与市场的关系

中华人民共和国建立以后的相当长时间内，中国一直实行高度集中的计划经济体制，在这种体制下，资源配置、经济运行、经济发展都是政府主导的甚至是政府统制的，市场机制在资源配置和经济运行过程中基本上是不起作用的。长期实行高度集中的计划经济体制的结果是供给长期短缺，资源配置效率低下，经济结构频繁失衡。这种高度集中的计划经济之所以失败，是因为其虽然在资源配置方面可以做到"有计划"（因为有全国自上而下的强大的政府计划部门来制定详细的发展计划、生产计划、用工计划、物资调配计划和产品分配计划），但是很难做到"按比例"，因为总供给的数量和比例（生产什么，生产多少）是由消费者和生产者的需求及其结构决定的，最终是由居民消费需求及其结构决定的，而政府的计划部门不可能掌握这些需求信息。计划部门确定的供给比例和生产规模通常是根据过去的经验、有限的信息和计划制定者的意愿做出的，因而往往造成供给与需求在数量和结构上双双失衡。于是，我们看到，在计划经济下，当生产力发展水平低下时，供给短缺是经济生活的常态；而当生产力发展到一定水平时，供给短缺和供给过剩并存成为经济生活的常态。

自 1953 年至今，中国已经出现了七轮严重的经济结构失衡，相应地进行了七次全国性的、大规模的经济结构调整，它们分别是 1956 年、1961—1965 年、1979—1984 年、1988—1991 年、1998—2001 年、2008—2010 年和 2015 年至今的经济结构调整。[①] 这七轮经济结构失衡的性质是不同的：第一轮结构失衡主要表现为农轻重比例、国防工业与民用工业比例、沿海发展与内地发展比例、城乡

---

① 详见本书第十章。1956 年开始的经济结构调整由于 1957 年的"反右"运动而夭折。

比例失调。第二轮结构失衡是供给高度短缺下的结构性失衡，主要表现为总供给小于总需求，消费品（特别是粮食）供给严重短缺。第三、四轮失衡是短缺和过剩并存的结构性失衡。一方面，一些商品和生产要素供给不足，导致价格上涨；另一方面，另一些商品和生产要素供给过剩，加上投资过热，计划价格和市场价格并存引起价格信号混乱，导致资源错配。第五、六轮结构失衡是在外部冲击下，内需不足引起总供给相对过剩和一些关键性产业比例关系失调。第七轮结构失衡主要表现为生产过剩和产能过剩，过剩的主要原因是供给侧结构性失衡。这七次经济结构调整都是政府发动并主导的，是全国性的，是自上而下进行的。

自 1979 年至今，中国已经进行了八轮宏观调控，分别是1979—1981 年、1985—1987 年、1989—1992 年、1993—1997 年、1998—2002 年、2004—2007 年、2008—2012 年、2015 年至今[①]的宏观调控。

这七次经济结构调整和八轮宏观调控都取得了程度不等的成效，但是每次结构调整和每轮宏观调控都是经济结构失衡到了非常严重的程度，经济无法正常运行下去，企业、消费者抱怨很大的时候才不得不进行的，结构调整和宏观调控是严重滞后的，政策时滞过长。[②] 由于调整滞后，每次调整的持续时间都较长，代价很大，后遗症较多。从历史经验来看，中国历次的调结构，不是调过头了，就是调不到位。其中的主要原因是政府掌握的经济结构失衡的性质、原因和程度等方面的信息不完全，对经济结构的动态变化把握不准。政府这只"看得见的手"不能做好资源配置，同样也做不好经济结构调整。事实是，经过多次结构调整和宏观调控，中国经济结构失衡还是周期性地出现，习惯性地出现，并且结构失衡与调

---

① 2015 年年底开始的供给侧结构性改革也包含宏观调控。
② 方福前．缩短政策时滞，提高宏观调控水平 [J]．教学与研究，2009（7）：5 - 10.

整所花的时间有逐渐拉长的趋势。①

中国经济近七十年的发展实践和宏观调控实践证明，不对计划经济制度进行改革，不对计划经济信念进行清除，就不能科学、合理地处理好政府与市场的关系，经济结构周期性失衡就没有办法从根子上消除。

我们在第四章说过，市场机制具有自动清除、自我修复的功能。所谓自动清除，就是清除过剩的产能，清除落后的产品、落后的技术和落后的企业。所谓自我修复，就是经济中的各种比例关系失衡了，经过一段时间的市场机制自动调整，这些比例关系能够逐渐趋于合理；经济增长下滑了或经济衰退了，经过一段时间的自我修复，经济可以自动地回升和恢复过来。这种自动清除、自我修复的功能主要是通过优胜劣汰的竞争机制和经济当事人追求自身利益最大化的激励机制来实现的。市场机制的这种功能是一种经济结构自发调整、自动优化的功能，也是经济波动自我稳定的功能。对这种功能应该从两面来看：一方面，每一次经济危机或经济衰退带来了生产力的破坏，也就是毁坏生产能力，毁灭一部分财富；另一方面，它清除了过剩的生产能力，淘汰了低质量的产品和落后的企业，为经济结构优化和升级提供了契机。所以，如果说经济危机破坏生产力，那么它主要是破坏落后的生产力；如果说它毁灭产能，那么它毁灭的主要是落后的产能。当然，市场机制的自动清除、自我修复的功能有其自身的局限性，这就是它不能保证经常性的充分就业，不能保证收入和财富分配公平公正，不能自动纠正重大比例关系失调和大的经济结构失衡，不能自动保持经济、环境与社会的协调、可持续发展。我们不希望出现20世纪30年代那种世界性大危机，那种大危机就是重大比例关系失调和大的经济结构失衡的表现形式，那种大危机一旦发生，往往就把落后的产能和当时先进的

---

① 方福前. 大改革视野下中国宏观调控体系重构 [J]. 经济理论与经济管理，2014（5）：5-27.

产能一起破坏了。我们要努力避免出现大的经济危机。但是一般的经济波动我们很难避免，实际上也没有必要避免，因为经济波动本身具有这种自动清除、自我修复的功能。同时，经济波动过程也是一个挤出经济泡沫的过程，也是经济体系中的微观细胞新陈代谢的过程，也是各类市场重新洗牌的过程，也是经济关系和经济结构得到调整的过程。只有通过市场机制的这种自动清除、自我修复，经济结构才能不断地调整、优化和升级。

市场的这种自动清除和自我修复的功能是经济体的自我保护、自我康复的功能，这如同一个人受凉感冒就会咳嗽、打喷嚏、发烧一样，咳嗽和打喷嚏是人体的自我保护反应，发烧则是人体清除病毒的过程。政府不恰当地干预经济波动，就如同一个人一感冒就吃药、吃好药一样，会给经济体造成后遗症甚至使其中毒。凯恩斯主义经济学本质上是一种应对经济萧条和经济波动的经济学。20世纪下半叶大多数时间西方市场经济国家都使用凯恩斯主义的处方来治理经济波动，结果是，虽然像20世纪30年代那样的大萧条没有再出现，但是经济周期变形了：经济波动不再有规律地周期性发生，而是无规律地出现；原来经济周期所呈现出的繁荣、衰退、萧条和复苏这四个阶段变得模糊了，衰退和萧条阶段大大缩短了；经济波动的间隔时间被拉长了。[①]

在中国经济学话语体系中，我们用"经济结构失衡""经济秩序混乱""经济过热""市场疲软""产能过剩""经济下行"等中性的词汇来指代中国的经济波动和经济衰退，一般不用"经济危机"这个说法。每当中国经济出现经济过热或经济下行时，政府就动用政策手段和行政手段来干预。这些干预多数时候虽然抑制了通货膨胀，或避免了进一步的经济衰退，但是也在一定程度上抑制了经济的自动清除和自我修复的功能，使得市场机制不能充分发挥其优胜劣汰的作用，从而导致一些经济关系长期扭曲，经济结构长期失衡。

---

① 方福前. 当代西方经济学主要流派：第二版 [M]. 北京：中国人民大学出版社，2014：75 - 79.

要在经济新常态下重新认识并正确定位政府与市场的关系，就必须重新认识经济波动（或经济周期）的性质和作用，重新认识市场机制的功能。

从中华人民共和国成立到 20 世纪 90 年代中期，中国经济学界的主流观点是市场机制和市场调节是自发的、盲目的和无政府的，市场对经济结构失衡的调整是滞后的。显然，我们今天需要对这种观点进行再审视、再认识。

市场机制的功能是建立在个人追求自身利益最大化的基础上的，是建立在个人自发、自由活动的基础上的，因而在这个意义上，市场机制的调节作用是自发的、无政府的。但是这种自发的机制是一种资源配置的自动机制，与手动机制或人为干预（例如政府控制）相比，自动机制是一种好的机制，是一种先进的机制。这种自动机制的调节并不是盲目的，它是有目的的，这就是把资源配置导向帕累托最优。市场调节看起来是无序的或无政府的，但是实际上它是有序的。通过竞争、制度和伦理道德约束，它使无序的个人自发活动变成有序的社会秩序，亚当·斯密的"看不见的手"的原理就说明了这一点。与政府对经济结构失衡的调节相比，市场机制调结构也是自动的，市场竞争的优胜劣汰是随时随地进行的，它比政府调结构要快得多，及时得多。

当然，我们不能把市场机制的功能说成是尽善尽美的。微观经济学已经分析了市场失灵的各种原因，凯恩斯及其追随者则揭示了非充分就业和经济波动的原因，还有一些经济学家认为市场机制在协调分散的个人行动以获得更合意的宏观经济均衡（例如，充分就业）方面是失灵的，即市场机制存在协调失灵（coordination failures）[1]。市场机制的最大缺陷可能就是它无法解决收入和财富公

---

[1] Diamond, Peter A. Mobility Costs, Frictional Unemployment, and Efficiency [J]. Journal of Political Economy, 1981 (69)：798 - 812；Diamond, Peter A. Aggregate Demand Management in Search Equilibrium [J]. Journal of Political Economy, 1982 (90)：881 - 894；Cooper, Russell, and Andrew John. Coordinating Coordination Failures in Keynesian Models [J]. Quarterly Journal of Economics , 1988, 103 (3)：441 - 463.

平、公正分配的问题。

认识是行动的先导，没有正确的认识，很难有正确的行动。如果我们对市场机制的功能和作用的认识还停留在市场是"自发的、盲目的和无政府的"这一传统观念上，那么我们在实践中就不可能真正让市场在资源配置中起决定性作用。如果我们相信政府比市场聪明，比市场做得好，那么我们就不可能真心实意地依靠市场机制来配置资源。此外，如果我们看不到市场机制的缺陷和失灵，那么我们就会陷入自由主义和新自由主义的虚幻世界，因为自由主义和新自由主义体系中的经济世界还停留在18世纪至19世纪的完全竞争世界，而这个世界离我们已经很遥远了。当然，如果我们意识不到政府也会失灵，那么我们就不可能正确地划分市场与政府的边界，就不可能正确地处理市场与政府的关系。

自20世纪下半叶以来，现实世界存在的市场经济都不是纯粹地依照"看不见的手"的原则运行的经济，政府在经济运行和经济发展中承担着一定的职责。现实的市场经济制度实际上是一种市场调节和政府干预相结合的混合经济制度。今天，一个市场经济国家处理效率与公平的关系的能力和效果很大程度上取决于它对市场与政府的关系的处理。

在市场与政府的关系问题上，关键不是要不要政府干预，不是政府应不应该干预，而是政府如何干预，政府在经济活动中如何科学决策，如何有效、公正作为。

我们在前面说过，中国的市场经济与西方国家的市场经济有本质上的不同，这就是中国建设的是社会主义市场经济体制，是中国特色的市场经济，是中国共产党人对市场经济体制的一种创新。既然这种市场经济是"社会主义"的，那么它就离不开公有制、国有企业、公平分配、共同富裕和政府计划（或规划）调节；既然是市场经济，那就必须发挥市场机制在资源配置中的决定性作用，市场机制就必然要发挥其自动调节、自动清除和自发调整的功能。所以，社会主义市场经济体制的性质决定了在中国市场经济中市场与政府的关系不同于西方经济学所说的"大市场、小政府"的关系，市场与政府的关系不是对立的、此长彼消的关系，市场与政府都应该有其地位、作用以及发挥作用的空间。在中国社会主义市场经济中，政府的地位和作用主要源于：（1）社会主义市场经济的性质；（2）现阶段市场机制发育不完全、不完善，市场机制还比较薄弱，调节还难以到位；（3）市场机制失灵。也就是说，中国市场经济中的政府干预的必要性和必然性不完全是出于市场失灵的原因，这与西方市场经济需要政府干预的理由不完全相同。

正是由于上述原因，习近平同志把中国社会主义市场经济中的政府与市场的关系看做辩证统一的关系。他指出："在市场作用和政府作用的问题上，要讲辩证法、两点论，'看不见的手'和'看得见的手'都要用好，努力形成市场作用和政府作用有机统一、相互补充、相互协调、相互促进的格局，推动经济社会持续健康发展。"[①]

《中共中央关于全面深化改革若干重大问题的决定》对如何改革、调整中国经济中的市场与政府的关系做了很好的原则性的阐释："经济体制改革是全面深化改革的重点，核心问题是处理好政府和市场的关系，使市场在资源配置中起决定性作用和更好发挥政府作用。市场决定资源配置是市场经济的一般规律，健全社会主义市场经济体制必须遵循这条规律，着力解决市场体系不完善、政府干预过多和监管不到位问题。"[②]《中共中央关于全面深化改革若干重大问题的决定》对社会主义市场经济中市场与政府的功能也做了很好的定位："必须积极稳妥从广度和深度上推进市场化改革，大幅度减少政府对资源的直接配置，推动资源配置依据市场规则、市场价格、市场竞争实现效益最大化和效率最优化。政府的职责和作用主要是保持宏观经济稳定，加强和优化公共服务，保障公平竞争，加强市场监管，维护市场秩序，推动可持续发展，促进共同富

---

① 习近平. 习近平谈治国理政［M］. 北京：外文出版社，2014：116.
② 中共中央关于全面深化改革若干重大问题的决定［M］. 北京：人民出版社，2013：6-7.

裕，弥补市场失灵。"①

问题的关键是在供给侧结构性改革中把《中共中央关于全面深化改革若干重大问题的决定》的内容变成现实，落到实处。

保罗·萨缪尔森根据发展经济学家对几十个国家在过去几十年发展的经验总结，对政府在市场经济发展中的作用做了如下的概括："要建立和维持一个健康的经济环境，政府的作用至关重要。政府必须推崇法治，强调合同的有效性，防治腐败，并使其政策有利于竞争和创新。政府在教育、医疗、通信、能源、交通等社会常规资本上的投资可以起到重要的作用，但在那些政府没有比较优势的产业，则必须依靠私人部门。政府应当抵制诱惑，不应当把所有的生产都放在国内，要坚定地促进对外贸易和外商投资开放，这些都将有助于国民经济各部门迅速地向国际先进水平看齐。"② 米尔顿·弗里德曼则认为："政府应维护法律和秩序，界定产权，充当我们变更产权和其他博弈规则的工具，当对规则的解释出现争议时做出裁决，强制执行契约，促进竞争，提供一个货币框架，从事消除技术垄断的活动，克服各种被公认为十分重要因而需对其实施政府干预的邻里效应（外部效应的一种——引者），在保护无责任能力者（精神病人或儿童）方面协助私人慈善团体和普通家庭。"③ 萨缪尔森和弗里德曼分别是 20 世纪下半叶以来西方经济学中新保守主义的领袖和新自由主义的领袖，虽然他们在政府要不要干预经济的问题上存在尖锐的对立，但是，他们对政府在市场经济中的角色定位却是大同小异的。

市场经济制度可以较好地解决资源配置的效率问题，但是不能自动地解决分配公平公正的问题。市场经济的自发运行和自由竞争可能导致收入和财富日益向少数人手中集中，导致贫富两极分化。

① 中共中央关于全面深化改革若干重大问题的决定［M］. 北京：人民出版社，2013：7.

② ［美］保罗·萨缪尔森，威廉·诺德豪斯. 经济学（下）：第 19 版［M］. 肖琛，等，译. 北京：商务印书馆，2014：916.

③ Friedman, Milton. Capitalism and Freedom［M］. Chicago：University of Chicago Press，1962：34.

马克思和凯恩斯都认识到了这个后果。中国社会主义市场经济的目标是共同富裕，是实现"中国梦"，我们的市场经济应当比资本主义市场经济更加公平、更加公正，因此，政府在改革和发展过程中，还担负着创建公平公正的制度环境、公平公正的市场秩序和公平公正的分配体制，以及维护公平正义的职责。

处理好市场与政府的关系，固然需要在全面深化改革的过程中对市场与政府的边界进行重新划分，对市场与政府的职能、地位和作用进行再定位，使市场与政府的作用适应中国经济发展新常态的要求，但我认为更重要的是减少政府对资源配置的控制权，把政府决策和政策制定制度化或规则化，降低政府决策和政策实施过程中的随意性，减少官员在决策和政策制定上的个人自由裁量权，减少官员因自己的偏好或利益追求而产生的任性行为，减少主要官员以其讲话、批示、提议代替政策甚至代替法律法规的情况的发生。从中华人民共和国建立以来的历史经验来看，政府官员，特别是拥有决策权的官员的言行凌驾于民主集中制决策制度之上，凌驾于法律之上，往往是造成资源错配和经济灾难的主要原因之一。

处理好新常态下政府与市场的关系的一个重要内容就是地方政府逐步淡出经济发展的主角地位。

自党的十一届三中全会把全党工作的着重点转移到社会主义现代化建设上以来，中国经济发展一直是双主体或双主角——地方政府和企业——共同主导的。这是中国经济体制和经济发展模式特色的一部分。史正富教授把这种特色概括为"三维市场体制"，即中国的市场经济体制由中央政府、地方政府和企业这三个主体构成。他把发达国家由政府和企业构成的市场体制称为常规市场体制。史正富教授认为，在中国的经济发展过程中，"地方政府作为一个竞争性的经济主体系统，和竞争性企业所构成的主体系统几乎具有同等重要的地位"；这种具有中国特色的市场经济体制产生了超常的投资力，从而使中国经济获得了超常的增长速度，并继续保持这种超常增长到 2049 年。①

不可否认，改革开放到 2010 年这三十多年，中国经济能够保持年均接近 10% 的高增长速度，地方政府功不可没。地方政府在基础设施建设、项目投资、兴办企业、招商引资、内引外联、信贷支持担保、市场环境和市场条件创造（例如提供优惠政策）等方面助推了甚至直接推动了经济增长和经济发展。

但是，我们应当认识到，地方政府在经济发展中唱主角，这是中国由高度集中的计划经济体制转轨到社会主义市场经济体制的必然要求和必然结果，是一种历史过渡现象。因为在改革开放前，中国还没有经济学意义上的企业，政府是唯一的经济主体，企业只是政府的附属生产单位；在改革开放后的相当长时间里，企业作为市场竞争主体和经济发展主角，还处在培育和发展过程中，还需要政府扶持和提供条件，政府同时还惯性地兼任经济主体。但是，在社会主义市场经济体制初步建立了以后，在完善社会主义市场经济体制的过程中，地方政府应当逐渐淡出经济发展的主角地位，地方政府应当减少对资源的直接配置，经济发展应当由企业来唱独角戏，不需要政府和企业同时担任主角。

从市场经济的理论和实践来看，政府和企业在市场经济中是有明确分工的，二者的活动范围是有边界的，虽然这种边界是动态变化和不断调整的。简单地说，在成熟的市场经济中，企业主要生产私人物品，政府负责提供制度环境或法律保障、公共物品和社会服务，政府不需要也不应该生产私人物品。但是目前中国地方政府还承担着相当多的生产私人物品的任务。例如，地方政府要管本地区上什么项目，兴办什么样的企业，在什么地方建厂房，某种产品的产量要达到多少，GDP 的增长速度要达到多高……这意味着地方政府排挤了一部分企业的市场和市场经济活动空间，抢了企业的"饭碗"。这就是学者们常说的政府"越位"。不难理解，地方政府

---

① 史正富. 超常增长：1979—2049 年中国经济 [M]. 上海：上海人民出版社，2013：35 - 36.

直接配置的资源越多，企业和市场可以配置的资源就越少；地方政府在经济发展中发挥的作用越大，在市场运行中越强势，企业和市场机制的作用就越受到限制，越受到挤压。[①] 而地方政府在经济运行中占据主角地位并发挥强势作用就不可能培育出一个发达的市场经济体系，不可能形成一个有国际竞争力的企业家群体和企业群体。

现在中国经济和社会发展中出现的一些矛盾、一些弊端、一些不正之风，甚至一些违法犯罪现象，与这种地方政府的"越位"和强势有着直接或间接的关系。例如，地方政府竞争导致的重复建设和盲目投资，引进外资"拉郎配"甚至越俎代庖，违法征地用地，乱拆迁，不计成本地大干快上，不顾环境生态代价上项目、促生产，地方政府融资规模和债务规模失控，数据造假，行贿受贿……少数政府官员之所以能够腐败，之所以能够成为大贪巨贪，在一些地方和部门，腐败之所以成为窝案，腐败之所以如飞蛾扑火般前赴后继，主要是因为我们现行的制度提供给他们的资源太多，赋予他们的权力太大，他们可以凭借这些资源和权力进行设租、创租，然后来寻租，进行权钱交易；地方政府作为经济发展的主角，又为这些官员的贪腐提供了空间和舞台。地方政府规模膨胀，公务员队伍越精简越庞大，与地方政府控制的资源和拥有的权力过多和过大，与地方政府本身就是经济发展的主角是密切联系在一起的。

中国改革开放后历次大的经济过热和通货膨胀都与地方政府的超常投资力密不可分。地方政府有这些非效率、超市场常规的行为，一个重要原因是地方政府不需要像企业那样任何经济活动都要受成本约束或预算约束，地方政府（领导人）不需要承担投资失败

---

① 江苏省在党的十八届三中全会后提出"强政府＋强市场"的双强发展模式，并认为改革开放后苏南的发展实践就是这种模式，这种模式具有普遍的现实作用。其强调，"强政府＋强市场"是融合统一的，是在发展实践中不断互动演进的。但是其又解释说，"强政府"是指政府通过宏观调控发挥一种营造环境、提供服务、引导方向、调节供求的重要作用；"强政府"是"强市场"的守护者，市场能干好的就交给市场。按照这种解释，这种"强政府"实际上是"效能政府"、"服务型政府"和"守护型政府"，这与经济学教科书对政府在市场经济中的地位和作用的界定没有多大差别。

和经营亏损的风险。中国地方政府虽然有财政预算约束，但是地方政府可以创造预算外收入，可以卖土地增加收入，可以通过城市投资建设公司甚至集资等名目来筹资融资，可以通过向中央政府申请"救助"、增加转移支付甚至"冲销"来化解债务。更为关键的是，地方政府有追求 GDP（和税收）及其增长率最大化的动机，但是并没有追求利润最大化或成本最小化的动机，因此它从事经济活动无须进行成本－收益比较，无须追求成本最小化或收益最大化。要消除上述这些乱象，就必须通过深化改革，让地方政府逐步淡出经济发展的主角地位，使地方政府成为与中国社会主义市场经济体制相适应的角色。正如《中共中央关于全面深化改革若干重大问题的决定》明确指出的："政府的职责和作用主要是保持宏观经济稳定，加强和优化公共服务，保障公平竞争，加强市场监管，维护市场秩序，推动可持续发展，促进共同富裕，弥补市场失灵。"① 这个界定既适用于中央政府，也适用于地方政府。如果说经济发展是一种球类运动，那么它的运动员只能是企业，政府既不能当运动员，也不能当裁判员，只能当服务员——为运动员捡球，倒茶水递毛巾，清扫场地，也就是为企业、为居民提供服务、提供保障，也就是现在国务院提出的各级政府要做好"放、管、服"。

从改革开放以来的发展经验和实践来看，中国经济发展比较快、比较好的地方都是政府扶持和服务于企业这种作用发挥得比较好的地方，而不是地方政府唱主角的地方。例如，浙江的温州、台州，江苏的苏州、无锡、常州，广东的深圳、佛山、东莞，这些地方主要是在政府的扶持、服务下由个人和企业唱主角发展起来的。相反，在许多地方政府充当经济发展主角的地方，在地方政府强势的地方，不仅经济发展得不快不好，而且经济和社会问题也较多，在中国中部、西部可以找到不少这样的案例。

当然，地方政府淡出经济发展的主角地位需要一个较长的过

---

① 中共中央关于全面深化改革若干重大问题的决定［M］. 北京：人民出版社，2013：7.

程，不可能在短期内完成。这里不仅有一个路径依赖问题，而且有一个地方政府和企业在社会主义市场经济体制建立和完善过程中的角色地位变化的问题。但是地方政府由经济发展的主角转变为经济发展的服务员和保障者是中国社会主义市场经济体制改革和完善的方向。在我看来，地方政府真正淡出经济发展的主角地位之日，就是中国社会主义市场经济体制建成之时。地方政府由经济发展的运动员转变成经济发展的服务员应当是中国社会主义市场经济体制建成的重要标志之一。

如前所述，在中国的社会主义市场经济体制中，政府不会仅仅是"守夜人"的角色，它在资源配置和经济运行中还发挥着自己的作用，这是中国社会主义市场经济与西方资本主义市场经济不同之处，是中国社会主义市场经济的特色之一。但是，这里的问题的关键是，在使市场在资源配置中起决定性作用的过程中，如何"更好发挥政府作用"？这是理论上必须回答、实践上必须解决的重大问题。

在我看来，要发挥好政府的作用，可能需要进行以下几方面的改革：（1）经济决策和政府配置资源制度化，依靠制度进行项目审批、土地开发、信贷投放、经济政策制定和调整、非市场决定的产品和服务的价格制定或调整，取消"一支笔"、"一句话"和"一个人"说了算的审批。（2）重大项目审批前要由第三方或独立机构（如专家委员会、投资咨询评估机构、国家智库）进行可行性评估论证，评估论证单位或机构必须和项目申请方（竞标方）、发包方均无利益关联，而且，可行性评估论证单位或机构不是由项目审批方指定的，而是通过招投标竞争来确定的。（3）重大项目要实现项目负责人制度，项目实施以后，要进行中期检查评估、后期检查验收，不合格的要追究项目负责人的经济责任和行政责任。重大项目不能一批了事。（4）重大项目审批要实行问责制。对不按制度或规则、程序进行项目审批的要进行问责，对非不可抗拒的原因导致重大投资失败或项目上马造成重大损失的要追究审批者和实施者的责任。（5）非市场决定的产品和服务的价格制定或调整要广泛征求意见，充分搜寻需求信息，在此基础上举行听证会；出席听证会的代表必须从这些产品和服务的供求双方中随机遴选，而不能由举办听证会的部门指定或委派。

总之，中国要建立的是社会主义市场经济制度，在这种市场经济制度中，政府的功能和作用不同于西方市场经济国家的政府。定位中国社会主义市场经济中的市场与政府的边界，界定市场与政府的功能和作用，在发挥市场配置资源的决定性作用的过程中更好地发挥政府的作用，是供给侧结构性改革面临的重要的问题。

（二）改革和完善分配制度

这里所说的分配制度改革包括收入分配制度改革和财富（财产）占有制度改革。中国目前既存在收入分配差距过大的问题，也存在财富占有不公的问题。改革开放以来，特别是国有经济实施"抓大放小"和国有企业改制重组以来，以及 20 世纪末实行房地产市场化、进行房地产大开发以来，社会财富在向一部分人快速集中，一些人已经积累了相当惊人的财富。根据西南财经大学中国家庭金融调查与研究中心 2014 年 2 月 22 日发布的《2014 中国财富报告：展望与策略》，2013 年家庭资产位于前 10％的中国家庭拥有的资产占中国家庭总资产的 63.9％。根据该报告提供的数据，2013 年全国家庭资产的基尼系数为 0.717，虽然这个数据比 2011 年有所下降，但仍然高于中国家庭收入分配的基尼系数[1]，这说明中国的财富占有的不平等程度大大高于收入分配的不平等程度。值得注意的是，该报告发现，在致富原因方面，家庭资产位于前 1％的富裕家庭中只有 56.1％的家庭是通过创业致富的，家庭资产位于前 5％的富裕家庭中只有 37％是通过创业致富的，而从全国来

---

[1]　国家统计局网站 2014 年 1 月 20 日发布的数据显示，2013 年中国家庭收入的基尼系数为 0.473。

看，只有 14.1％的家庭是通过创业致富的。

收入和财富分配不合理既是中国内需不足特别是居民消费需求不足的重要原因，也是造成社会矛盾激化的重要因素，因此是全面深化改革的重要内容之一。

收入和财富分配与供给侧结构性改革有什么关系呢？答案是：它们关系到总需求和总供给能否在数量上和结构上相匹配、相均衡。

从微观经济学的视角来看，一种产品的生产会为其生产者带来一定的收入，因而就为另一种产品创造了需求，也就是说，一个人在衣服市场上是生产者，他同时在粮食市场上是需求者，他用生产衣服获得的收入来购买粮食，如此一来，衣服的生产就为粮食的生产创造了需求；反过来，粮食的生产也为衣服的生产创造了需求。但是，从宏观经济学的视角来看，总供给或生产能够在多大程度上创造出它自身的总需求取决于支付能力的大小；而一个经济社会的支付能力又决定于这个社会的分配制度，归根到底决定于这个社会的生产资料所有制或产权制度。引入制度因素后我们发现，总供给和总需求都受制度因素的影响或制约。制度既作用于供给，也作用于需求；这种作用对供求双方可能是不平衡、不对称的。制度对供求双方作用的力度取决于制度的性质和结构。有些制度促进供给，但是限制需求，例如处于上升期的资本主义制度在它建立起来的100 年里所创造的生产力比之前人类创造的生产力总和还要大，但是总需求却没有随之同步增长。马克思指出，资本主义制度的基本矛盾必然衍生出生产无限扩大趋势与劳动人民有支付能力的需求相对缩小之间的矛盾。有些制度有利于释放需求，但是约束供给能力的提升，例如计划经济制度下存在普遍的生产不足或供给短缺。从制度层面或生产关系视角来看，有效需求的增长之所以落后于供给能力的提升，是因为一定的经济制度（生产关系）下的分配制度（分配关系）存在缺陷，例如，收入和财富分配不公，富人有钱但不愿意更多地消费——因为他们的消费接近或达到了生理上和心理上的上限，穷人渴望多消费但是却无力消费——因为他们的收入和财富有限，这就导致（来自穷人的）消费需要与（富人拥有的）支付能力脱节，使得一部分消费需要不能转化成有效需求。因此，如果一个经济体系在现有的技术和资源条件下生产出来的成果（实际总产出）不能通过适当的分配制度全部转化为有效需求（生产需求和生活需求），那么将导致供给能力的提升与需求能力的提升不一致、不同步，出现普遍的生产过剩。萨伊定律的错误不在于"供给会创造它自身的需求"这个论断本身，而在于它抽象掉了制度对供求的影响，只从一般意义上讨论总供给与总需求的关系。

自 20 世纪 90 年代后期以来，中国经济发展就一直遭受内需不足的困扰。如果我们通过分配制度改革降低收入分配和财富占有的不平等程度，使分配公平一些、合理一些，那么将会明显提高居民的平均消费倾向，从而扩大居民的消费需求。以 2015 年的数据为例，中国城镇居民人均可支配收入是 31 194.84 元，人均消费支出是 21 392.36 元，平均消费倾向是 0.69；农村居民人均可支配收入是 11 421.71 元，人均消费支出是 9 222.59 元，平均消费倾向是 0.81。农村居民的消费倾向比城镇居民高 0.12。如果把农村居民的人均可支配收入提高到城镇居民人均可支配收入的 80%，即达到 24 955.87 元，那么农村居民的人均消费支出将增加到 18 716.90元（＝24 955.87×0.75，假定农民收入增加后平均消费倾向下降到 0.75），农村居民人均消费将净增加 9 494.31 元（＝18 716.90－9 222.59）；按 2015 年中国农村人口 60 346 万人计算，农村居民消费需求将净增加 57 294.36 亿元，这将使 2015 年支出法 GDP 达到 756 403.76 亿元，比 2015 年实际实现的支出法 GDP（699 109.4 亿元）增长 8.20%！

中国的分配制度改革包括对现行的收入分配制度和财富占有制度进行改革。对财富占有制度改革目前在理论上似乎重视得不够，在实践上做得也很少。例如，对于要不要开征遗产税的问题，中国学界已经讨论、争论了好多年，目前的分歧还比较大，开征房产税

（这实际上是对高财富持有者征税）的法律文件还在草拟过程中，对要不要征收房产税、如何征收房产税的问题，还存在许多争议。

在大多数中国居民看来，当前中国最大的分配不公是财富占有不公。所谓财富占有不公，是指一些人利用权力、地位、关系甚至不法手段，例如通过侵吞国有资产、贪污、受贿、权钱交易等占有一部分社会财富，利用貌似合法或非法的资本运作，国有企业改制、兼并重组、入股等途径占有一部分社会财富。有些人占有的财富规模十分惊人，其财富增长往往连非常成功的企业家也望尘莫及。

这种财富占有不公是与目前中国经济中的法制不健全、法治实施不严不力、不规范竞争、少数政府官员腐败联系在一起的，是制度缺陷造成的。这些制度缺陷也是生产过剩和产能过剩的根源。正如萨缪尔森指出的："如果一个经济中充斥着恶性竞争、严重污染或政府腐败，那么它当然只能生产出少于'无上述问题'时该经济原本可以生产的物品，或者还会生产出一大堆不对路的物品。这些都会使消费者的境遇比本该出现的情况更差。这些问题都是资源未能有效率配置的后果。"①

改革和完善我国分配制度的基本内容是在初次收入分配领域切实贯彻按劳分配和按贡献分配的原则，在再分配环节照顾弱者和一些需要帮助的特殊群体，完善社会保障制度。完善税收制度、产权制度和惩治腐败的制度，消除通过权力和权钱交易非法获取收入和占有财富的制度根源。通过改革使人们获得公平的发展机会，通过发展教育、医疗卫生和城市化等措施降低人们在起点上的不公平，把人们在收入分配和财富占有上的差距缩小到社会可容忍、可接受的范围内。

---

① ［美］保罗·萨缪尔森，威廉·诺德豪斯．经济学（上）：第19版［M］．肖琛，等，译．北京：商务印书馆，2014：6-7.

（三）建设并完善激励机制与创新机制

技术进步是现代经济增长的主要贡献因素，这是现代经济学家们的共识。技术进步来源于创新。如果说劳动力和资本投入增长是经济增长或供给增长的传统动力和源泉，那么创新就是经济增长或供给增长的新动力、新源泉。技术发明和创新本质上是随机的，是难以掌控的，但是其与个人的积极性、冒险精神和知识积累是密切联系在一起的。而个人的积极性、冒险精神和知识积累是通过激励—约束机制来塑造的。虽然热情和某种号召也可以激发个人的积极性和冒险精神，但是要稳定、持续地保持个人的积极性、冒险精神和知识积累，还是需要有效的激励—约束机制。

一定的激励—约束机制内生于一定的制度或规则。恰当的制度安排可以使个人的努力、贡献与其报酬相匹配，可以减少生产活动和创新活动的交易成本，提高活动结果的可预见性，同时对违反规则的行为实施惩罚。因此，好的制度是可以促进发明、创新的制度。

受教育机会、就业机会和发展机会是否公平，分配是否公平，关系到能否有效地调动个人的积极性和创造性，而这些方面的公平程度决定于制度的性质或制度的完善程度。

企业家也是市场经济中的个人，不过他们是具有特殊能力的个人，这就是他们具有企业家才能或企业家精神。为供给增长提供新动力，促进有效供给增加和优化经济结构，必须大力培育企业家精神。

中国供给侧结构性改革的主要内容和目标之一就是通过制度建设来调动个人的积极性，培育企业家精神，促进技术创新，增强经济活力，为供给增长提供新动力。

建立在产权明晰的基础上的产权保护制度、专利制度、法律仲裁制度、合理的税收制度和税率、公平公正的分配制度、科学的教育和培训制度、科学的人才选拔制度，以及独立的精神和人格，更加自由开放的社会氛围，都是促进发明、创新，调动个人积极性，培育企业家精神所需要的。

（四）改革和完善土地制度

土地是四大生产要素之一，是人类一切经济活动的承载物。根据现行的法律，中国的土地属于"国家所有"和"集体所有（农村土地）"，而行使"国家所有"和"集体所有"土地权的是地方政府，因此中国的土地实际上是政府所有。地方政府实现其所追求的政治目标和经济目标的一个重要的基础就是其控制了土地这种重要的资源。地方政府既可以通过直接出售土地来增加财政收入（所谓"土地财政"），又可以通过向企业提供廉价土地甚至免费土地来吸引投资，从而增加本地 GDP 和地方税收收入。

解放战争时期的土地制度改革使亿万劳苦大众铁着心跟着共产党，调动了千千万万的农民支前、上前线和与解放军并肩作战的积极性，激励千千万万的农民送儿女参军参战。中华人民共和国成立前后的第一次土改极大地激发了广大农民从事农业生产和建设国家的积极性，当时农民对共产党的感情真像一首歌曲所唱的"一心跟着共产党"，分得土地的农民深切感受到了自己翻身做了主人。改革开放之初推行的农村联产承包责任制实际上也是一场土地制度改革运动，可以看做中华人民共和国建立后的第二次土改，农民拥有了土地承包权就拥有了土地的使用权和收益权。联产承包责任制不仅很快解决了绝大多数农民的温饱问题，而且通过调动农民的积极性使中国农业和农村获得了稳定和较大的发展，为后来的"人口红利"奠定了制度基础。

近些年中国的农业、农村和农民的发展似乎遭遇了瓶颈，"三农"发展徘徊不前。其中的主要原因可能是在联产承包责任制实施了三十多年后，联产承包责任制的边际收益（或边际效用）在递减，其经济增长潜力差不多已经充分发挥出来了，而我们的土地制度没有进一步进行改革和完善。许多农村地区的土地大面积抛荒就是农民因对土地制度不满意而疏远土地的一种表现。

从根本上解决"三农"问题需要实行第三次土地制度改革，通过第三次土改进一步拉近农民与土地所有权、使用权和收益权的距离，使农民和土地更加紧密地结合。现在一些农村地区在实施土地确权制度改革，这是深化土地制度改革的积极探索。按照邓小平同志提出的生产力标准，凡是有利于农业增长、农村发展和农民富裕的改革举措都可以大胆试，大胆闯。

"三农"发展了，"三农"现代化了，中国经济发展就能够获得更大的发展空间、更大的农村市场需求，就能够获得更大的、更持久的动力，这可能比建几个特区、新区的推动力还要大得多。

我们在制度改革、建设和创新上还有许多工作可做，还有许多关口需要攻克，例如国有企业改革、金融体制和资本市场改革、社会保障制度改革、教育与科研体制改革……中国供给侧结构性改革中的制度改革和创新将是一个充满挑战且具有重要意义的过程。中国供给侧结构性改革的成功将会促进社会主义市场经济制度的完善。中国社会主义市场经济制度的确立和完善将是人类市场经济制度创新的重大成果。

三、经济增长新动力"三引擎"

中华人民共和国建立以来，中国的经济增长一直是依靠高积累、高投资和高消耗推动的，这种增长方式的会计成本和机会成本都很高，是无法持续的。在供给侧结构性改革过程中，我们需要寻找中国经济增长的新动力。

从供给侧来看，促进经济增长，增加有效供给，可以通过右移总供给曲线来实现；在短期，生产要素价格变动和生产技术变化以相反的方式（方向）影响生产成本，从而推动短期总供给曲线向相反的方向移动。具体来说，如果生产技术不变，生产要素价格（例如工资率）提高，则短期总供给曲线会向左上方移动。这是因为生产要素的价格提高会引起生产成本提高，使得相同的产量要以更高的价格出售。如果生产要素的价格不变，那么生产技术进步可使生产函数曲线右移，这表明同样的就业量可以生产出更多的产量，劳动的边际生产率提高。劳动生产率提高使得生产的平均成本降低，由此引起短期总供给曲线右移，这时同样的产出可以按照更低的价格出售，或在同样的价格水平下企业愿意生产更多的产品。

短期总供给曲线右移又包括总供给曲线陡峭部分右移和平缓部分下移，总供给曲线这两部分移动的原因是不同的。

如果资源和机器设备增加或生产技术水平提高，那么经济的生产能力会提高，这使得短期总供给曲线的陡峭部分右移，平缓部分的变化很小（见图8-1）。这意味着在相同的价格水平下生产者愿意生产更多的产品。如果资源、机器设备的数量和生产技术不变，劳动效率提高（例如劳动者的干劲更足，劳动者素质和技能提高），那么短期总供给曲线的平缓部分会下移，陡峭部分的变化很小（见图8-2）。在这种情况下，生产者将愿意以较低的价格向市场提供产品。前者是总供给变化的水平效应——主要是影响产量，后者是总供给变化的垂直效应——主要是影响价格。整个总供给曲线右移则既有水平效应，也有垂直效应。

这为我们寻找经济增长新动力提供了启示，要素提质增效、结构优化升级和TFP提高构成增长新动力的"三引擎"。

（一）要素提质增效

要素提质增效主要是提高劳动者的素质和技能，提高物质资本和土地质量，培育和发展企业家才能或企业家精神，借此提高生产

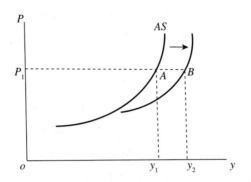

图 8-1　短期总供给曲线陡峭部分移动

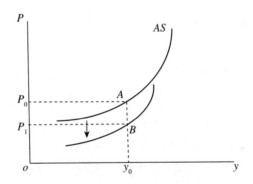

图 8-2　短期总供给曲线平缓部分移动

效率。

在"三去一降一补"过程中，资本将会升级换代；通过农业供给侧结构性改革，土地的质量将会改善和提高。中国经济中的要素提质的关键是提高劳动者的素质和技能，即提高人力资本的质量和档次，培育并且发挥企业家精神。劳动者和企业家是生产要素中人的要素（人力资本），人的要素是生产诸要素中活的、能动的要素。

中国人力资本的数量积累和质量提升还有很大的空间，有很大的潜力，特别是广大的一线工人和数以亿计的农民工，他们中的大多数人文化知识水平和技艺技能还不高，受过职业培训的少，不少人还是初中或初中以下的受教育水平，没有受过教育的还占一定的

比例，如果他们都能成为技术工人和熟练工人，那么他们的劳动生产率和劳动效率将会大大提高，中国的 TFP 的稳定增长就可以有坚实的人力资本基础。

在当前"三去一降一补"过程中，在企业兼并重组过程中，将会有一部分劳动者失业或转岗，国家可以利用这个时机实施"全员培训计划"，政府、教育机构、社会组织和企业联手，把这些失业者或转岗者组织起来，进行职业技能培训，使他们获得新的或更好的技能，把"汗水"工人升级为"技能"工人，把干"粗活蛮活"者升级为熟练工人。

（二）结构优化升级

这里所说的结构优化既包括经济结构优化，也包括资源配置优化。通过全面深化改革，优化总需求—总供给结构、产业结构、城乡结构、虚拟经济与实体经济结构、所有制结构、市场结构……同时降低资源错配程度，提高资源配置效率。

如前所述，中国经济中的结构失衡较多、较严重，资源错配也较严重，但是换个角度看，这说明中国经济通过优化经济结构和矫正资源错配提高供给能力和经济增长潜力的空间很大。

中国经济结构优化升级的重点主要是工业结构优化升级、促进农业农村现代化和减少资源错配。

工业结构升级主要是通过实施《中国制造 2025》，以及深度工业化、工业现代化、生产和服务业智能化和做实做强装备制造业来提高中国工业的技术水平和竞争力，以升级版的工业作为物质技术基础来升级三次产业的技术水平，提高经济结构的技术内涵和效率水平。

只有通过深化农村土地制度改革，发展和完善农业和农村基础设施，引导资本、企业家和科技人员进入农村创业，使我国农业和农村发展跟上现代化的步伐，才能从根本上解决中国城乡结构失衡的问题，使农业与工业、农村与城市得到协调、平衡的发展。农业和农村走向现代化将会提高中国经济的平均生产率，为中国经济稳定、持续的增长提供可靠、有力的动力源泉。中国农村居民人均可支配收入目前大约是城镇居民的 36％，前者的平均消费倾向比后者大约高 0.12，如果农村居民的人均可支配收入提高到城镇居民人均可支配收入的 70％上下，那么中国经济的需求侧将会有显著的改观，供给过剩的矛盾将会显著缓解，中国经济的中高速增长将会获得强有力的有效需求支撑。

本书前面讨论过，减少资源错配可以使中国 TFP 提高 25％～35％（Marconi，2016）；减少垄断，提高竞争程度，发挥市场机制在资源配置中的决定性作用，是减少资源错配、提高资源配置效率的根本途径。

（三）TFP 提高

提高 TFP 的主要途径是促进科学技术进步，特别是自主创新；促进科学文化知识的普及和积累，增加人力资本积累。

创新和技术进步具有随机性、偶发性。促进创新和技术进步的因素有些是清楚的，有些则不完全清楚。多数人的共识是，要促进创新，推动技术进步，整个社会的教育就必须达到一定的水平，知识积累就必须达到一定的高度；就要有一种民主、公平、和谐的社会环境，独立、自由的学术探讨是发明和创新所必须具备的科学研究环境，批判性的思维和怀疑的眼光是发明和创新所必须具备的科学研究模式；就要有完善的激励个人和企业从事发明和创新的分配制度；就要有适当的分散或补偿发明和创新风险的体制机制安排。

通过自主创新来提高 TFP 不是经过短期努力就可以办到的，需要通过长期的制度改革和制度创新来培育影响自主创新的因素才能够实现。由于自主创新是随机发生的事件，具有较高的风险性和不确定性，因此，中国的自主创新应当发挥可以集中利用科研力量和资源的体制优势，重大项目研发和科技创新采用国家体制，同时通过激励机制和政策引导、鼓励、支持个人和企业研发创新，实行国家创新与个人、企业创新并举的组织模式。要在短期内提高TFP，就需要在消除市场扭曲、减少资源错配、优化经济结构、减少政府干预和政策失误、调动个人和企业的积极性、消除信息不完全等方面下功夫。

下篇　理论篇

本篇主要回答如下问题：中国供给侧结构性改革的理论源头在哪里？萨伊定律是理论源头吗？中国的供给侧结构性改革是以供给学派和里根经济学为理论基础的吗？马克思经济学为供给理论贡献了什么？马克思的供给理论对中国的供给侧结构性改革有什么指导意义和启示？中国的供给侧结构性改革为什么要选择市场化改革和政府改革（政府转型）的双重路径？

第九章

供给侧结构性改革的理论源流 *

供给侧结构性改革是近期中国学术界研究和讨论的热门话题。这些讨论主要涉及两大类问题：一类是为何要和如何搞好中国经济的供给侧结构性改革；另一类是供给侧改革的理论源头或理论依据是什么。前一类问题主要是改革的政策方案设计或实际操作问题，后一类问题则是基本理论问题。本书上篇和中篇主要回答前一类问题，本章集中讨论后一类问题。

在关于后一类问题的讨论中，中国有些学者把供给侧结构性改革的理论源头追溯到19世纪初的

---

 * 本章内容原作为论文《寻找供给侧结构性改革的理论源头》，刊发于《中国社会科学》2017年第7期。受版面限制，《中国社会科学》编辑部对原文进行了删减和调整。本章内容是未经删减和调整的原文，并有适当修改。

法国经济学家萨伊。① 实际上，其立论是片面甚至错误的，既不符合经济学发展史的事实，也错误地解读了萨伊定律，更重要的是给读者造成了错误的认知，似乎中国现在实施供给侧结构性改革就是皈依萨伊定律。

首先，我们要明了什么是（总）供给理论。在笔者看来，研究一个经济的总供给能力（产能）及其增长的决定因素的理论，即为（总）供给理论。总供给理论主要研究两大问题：（1）一个经济体的总供给能力由哪些因素决定？（2）什么样的体制机制会促进总供给能力提升，或一个经济体的长期增长由哪些因素决定？至于总供给与总需求的关系，那是总供给理论（供给经济学）和总需求理论（需求经济学）都要研究或讨论的问题。

其次，我们要回答什么是供给侧结构性改革理论。笔者的答案是：供给侧结构性改革理论是在供给理论的基础上，研究如何通过经济体制改革、经济结构调整和优化促进总供给能力提升、总供给质量提高，以及总供给在规模和结构上与总需求相适应、相匹配的问题。

供给侧结构性改革理论与供给理论有联系，有交叉，但是供给理论不等于供给侧结构性改革理论。供给理论的核心是总供给能力由哪些因素决定，供给侧结构性改革理论的核心是改革——如何通过改革来改善总供给结构、提高总供给能力和质量。所以，我们不能简单地把供给侧结构性改革理论等同于供给理论，更不能以供给理论取代供给侧结构性改革理论。经济学中任何理论的形成都有一个过程，都有其源头，都不会是空穴来风，所以对理论基础的研究不能脱离理论源头。但是理论源头又不等于理论基础，不等于这种理论本身。理论基础本身就是系统的理论依据，而理论源头则指一

---

① 例如，《这位庸俗经济学家是供给侧改革的鼻祖》（邓新华，《凤凰财知道》，2015年12月2日）、《供给侧的源头——"萨伊定律"》（许小年，中国改革论坛网，2015年12月11日）、《供给侧结构性改革应该改什么？》（盛洪，FT中文网，2016年3月10日）。盛洪的文章一开头就写道："中国最近在热议供给侧结构性改革。供给侧结构性改革的理论依据是供给经济学。供给经济学的核心思想是萨伊定律，即供给自动创造需求。"

种理论的初始形式和最初来源。例如，马克思的劳动价值论的理论源头是英法古典经济学的价值论，最早可以溯源到威廉·配第的思想，但是马克思的劳动价值论不等于古典经济学的价值论，这两种价值论有质的差别。类似地，供给侧结构性改革的理论源头可以追溯到供给理论的源头。明确了这些界定，我们就不难追寻供给侧结构性改革的理论源头。

一、供给理论的源头是古典经济学

纵观经济学发展史（经济思想史），不难发现，重视供给、认为供给比需求重要、强调供给研究，一直是凯恩斯以前的经济学，特别是英法古典经济学①的传统。"劳动创造财富"是古典经济学家普遍认同的思想。从分析的视角来看，古典经济学就是供给经济学或侧重于供给分析的经济学体系。

古典经济学产生于资本主义市场经济兴起时期和资本主义制度确立时期，这是工场手工业向机器大工业过渡的时期。在这个伟大的转轨时期和大变革时代，大量的商品和财富出自工厂生产过程而不是流通过程（商业或贸易），已经是举目可见的事实，并且资本主义制度的根基也需要从理论上找到安身之所。作为新生工业资产阶级的代言人，古典经济学家力图从生产过程（也就是供给侧）寻找社会财富和商品价值的源头，寻找资本主义制度的经济基础。所以他们把经济学研究的视角对准了供给方，把政治经济学的解剖刀深入到资本主义商品生产过程，从而颠覆了重商主义"财富来自流通（贸易）"的说教。

被马克思称为英国古典政治经济学创始人的威廉·配第就已经

---

① 本章所说的"古典经济学"和"庸俗经济学"都遵循马克思的界定。

认识到，商品的价值是由劳动创造的，而且认为货币的价值也是由劳动决定的。人们熟知的"劳动是财富之父，土地是财富之母"这条经济学的著名格言，就是配第提出来的。配第的原话是："土地为财富之母，而劳动则为财富之父和能动要素。"[①] 劳动和土地（生产资料）就是我们今天所说的决定供给的两大生产要素，并且配第在这里正确地认识到，劳动是支配供给侧其他生产要素的能动的、活的要素。西方现代供给经济学的一个基本观点，即"劳动分工会促进劳动生产率的提高，进而会降低生产成本"，最初也是配第提出来的。他写道："譬如织布，一人梳清，一人纺纱，另一人织造，又一人拉引，再一人整理，最后又一人将其压平包装，这样分工生产，和只是单独一个人笨拙地担负上述全部操作比起来，所花的成本一定较低。"[②] 这段表述所要表达的思想和后来亚当·斯密在《国富论》中所列举的用来说明分工和专业化经济效果的著名的"制针"例子如出一辙。马克思在《政治经济学批判》中曾经对配第的这个思想给予了高度评价："配第也把分工当作生产力来阐述，而且他的构想比亚当·斯密还要宏大。"[③] 科学技术进步、创新、劳动者素质与技能提高是促进供给或产出增加、推动经济增长的重要因素，这几乎是今天经济学家们的共识，也成为绝大多数国家的政策取向。配第在 1672 年前后写成的《政治算术》（1690 年出版）一书中，就明确地论述了这个思想。他说："有的人，由于他有技艺，一个人就能够做许多没有本领的人所能做的许多工作。例如，一个人用磨粉机把谷物磨成粉，他所能磨出的分量会等于二十个人用石臼所能舂碎的分量。一个印刷工人所能印出的册数，会等于一百个人用手抄写出来的册数。"[④] 配第正确地认识到，改进

① 威廉·配第. 配第经济著作选集 [M]. 陈冬野，马清槐，周锦如，译. 北京：商务印书馆，1981：12.
② 威廉·配第. 配第经济著作选集 [M]. 陈冬野，马清槐，周锦如，译. 北京：商务印书馆，1981：66.
③ 马克思恩格斯全集：第 31 卷 [M]. 北京：人民出版社，1998：446.
④ 威廉·配第. 配第经济著作选集 [M]. 陈冬野，马清槐，周锦如，译. 北京：商务印书馆，1981：12.

资源配置可以提高效率，增加供给和收入。他说："长满灌木的荒地经过加工，可以种植亚麻或三叶草，这样，它的价值就会增加一百倍。同一块土地，如果在上面建筑房屋，则它所提供的地租要比充作牧场多一百倍。"①配第还指出，一个国家的财富和实力大小，主要不是取决于它的领土大小和人口多少，而是技术、产业发展和政策。他说："一个领土小而且人口少的小国，由于它的位置、产业和政策优越，在财富和力量方面，可以同人口远为众多、领土远为辽阔的国家相抗衡。""一个人，如果技艺高超，可以和许多人相抗衡。"②配第的这个思想在今天仍然具有真理性，加快技术进步、推动技术创新、促进产业转型升级、制定和实施恰当的政策，仍然是中国目前供给侧改革的重要内容。

在17世纪末18世纪初的法国，农业是国民经济的主要产业部门，也是经济问题最突出的部门。当时法国政府推行的重商主义政策导致农业经济严重凋敝。因此，法国古典经济学一开始就和重商主义决裂，走上重农主义道路。法国古典经济学的早期代表人物布阿吉尔贝尔不仅强调"一切的财富都来源于土地的耕种"，而且认识到产业部门之间应保持正确的比例，自由竞争可以使社会总劳动量（即资源总量——引者）按照正确的比例配置于各个产业部门。③法国重农学派把社会财富看做通过土地耕作生产出来的农产品，认为社会财富的真正源泉是农业。这种观点在今天看来显然有片面性，因为农业只是生产财富的部门之一，但它却是从供给方而不是从需求方来研究社会财富的源泉和增长的。魁奈著名的《经济表》在经济学发展史上第一次论述了社会总资本的再生产和流通过程，实际上就是论述了我们今天所说的总供给和总需求的关系，

---

① 威廉·配第．配第经济著作选集［M］．陈冬野，马清槐，周锦如，译．北京：商务印书馆，1981：11-12.

② 威廉·配第．配第经济著作选集［M］．陈冬野，马清槐，周锦如，译．北京：商务印书馆，1981：11.

③ 布阿吉尔贝尔．谷物论——论财富、货币和赋税的性质［M］．伍纯武，译．北京：商务印书馆，1979：102-103.

《经济表》认为农业在一年里生产出来的总产品（总供给）是经济循环的起点。

亚当·斯密被公认为是古典政治经济学体系的创立者、西方现代经济学的鼻祖。亚当·斯密《国富论》的整个理论体系是从分析分工开始的。亚当·斯密把分工看做劳动生产率提高的最大贡献者。《国富论》第一章就开宗明义："劳动生产力的最大改进，以及劳动在任何地方运作或应用中所体现的技能、熟练和判断的大部分，似乎都是劳动分工的结果。"① 他用制针业的例子说明分工极大地提高了劳动生产率。他写道："一个没有受过这种业务（劳动分工已经使它成为一个独立的行业）训练、而又不熟悉它所使用的机器（同样的劳动分工使这种机器的发明成为可能）的工人，用他最大的努力，或许一天制造不出一枚针，肯定不能制造 20 枚。"而他看到的一个小制针厂，只雇用了 10 个工人，每天却能够制造出 48 000 枚针。这个例子说明，分工后的单个工人的劳动生产率是没有分工的单个工人的 240［48 000÷（10×20）］倍，甚至是 4 800（48 000÷10）倍！并且，亚当·斯密进一步认识到，分工不仅会提高单个工人的劳动生产率，增加单个企业的产出，而且在宏观经济层面上会促进一国的产业发展和效率提高。他说："在享有最发达的产业和效率增进的那些国家，分工也进行得最彻底。"② 分工发达加上国家治理良好，会使一个国家走向普遍富裕。"由于实行劳动分工的所有不同行业的产量成倍增长，在一个治理很好的社会出现普遍的富裕"。③

亚当·斯密认为，劳动是国民财富的源泉，增加国民财富只有两种方法，一是提高劳动生产率，二是增加有用劳动者的人数；而分工的发展、机器的使用、劳动配置的改进会促进劳动生产率的提高，资本积累的增加会增加雇用有用劳动者的人数；所以一个国家

① 亚当·斯密.国富论（上）[M].杨敬年，译.西安：陕西人民出版社，2001：7-8.
② 亚当·斯密.国富论（上）[M].杨敬年，译.西安：陕西人民出版社，2001：9.
③ 亚当·斯密.国富论（上）[M].杨敬年，译.西安：陕西人民出版社，2001：14.

的财富增长取决于分工发展的快慢和资本积累的多寡。亚当·斯密写道："要增加一国土地和劳动的年产物的价值，没有其他的办法，只有靠增加生产性劳动者的人数，或增加以前所雇用的生产性劳动者的生产力（即生产率——引者）。一国生产性劳动者的人数，显然只有靠增加资本即增加用来维持他们的基金才能增加。同一人数的劳动者的生产力，只有靠增添和改进用来促进和节约劳动的机器和工具，或者靠更加适当地划分和分配工作，才能得到增进。"①

笔者认为，亚当·斯密对供给的分析、对国民财富增长（即经济增长）原因的分析中，最富有启发性的是以下的观点。（1）分工会极大地提高劳动生产率，而分工的发展又取决于市场交易范围的扩大，所以要促进分工就要发展市场和市场体系。因为，"交换能力引起劳动分工，而分工的范围必然总是受到交换能力的限制，换言之，即受到市场范围的限制"②。（2）一国的制造业越发达，它的农业就越繁荣③，国内贸易和对外贸易就越发达，城市化水平就越高。（3）一国经济增长的驱动机制是个人自我改善的欲望，也就是人的自利动机；一国经济增长的制动机制（或约束机制或保护机制）是人的理智和竞争。一个国家的制度是否有效率，是否能够促进国民财富增加，就看这种制度能否把个人自我改善的强烈欲望转变成对社会有益的行为。《国富论》下面这段话常常被引用："人总是需要有其他同胞的帮助，单凭他们的善意，他是无法得到这种帮助的。他如果诉诸他们的自利之心，向他们表明，他要求他们所做的事情是于他们自己有好处的，那他就更有可能如愿以偿。任何想要同他人做买卖的人，都是这样提议的。给我那个我想要的东西，就能得这个想要的东西，这就是每项交易的意义；正是用这种方式，我们彼此得到自己所需要的帮助的绝大部分。不是从屠夫、酿酒师和面包师的恩惠，我们期望得到自己的饭食，而是从他们自利

---

① 亚当·斯密. 国富论（上）[M]. 杨敬年，译. 西安：陕西人民出版社，2001：384.
② 亚当·斯密. 国富论（上）[M]. 杨敬年，译. 西安：陕西人民出版社，2001：22.
③ 亚当·斯密. 国富论（上）[M]. 杨敬年，译. 西安：陕西人民出版社，2001：10.

的打算。我们不是向他们乞求仁慈，而是诉诸他们的自利之心。"①
亚当·斯密下面这句话似乎被引用的不多，但是这句话同样很重
要："他的大部分日常需要是通过和其他人同样的方式去满足的，
就是通过契约、通过交换、通过购买。"② 可以把这里的契约和交
换理解为一种把个人自我改善的强烈欲望转变成对社会有益的行为
的体制机制安排，也就是市场经济制度安排。（4）自由竞争的制度
体系会促进国民财富增长和社会进步，经济社会应当消除这方面的
制度障碍，并把政府的职能和作用限制在必要的范围内。亚当·斯
密认为，限制制造业和贸易的制度体系，"阻碍而不是加速了社会
向着真实财富和强大的进步，它减少而不是增加了社会土地和劳动
年产物的真实价值"。"因此所有偏重或限制的体系被完全取消以
后，明显的和简单的天然自由体系就自行建立起来了。每一个人，
只要他不违犯公正的法律，就有完全的自由去按他自己的方式去追
求他自己的利益，用他的劳动和资本去和任何其他人或其他一类人
的劳动和资本竞争。"③

可见，《国富论》就是从供给方来探寻经济增长的源泉的，其
提供了较为系统、深刻的供给经济学分析和经济发展理论。今天我
们讨论供给侧结构性改革，仍然离不开分析分工、资本积累、劳
动、劳动生产率、制造业发展、市场发展、城市（镇）化、体制变
革等因素以及它们之间的关系。以上概括的《国富论》中的四个观
点，对我们今天的供给侧结构性改革尤其具有理论上的现实意义。
特别是其中的第（3）点和第（4）点，实际上说的是制度供给。中
国当前的供给侧结构性改革，应当把经济结构改革和体制改革结合
起来，通过改进和优化制度供给，协调好经济主体的利益机制与竞
争机制，按照市场经济发展的内在要求，重塑政府与市场的关系，
借此调动个人、企业和地方政府的积极性，形成经济增长的新动力

① 亚当·斯密. 国富论（上）[M]. 杨敬年，译. 西安：陕西人民出版社，2001：18.
② 亚当·斯密. 国富论（上）[M]. 杨敬年，译. 西安：陕西人民出版社，2001：18.
③ 亚当·斯密. 国富论（下）[M]. 杨敬年，译. 西安：陕西人民出版社，2001：753.

新机制，促进有效供给增加。

被马克思看做英国古典政治经济学完成者的李嘉图，把一国国民财富增长的原因高度概括为机器的发明、技术的进步、分工的发展和市场的发展。李嘉图写道："由于机器的发明，由于技术的熟练，由于更好的分工，由于使我们能够进行更有利的交换的新市场的发现，一百万人在一种社会情况下所能生产的'必需品、享用品和娱乐品'等财富可以比另一种社会情况下大两倍或三倍"[①]，并且，"通过不断增进生产的便利，我们……不只是增加国家的财富，并且会增加未来的生产力"[②]。由这两段话不难看出，生活在 19 世纪早期的李嘉图对供给能力增长或经济发展原因的认识，与西方现代经济学家几乎没有什么差别。

综上所述，我们有理由认为，整个古典经济学就是初始的供给经济学，古典经济学对供给及其决定因素进行了较为系统、深入的研究。马克思曾经明确指出，古典经济学家重视供给分析而不太关注需求，"像李嘉图这样一些经济学家，把生产和资本的自行增殖直接看成一回事，因而他们既不关心消费的限制，也不关心流通本身由于在一切点上都必须表现对等价值而存在着的限制，而只注意生产力的发展和产业人口的增长，只注意供给而不管需求"[③]。李嘉图以后的西方主流经济学虽然被马克思称为庸俗经济学，但是在供给和需求谁占首位的问题上，仍然继承了古典经济学重视供给、强调供给分析的传统。所以，大体上可以说，重视供给和供给分析一直是"凯恩斯革命"以前的西方主流经济学的传统。[④] 正是由于这个缘故，后来强调总需求分析、创建有效需求理论的凯恩斯才抱

---

① 大卫·李嘉图. 政治经济学及赋税原理［M］. 郭大力，王亚南，译. 北京：商务印书馆，1983：232.
② 大卫·李嘉图. 政治经济学及赋税原理［M］. 郭大力，王亚南，译. 北京：商务印书馆，1983：233.
③ 马克思恩格斯选集：第 2 卷［M］. 北京：人民出版社，2012：716.
④ 显然，这里的"供给"是指决定总产出（国民收入，亚当·斯密其为财富）的两组力量（供给和需求）之一的供给，不是指决定商品价格的两组力量（供给和需求）之一的供给；前者属于宏观经济学概念，后者属于微观经济学概念。

怨说，古典经济学对总供给（函数）做了详尽的分析，而总需求分析则是一个空白。"马尔萨斯曾经为之斗争的有效需求这一巨大之谜在经济学文献中完全不见踪迹"①，"自从萨伊和李嘉图时期以来，古典经济学者们都在讲授供给会创造它自身需求的学说"②。20世纪70年代后期，在美国兴起的供给学派经济学也公开承认其理论源泉是古典经济学。③

二、萨伊定律意在证明买卖必然平衡

那么，如何看待萨伊和萨伊定律呢？

萨伊确实在1803年出版的《政治经济学概论》一书中，系统地论述了生产（供给）④ 和需求的关系，认为是供给决定需求，供给创造需求，供给是第一位的，需求则是第二位的，需求会随着供给的增加而增加。萨伊的论证是：人们进行生产是为了消费，生产者把一种产品提供到市场上是为了换取他需要的另一种产品，因此，"一种产品一经产出，从那时刻起就给价值与它相等的其他产品开辟了销路"⑤。"在以产品换钱、钱换产品的两道交换过程中，货币只一瞬间起作用。当交易最后结束时，我们将发觉交易总是以一种货物交换另一种货物。"⑥ "在一切社会，生产者越众多产品越

---

① ［英］约翰·梅纳德·凯恩斯. 就业、利息和货币通论［M］. 高鸿业重译本. 北京：商务印书馆，1999：37.
② ［英］约翰·梅纳德·凯恩斯. 就业、利息和货币通论［M］. 高鸿业重译本. 北京：商务印书馆，1999：23. 需要指出的是，凯恩斯所说的"古典经济学"是指李嘉图到马歇尔、庇古这个时期的西方主流经济学，这和马克思所定义的古典经济学不同。
③ 见本章第四部分。
④ 经济学家们往往在三种含义上使用"生产"这个概念：一是生产过程，即从投入要素或资源到产品产出的过程；二是生产能力（产能）；三是生产结果。后两种含义的生产分别是宏观经济学所说的"潜在的总产出"和"实际的总产出"，它们都可以被理解为"供给"。
⑤ 萨伊. 政治经济学概论［M］. 陈福生，陈振骅，译. 北京：商务印书馆，1963：144.
⑥ 萨伊. 政治经济学概论［M］. 陈福生，陈振骅，译. 北京：商务印书馆，1963：144.

多样化，产品便销得越快、越多和越广泛，而生产者所得的利润也越大，因为价格总是跟着需求增长。"① 萨伊的这个论述被后来的经济学家们概括为萨伊定律。凯恩斯在《就业、利息和货币通论》中把萨伊定律表述为"供给会创造它自身的需求"②（supply creates its own demand）。可见，萨伊定律继承了英法古典经济学重视供给的传统，并把"供给决定需求"发展成了"（总）供给和（总）需求必然相等"或"买卖必然平衡"③。

进一步的问题如下：萨伊定律的本意是要说明什么？其暗含的假设前提是什么？它和我们今天讨论的供给侧结构性改革又是什么关系呢？

萨伊定律的主要用意是证明，只要对生产不加干涉，就不会出现普遍的生产过剩，因为"是生产给产品创造需求"④，有更多的供给就会有更多的需求，总供给和总需求总是平衡（或相等）的。萨伊写道："除非政府当局愚昧无知或贪婪无厌，否则一种产品供给不足而另一种产品充斥过剩的现象，决不会永久继续存在下去。"⑤ 按西方现代经济学的术语，萨伊定律的含义就是，市场机制是灵敏有效的，它可以自动地实现总需求和总供给在充分就业水平上的均衡，不会出现有效需求不足，从而不会发生普遍生产过剩的经济危机。

萨伊定律暗含的假设前提有四项：（1）市场价格机制具有充分的弹性，其自动调节可以保证各类市场及时出清。（2）利率的自动调节可以保证当期收入中不用于消费的部分（储蓄）全部转化为投资，而这又是以利息是储蓄的报酬，是投资的成本，以及利率有完

---

① 萨伊. 政治经济学概论 [M]. 陈福生，陈振骅，译. 北京：商务印书馆，1963：147.

② ［英］约翰·梅纳德·凯恩斯. 就业、利息和货币通论 [M]. 高鸿业重译本. 北京：商务印书馆，1999：31.

③ 马克思认为萨伊的"买卖必然平衡"的观点是从英国另一位古典经济学家詹姆斯·穆勒那里抄袭来的（鲁友章，李宗正. 经济学说史 [M]. 修订版. 北京：中国人民大学出版社，2013：200）。

④ 萨伊. 政治经济学概论 [M]. 陈福生，陈振骅，译. 北京：商务印书馆，1963：142.

⑤ 萨伊. 政治经济学概论 [M]. 陈福生，陈振骅，译. 北京：商务印书馆，1963：145.

全弹性为假设前提的。（3）货币是中性的，货币只是交易媒介，货币数量的变化只影响经济中的名义变量，而不影响实际变量。（4）经济社会的分配制度能够保证把总产出和相应的总收入转换成等量的有效需求。

由于认定不会存在普遍的生产过剩，所以萨伊在政策主张上反对政府干预经济活动，反对政府通过政策手段刺激消费以扩大总需求。他认为："如果对生产不加干涉，一种生产很少会超过其他生产，一种产品也很少会便宜到与其他产品价格不相称的程度。"[①]"仅仅鼓励消费并无益于商业，因为困难不在于刺激消费的欲望，而在于供给消费的手段。"[②] 因此，根据萨伊定律，一个经济主要关注的和努力增加的，应当是供给或生产，需求不是问题，需求自然跟着供给的增长而增长。

马克思把萨伊划入资产阶级庸俗经济学家阵营，他在《资本论》第一卷就对萨伊定律进行了批判，予以了否定。马克思认为，萨伊定律犯了两个错误。一是把资本主义商品生产偷换成简单商品生产，而这两种生产是根本不同的。前一种生产是为了剩余价值或利润，后一种生产是为了自身的消费，资本主义商品生产有可能不顾消费需求的限制而盲目扩张。二是萨伊进一步把商品货币交换关系偷换成物物交换关系。在物物交换过程中，一种商品的"卖"同时就是另一种商品的"买"，即"一物易一物"，买卖必然相等或平衡。而在商品货币交换过程中，买卖在时间上和空间上是分离的，一个生产者在此时此地卖了一种产品获得货币，他不一定在此时此地购买另一种产品，即刻把他赚得的货币花出去。这就可能使货币沉淀，买卖脱节，供求失衡。而在货币具有支付手段职能后，买卖双方在进行交易时不再是"一手交钱，一手交货"，获得商品的买者不一定马上支付货币，可以是延期支付（例如赊账）。这种债务链条的形成又进一步提高了经济（金融）危机的可能性。资本主义

---

① 萨伊. 政治经济学概论 [M]. 陈福生，陈振骅，译. 北京：商务印书馆，1963：145.
② 萨伊. 政治经济学概论 [M]. 陈福生，陈振骅，译. 北京：商务印书馆，1963：149.

生产方式的基本矛盾则把这种可能性变成了现实。马克思在批判萨伊定律时写道："在这里，经济学辩护论者的方法有两个特征。第一，简单地抽去商品流通和直接的产品交换之间区别，把二者等同起来。第二，企图把资本主义生产当事人之间的关系，归结为商品流通所产生的简单关系，从而否认资本主义生产过程的矛盾。"①

后来，凯恩斯在《就业、利息和货币通论》（1936 年）中把萨伊定律列为主要的批判对象。凯恩斯认为，萨伊定律意味着总需求在一切产量水平上都与总供给相等，总需求函数（曲线）和总供给函数（曲线）是重叠的，"这个说法相当于到达充分就业不存在任何障碍这一命题"②。凯恩斯在《就业、利息和货币通论》中，从货币工资、商品价格和利率黏性或刚性，以及货币非中性等不同视角否定了萨伊定律；用边际消费倾向递减、资本边际效率递减和流动偏好陷阱导致利率黏性这三个理论证明储蓄不会自动、等量地转化为投资，认定萨伊定律不能成立。凯恩斯认为，由于生产能力高度发达，有效需求不足导致非充分就业和生产过剩是资本主义经济的常态，总供给和总需求在充分就业水平上的均衡，只是一个特例或偶然的情形。

那么，今天我们如何看待萨伊定律呢？萨伊定律所谓不存在普遍生产过剩的可能性，在理论逻辑上是不能成立的，马克思和凯恩斯都指出了这一点，虽然马克思和凯恩斯论证的视角不同。如果说资本主义市场经济在萨伊那个时代还处在蓬勃向上的时期，生产过剩的经济危机还未曾露面，那么自 1825 年英国爆发人类历史上第一次生产普遍过剩的经济危机以来，经济危机就周期性地袭扰着人类的经济生活。近两百年来的经济实践也无法证实萨伊定律的本意。但是萨伊定律认为在供给和需求的关系上，供给是决定性的，是第一位的，供给会创造需求，如果撇开基于生产关系的制度因

① 马克思恩格斯全集：第 44 卷 [M]. 北京：人民出版社，2001：136.
② [英] 约翰·梅纳德·凯恩斯. 就业、利息和货币通论 [M]. 高鸿业重译本. 北京：商务印书馆，1999：32.

素，主要从生产力的发展看，那么这个思想从长期来看是成立的。因为从长期来看，总供给是总产出增长（经济增长）主要的决定性因素。但是，这个思想不是萨伊的首创，古典经济学就有这个思想，它似乎已成为经济学中的一个公理。① 一般来说，从长期来看，从西方宏观经济学的视角看，可利用的资源和技术是一定的，因而潜在总产出是一定的（长期总供给曲线是垂直的），假设生产要素的价格和工资可以自由地充分调整，因此有效需求能够与总供给能力相适应，潜在总产出能够在充分就业条件下被生产出来。从长期来看，供给不仅创造了需求（消费）的对象，而且创造了收入即支付能力，人们当期不花的收入总是会用于未来的消费。从西方微观经济学视角来看，人的需要或欲望从长期看是无穷多样的，新产品的生产或供给总会把人的潜在需要转化为可以实现的需求，或用更舒适、便捷、廉价的方式满足人的需要，而不适合人的需要的产品迟早会逐渐退出市场，停止供给。实际上，不是供给会即时创造对它自身的需求，而是供给把人的潜在需要转化为可以实现的需求，或以更好的方式满足人们的需要，从而使需要转化为需求。在手机这种产品出现以前，人们的通信主要靠固定电话、传真和电报，手机出现以后，由于它比传统通信工具更便捷、更舒适，所以很快形成了对手机的巨大市场需求。

但是，这种潜在需要向有效需求的转化是以支付能力的相应释放做支撑的。因此，虽然供给在长期可以把人们的潜在需要转化为可以实现的需求，但是供给能够在多大程度上创造出它自身的需求取决于支付能力的大小。而一个经济社会支付能力的大小又取决于这个社会的分配制度，归根到底取决于这个社会的生产资料所有制或产权制度。引入制度因素后我们发现，总供给和总需求都受制度

---

① 马克思认为在社会再生产中，生产决定分配、交换和消费，生产创造出、生产出消费。这里的"生产"可以理解为"供给"，这里的"消费"可以理解为"需求"，这里的"再生产"显然指基于扩大再生产的长期生产过程。凯恩斯主义和新凯恩斯主义主张"需求会创造它自身的供给"，但它们承认这是短期分析得出的论断，在长期还是供给起决定性作用，只不过凯恩斯本人不关心长期问题而已。凯恩斯的一句名言是："在长期，我们都将死去。"

因素的影响或制约。制度既作用于供给，也作用于需求；这种作用对供求双方可能是不平衡、不对称的。制度究竟对供求双方作用的力度如何，取决于制度的性质和结构。有些制度促进供给，但是限制需求，如处于上升期的资本主义制度在它建立起来的100年所创造的生产力比之前人类创造的生产力总和还要大，但是总需求却没有随之同步增长。马克思指出，资本主义制度的基本矛盾必然衍生出生产无限扩大的趋势与劳动人民有支付能力的需求相对缩小之间的矛盾。有些制度有利于释放需求，但是约束供给能力的提升，如计划经济体制下存在普遍的生产不足或供给短缺。从制度层面或生产关系视角来看，有效需求增长之所以落后于供给能力的提升，是因为一定经济制度（生产关系）下的分配制度（分配关系）存在缺陷，例如，收入和财富分配的贫富分化，富人有钱但不愿意更多地消费——因为他们的消费接近或已经达到了生理上和心理上的上限，穷人渴望多消费但是却无力消费——因为他们的收入和财富有限。这就导致（来自穷人的）消费需要与（富人拥有的）支付能力分裂，一部分消费需要不能转化成有效需求。因此，如果一个经济体系在现有的技术和资源条件下生产出来的成果（实际总产出）不能通过适当的分配制度全部转化为有效需求（生产需求和生活需求），那么会导致供给能力与需求能力非对称增长，其持续发展会导致普遍的生产过剩。萨伊定律的错误不在于"供给会创造它自身的需求"这个论断本身，而在于它忽略了社会制度对供求的影响，从一般意义上抽象地讨论总供给与总需求的关系，还在于它不分短期与长期，根据"供给会创造它自身的需求"这一论断，一概否认资本主义制度下发生普遍生产过剩经济危机的可能性。

由上可见，萨伊定律不是讨论供给侧结构性改革的理论，萨伊也不是供给侧改革的鼻祖。在萨伊定律供求关系永恒均衡发展的错判中，根本找不到结构性矛盾的踪影。中国的供给侧结构性改革是通过改革和重塑供给动力提高供给体系质量和效率，增强经济持续增长动力，推动中国社会生产力水平实现整体跃升的[①]，这与主张"供给会创造它自身的需求"、无生产过剩经济危机的萨伊定律没有什么直接关系。

三、马克思对供给理论的系统化

在英法古典经济学之后，马克思对总供给的决定因素、总供给（生产）与总需求（消费）的关系做了深刻论述。虽然马克思经济学的主要目的是"解剖"资本主义经济的生理结构，证明资本主义制度的历史暂时性，但是马克思在他的经济学论著中也论述了供给的地位和作用、供给的决定因素、供给与需求的关系等一系列供给分析问题。

与亚当·斯密生活在工场手工业时代不同，马克思生活在英国工业革命已经完成、法国和德国也先后掀起工业革命浪潮，特别是重工业在欧洲获得了快速发展的时代。工业革命极大地提高了社会生产力，极大地推动了资本主义商品经济的发展。这使得马克思能够更清楚地观察到生产或供给在整个社会经济生活中的地位和作用，能够从资本主义市场经济发展的进程中，发现工业化、科学技术、教育、分工与协作对促进供给的重要意义。并且，随着资本主义生产方式的最终确立，生产过剩的经济危机也接踵而至，重新思考萨伊定律的有效性也有了现实基础。同样重要的是，马克思站在广大劳动人民的立场上，精于用唯物辩证法和唯物史观这两把解剖刀，剖析他所生活的那个时代的社会制度和经济活动。这些主客观条件使马克思对生产或供给的分析在许多方面超越了英法古典经济学。

---

① 习近平在 2015 年 11 月 10 日中央财经领导小组第十一次会议上的讲话［N］. 人民日报，2015 - 11 - 11（1）.

早在写作《1861—1863 年经济学手稿》时，马克思就正确地概括出总供给增长或经济增长的主要原因。"生产逐年扩大是由于两个原因：第一，由于投入生产的资本不断增长；第二，由于资本使用的效率不断提高"①。显然，马克思这里所说的"生产逐年扩大"就是经济增长，其中，第一个原因就是 20 世纪 30 年代至 40 年代哈罗德—多马增长模型②所说的经济增长的决定因素，第二个原因就是 1956 年索洛（Robert Solow）和斯旺（Trevor Swan）分别独立提出来的新古典增长模型（也称索洛—斯旺模型）所说的经济增长的决定因素。

分工、协作（合作）、专业化、资本积累、科学技术、规模经济（大规模生产）、工业化、劳动生产率，这些是供给经济学分析必不可少的概念，也是决定和影响总供给的重要因素。马克思在他的论著中，对这些供给要素做过较为系统的分析和论述。

与配第和亚当·斯密只分析分工的经济优势不同，马克思把分工和协作联系在一起分析。显然，马克思的这种分析思路更科学。经济活动中有分工必然就需要协作，有协作必然就有分工。马克思在《资本论》第一卷比较系统地分析了分工和协作对供给或社会生产的重大影响。概括起来，马克思认为，分工和协作使单个劳动者的劳动专门化、固定化和合作化，从而产生了以下供给效应。（1）分工和协作提高了单个劳动者的熟练程度和技艺水平，进而提高了劳动生产率。分工和协作"与独立的手工业比较，在较短时间内能生产出较多的东西，或者说，劳动生产力提高了"③。"和同样数量的单干的个人工作日的总和比较起来，结合工作日可以生产更多的使用价值，因而可以减少生产一定效用所必要的劳动时间。"④（2）分工和协作还创造了一种新的生产力，这就是集体力。"结合

① 马克思恩格斯全集：第 26 卷（Ⅱ）[M]. 北京：人民出版社，1973：598.
② 这个模型分别由哈罗德和多马在 1939 年和 1946 年独立提出。
③ 马克思恩格斯选集：第 2 卷 [M]. 北京：人民出版社，2012：212.
④ 马克思恩格斯选集：第 2 卷 [M]. 北京：人民出版社，2012：207-208.

劳动的效果要么是单个人劳动根本不可能达到的，要么只能在长得多的时间内，或者只能在很小的规模上达到。这里的问题不仅是通过协作提高了个人生产力，而且是创造了一种生产力，这种生产力本身必然是集体力"①。马克思这里所说的"集体力"实际上就是西方现代经济学所说的合作（或联合）生产或团队生产的生产力。(3) 分工和协作使单个劳动者生产的单个产品转化成联合生产的社会化产品，使个体生产转化成社会化大生产。由于劳动分工，"各种操作不再由同一个手工业者按照时间的先后顺序完成，而是分离开来，孤立起来，在空间上并列在一起，每一种操作分配给一个手工业者，全部操作由协作者同时进行。这种偶然的分工一再重复，显示出它特有的优越性，并渐渐地固定为系统的分工。商品从一个要完成许多种操作的独立手工业者的个人产品，转化为不断地只完成同一种局部操作的各个手工业者的联合体的社会产品。"② (4) 分工和协作有利于改进劳动工具和发明机器。劳动生产率不仅取决于劳动者的技艺，而且也取决于他的工具的完善程度。"工场手工业时期通过劳动工具适合于局部工人的专门的特殊职能，使劳动工具简化、改进和多样化。这样，工场手工业时期也就同时创造了机器的物质条件之一，因为机器就是由许多简单工具结合而成的。"③劳动工具改进和机器发明的创新，是科学技术进步的物化，能提高生产能力或供给潜力。同时，率先进行劳动工具改进和机器发明的部门会引发生产方式的变革。"一个工业部门生产方式的变革，会引起其他部门生产方式的变革。"④ (5) 分工和协作推动了工艺学这门现代科学的创立。"大工业的原则是，首先不管人的手怎样，把每一个生产过程本身分解成各个构成要素，从而创立了工艺学这门完全现代的科学。"⑤ 当然，马克思也分析了在资本主义制度下，

① 马克思恩格斯选集：第 2 卷 [M]. 北京：人民出版社，2012：207.
② 马克思恩格斯选集：第 2 卷 [M]. 北京：人民出版社，2012：211.
③ 马克思恩格斯选集：第 2 卷 [M]. 北京：人民出版社，2012：212.
④ 马克思恩格斯选集：第 2 卷 [M]. 北京：人民出版社，2012：217.
⑤ 马克思恩格斯选集：第 2 卷 [M]. 北京：人民出版社，2012：230.

分工和协作的发展使劳动者成为"片面的局部工人"①。

马克思在《资本论》第一卷及其《1875—1985 年经济学手稿》中，还充分肯定了科学技术进步对提高劳动生产率的作用。"大工业把巨大的自然力和自然科学并入生产过程，必然大大提高劳动生产率，这一点是一目了然的"②。科学技术进步及其创新的经济效果突出地表现为在推动经济增长或发展的过程中对劳动和其他资源消耗的节约，经济增长（财富的创造）越来越多地取决于技术进步及其应用（创新），越来越少地取决于劳动和资源的消耗。马克思写道："随着大工业的发展，现实财富的创造较少地取决于劳动时间和已耗费的劳动量，较多地取决于在劳动时间内所运用的作用物的力量，而这种作用物自身——它们的巨大效率——又和生产它们所花费的直接劳动时间不成比例，而是取决于科学的一般水平和技术进步，或者说取决于这种科学在生产上的应用"③。并且，科学技术进步提高和强化了资本的扩张能力，使一定量的资本获得了更大的生产能力，推动了社会进步。"正像只要提高劳动力的紧张程度就能加强对自然财富的利用一样，科学和技术使执行职能的资本具有一种不以它的一定量为转移的扩张能力。同时，这种扩张能力对原资本中已进入更新阶段的那一部分也发生反作用。资本以新的形式无代价地合并了在它的旧形式背后所实现的社会进步。"④

值得重视的是，生活在 19 世纪的马克思就曾明确论述了教育对提高人的素质和技艺，促进人的全面发展，从而提高社会生产效率的重要意义。当时英国的工厂法规定，接受过初等教育的劳动者才是合格的劳动者。马克思对此评价道："尽管工厂法的教育条款整个说来是不足道的，但还是把初等教育宣布为劳动的强制性条件。这一条款的成就第一次证明了智育和体育同体力劳动相结合的

① 马克思恩格斯选集：第 2 卷 [M]. 北京：人民出版社，2012：212.
② 马克思恩格斯选集：第 2 卷 [M]. 北京：人民出版社，2012：218.
③ 马克思恩格斯选集：第 2 卷 [M]. 北京：人民出版社，2012：782 - 783.
④ 马克思恩格斯选集：第 2 卷 [M]. 北京：人民出版社，2012：272.

可能性，从而也证明了体力劳动同智育和体育相结合的可能性。"
"从工厂制度中萌发出了未来教育的幼芽，未来教育对所有已满一
定年龄的儿童来说，就是生产劳动同智育和体育相结合，它不仅是
提高社会生产的一种方法，而且是造就全面发展的人的唯一方
法。"① 马克思不仅肯定了市场竞争对技术进步的经济效果，而且
科学地说明了竞争、生产成本、劳动生产率和生产规模之间的关
系。他说："竞争斗争是通过使商品便宜来进行的。在其他条件不
变时，商品的便宜取决于劳动生产率，而劳动生产率又取决于生产
规模。"②

　　马克思对总供给与总需求关系的分析，在其创立的新世界观的
指引下，达到的高度和深度是古典经济学所无法比拟的。马克思的
《〈政治经济学批判〉导言》分析了社会再生产过程中生产、分配、
交换和消费四个环节之间的辩证关系。其中，生产起决定性作用，
没有生产，就没有分配、交换和消费的对象。生产、分配、交换和
消费"构成一个总体的各个环节，一个统一体内部的差别。生产既
支配着与其他要素相对而言的生产自身，也支配着其他要素。过程
总是从生产重新开始。交换和消费不能是起支配作用的东西，这是
不言而喻的。分配，作为产品的分配，也是这样。而作为生产要素
的分配，它本身就是生产的一个要素。因此，一定的生产决定一定
的消费、分配、交换和这些不同要素相互间的一定关系。当然，生
产就其单方面形式来说也决定于其他要素"③。例如，当市场规模
扩大时，生产的规模也会扩大，社会分工也更细、更发达。就生产
和消费的关系来说，"生产中介着消费，它创造出消费的材料，没
有生产，消费就没有对象"。因而，从这方面来说，生产创造出、
生产出消费。"但是消费也中介着生产，因为正是消费替产品创造
了主体，产品对这个主体才是产品。产品在消费中才得到最后完

---

①　马克思恩格斯选集：第2卷［M］. 北京：人民出版社，2012：230.
②　马克思恩格斯选集：第2卷［M］. 北京：人民出版社，2012：281.
③　马克思恩格斯选集：第2卷［M］. 北京：人民出版社，2012：699.

成。""产品只是在消费中才成为现实的产品","消费创造出新的生产的需要,也就是创造出生产的观念上的内在动机,后者是生产的前提"①。可见,从马克思的观点来看,虽然在生产(供给)和消费(需求)②的关系上,供给或生产占首位,起决定性作用,但是供给和需求是相互依存、相互影响的,需求制约着供给,反作用于供给。

更为重要的是,马克思还把供给和供给结构的决定作用提升到生产关系或制度层面来进行分析,这就比古典经济学家的相关分析要深刻得多。马克思在谈到生产、分配、交换和消费四个环节的关系时指出:"在分配是产品的分配之前,它是(1)生产工具的分配,(2)社会成员在各类生产之间的分配(个人从属于一定的生产关系)——这是同一关系的进一步规定。这种分配包含在生产过程本身中并且决定生产的结构,产品的分配显然只是这种分配的结果。如果在考察生产时把包含在其中的这种分配撇开,生产显然只是一个空洞的抽象"③。也就是说,制度或生产关系的性质决定了资源配置(生产工具的分配和社会成员在各类生产之间的分配)的结构④,从而决定了供给(生产)结构,收入分配(产品的分配)结构不过是生产关系结构和供给结构的必然结果。马克思总是把财富及其生产与生产方式的具体社会历史形式联系在一起,他所说的财富和财富生产总是指一定生产方式和交换方式下的财富和财富生产,而不是抽象的财富及其生产。马克思写道:"当问题是要了解某一社会生产方式的特殊性质时,恰好只有这些形式才是重要的……这些形式对于物质财富本身是有决定作用的"⑤。

---

① 马克思恩格斯选集:第2卷[M].北京:人民出版社,2012:691.
② 本书作者认为,马克思这里所说的"生产"是指生产结果,因为"给消费提供对象"的只能是生产结果,所以这里的"生产"也可以理解为"供给"。马克思所说的"消费"包括生产消费和生活消费,这两种消费合在一起就是宏观经济学所说的总需求。
③ 马克思恩格斯全集:第30卷[M].北京:人民出版社,1995:37.
④ 根据马克思的有关论述,"生产工具的分配和社会成员在各类生产之间的分配"本身就是社会经济制度。但"生产工具的分配和社会成员在各类生产之间的分配"显然还有"资源(生产要素)配置"的含义。
⑤ 马克思恩格斯全集:第26卷(I)[M].北京:人民出版社,1972:308-309.

马克思还在《资本论》第三卷中细致地论述了经济体系中的总供求关系。马克思把（总）供给界定为"就是处在市场上的产品，或者能提供给市场的产品"①，把（总）需求区分为"市场上出现的对商品的需要"和"实际的社会需要"，也就是今天宏观经济学所说的"总需求"和"有效需求"。马克思指出，经济社会的总需求规模的大小是由一个社会的分配关系和不同阶级的经济地位决定的。他写道："'社会需要'，也就是说，调节需求原则的东西，本质上是由不同阶级的互相关系和它们各自的经济地位决定的"②。可见，马克思是在结构性质上把总需求分析和制度供给分析结合在一起的，总需求规模及其结构最终决定于制度的特性及其结构，而制度决定了分配关系和分配比例。

马克思在《资本论》第二卷中所论述的社会总资本再生产的比例关系，实际上就是我们今天所说的总供给结构的基本关系。马克思认为，每一年生产的社会总产品，即现代宏观经济学所说的"总产出"或供给方的 GDP，在价值形态上由 c（不变资本价值）、v（可变资本价值）和 m（剩余价值）三部分构成，在实物的使用价值形态上由生产资料和生活资料构成；就简单再生产来说，要保证社会再生产正常进行，"第 I 部类的商品资本中的 v＋m 价值额（也就是第 I 部类的总商品产品中与此相应的比例部分），必须等于不变资本 II c，也就是第 II 部类的总商品产品中分出来的与此相应的部分；或者说，I（v＋m）＝II c"③。这意味着，简单再生产的实现条件是：第一部类一年内新创造的、体现为生产资料的价值 I（v＋m）必须等于第二部类一年内所消耗的生产资料的价值 II c。这个简单再生产条件也可以扩展为 I（c＋v＋m）＝Ic＋II c，即第一部类一年内所生产的生产资料在实物上和价值上都必须等于整个经济在一年内所消耗的生产资料。就扩大再生产来说，"在以资本

① 马克思恩格斯选集：第 2 卷［M］. 北京：人民出版社，2012：485.
② 马克思恩格斯选集：第 2 卷［M］. 北京：人民出版社，2012：480－481.
③ 马克思恩格斯选集：第 2 卷［M］. 北京：人民出版社，2012：394.

的增加为基础的生产中，Ⅰ（v＋m）必须＝Ⅱc加上再并入资本的那部分剩余产品，加上第Ⅱ部类扩大生产所必需的不变资本的追加部分；而第Ⅱ部类扩大生产的最低限度，就是第Ⅰ部类本身进行实际积累，即实际扩大生产所不可缺少的最低限度"。"就像第Ⅰ部类必须用它的剩余产品为第Ⅱ部类提供追加的不变资本一样，第Ⅱ部类也要同样为第Ⅰ部类提供追加的可变资本。"[①] 也就是说，社会扩大再生产的条件是：Ⅰ（v＋m）＞Ⅱc，或Ⅰ（c＋v＋m）＞Ⅰc＋Ⅱc。扩大再生产的条件就是经济增长的前提条件。这个条件告诉我们，要实现一定的经济增长，不仅需要一定的积累率，而且这些资本或产品积累需要在两大部类之间保持恰当的比例，并且需要在价值构成上和实物构成上也保持恰当的比例。

马克思在《资本论》第三卷中进一步论述了总供给结构必须与总需求结构相适应及相匹配的问题。他写道："只有当全部产品是按必要的比例进行生产时，它们才能卖出去。社会劳动时间可分别用在各个特殊生产领域的份额的这个数量界限，不过是价值规律本身进一步展开的表现，显然必要劳动时间在这里包含着另一种意义。为了满足社会需要，只有如许多的劳动时间才是必要的"[②]。根据马克思的这个论述，社会总产品的生产（总供给）不仅要在总量上和总需求相适应，而且在结构上也必须和总需求相匹配，否则一部分产品生产出来后，由于不适合社会需要，这部分产品将会过剩，其价值将无法实现，社会不承认花费在这些产品上的生产时间是必要劳动时间。马克思的这段论述以今天的经济学语言来表述就是：资源（即"社会劳动时间"）配置只有根据社会需求结构（即社会需求"必要的比例"）来进行，生产出来的产品才能形成有效供给，才能实现其价值。

在商品经济（市场经济）条件下，通过什么机制来实现这种资源的按比例配置呢？马克思的答案是：市场竞争机制。马克思说：

①　马克思恩格斯选集：第2卷 [M]. 北京：人民出版社，2012：430.
②　马克思恩格斯全集：第46卷 [M]. 北京：人民出版社，2003：717.

"必要劳动时间究竟按怎样的量在不同的生产领域中分配？竞争不断地调节这种分配，正象它不断地打乱这种分配一样。"①马克思又进一步指出，由于资本主义商品生产受剩余价值规律调节，而不是受社会需要调节，资本主义生产的界限是资本家的利润，绝不是生产者的需要，所以这种必要的比例会经常遭到破坏，生产过剩不可避免。"在每个行业，每个资本家都按照他的资本进行生产，而不管社会需要，特别是不管同一行业其他资本的竞争性供给。"②资本主义"生产的界限是资本家的利润，决不是生产者的需要"③。"资产阶级生产方式包含着生产力自由发展的界限——在危机中，特别是在作为危机的基本现象的生产过剩中暴露出来的界限"④。马克思认为，与资本主义生产不同，基于自由人联合体的社会生产受社会需要调节，因此，只有在社会主义制度下，生产（资源）才有可能按比例进行配置。⑤

由以上内容我们可以看到，与西方宏观经济学侧重于总量分析和供求总量平衡关系的分析不同，马克思在对总量和总量关系进行分析的同时，特别重视结构关系分析。马克思在创建无产阶级政治经济学的过程中，不仅系统地论述了决定供给的一系列因素，而且从理论上概括出了决定经济增长的主要因素。马克思对决定经济增长的上述两大原因的描述比西方现代经济增长理论的发现差不多早了一个世纪。更为重要的是，马克思从制度或生产关系的高度，分析了总供给和总需求规模以及二者结构的决定因素，论证了社会再生产（即经济运行和经济增长）的正常进行所需要的比例关系，揭示了市场经济下的资源配置机制。马克思既指出了资本主义生产方式对促进生产力或总供给能力提升的积极作用，也指明了资本主义制度对生产力进一步发展的限制及其对总供给－总需求数量平衡与

---

① 马克思恩格斯全集：第 26 卷（Ⅰ）[M]．北京：人民出版社，1972：234－235.
② 马克思恩格斯全集：第 26 卷（Ⅲ）[M]．北京：人民出版社，1974：129.
③ 马克思恩格斯全集：第 26 卷（Ⅱ）[M]．北京：人民出版社，1973：602.
④ 马克思恩格斯全集：第 26 卷（Ⅱ）[M]．北京：人民出版社，1973：603.
⑤ 马克思恩格斯全集：第 26 卷（Ⅲ）[M]．北京：人民出版社，1974：126.

结构协调的局限。马克思的供给理论和其对供给侧的结构性分析对我们的供给侧结构性改革具有重要的理论指导意义。

四、供给学派经济学主要是提供政策方案

中国学术界有些学者把供给侧结构性改革的理论源流上溯到20世纪70年代后期在美国出现的供给学派和20世纪80年代的里根经济学。

供给学派产生的背景是，20世纪70年代中后期，美国经济由第二次世界大战后的经济增长"黄金时期"转入滞胀时期——增长速度持续走低，失业增加，通货膨胀日益严重。滞胀是一系列内外因素促成的。20世纪70年代两次石油危机和美国陷入越南战争的泥沼是其主要外因，制造业生产能力不足和TFP下降是其主要内因，更深层次的内因是资本主义基本矛盾的激化。在第二次世界大战结束后的最初20年，美国经济中的生产率年均增速大约为3％。此后，美国生产率增长速度下降到年均1％，1977年以后生产率出现负增长。生产率增长的减速又引起通货膨胀加剧和经济增长率下降。到20世纪70年代末，美国的年通货膨胀率由20世纪60年代的2％～3％陡升到8％以上，而年均经济增长率则由20世纪五六十年代的4.2％下降到3％以下。由于滞胀的病根主要是在总供给方，凯恩斯主义的需求管理政策药不对症，因而供给学派大行其道。

美国供给学派的基本思想是：是生产而不是消费产生收入，没有生产就不可能有消费；在供给与需求的关系问题上，供给是"因"，需求是"果"，供给决定需求而不是相反。因此，经济学和政府政策的重点应当放在供给方而不是需求方。乔治·吉尔德（George Gilder）强调："资本主义的财富之源是经济的供给。在西

方资本主义经济中，这个简单的认识是一切成功经济政策的核心。"① 供给学派的代表人物都认为，引起美国经济停滞和通货膨胀的原因是供给不足；造成供给不足的主要原因是政府对经济活动干预过多——不断增加的政府开支和税收，越来越多的规章条例；这些都妨碍了自由市场制度对工作、储蓄、投资和生产积极性的刺激。不难看出，供给学派的基本思想来自古典经济学。

供给学派反对凯恩斯主义的需求决定理论和需求管理政策，认为美国经济的滞胀就是长期推行凯恩斯主义的结果。吉尔德说："在经济学中，当需求在优先次序上取代供给时，必然造成经济的呆滞和缺乏创造力、通货膨胀以及生产率下降。"② 供给学派认为，凯恩斯主义刺激总需求的政策是无效且有害的，因为需求本身并不生产什么。在凯恩斯主义者看来，如果人们不购买，那么就没有人为市场进行生产；人们购买得越多，生产的产品就越多，因此，通过财政政策增加总需求将会增加 GDP。罗伯茨则认为，凯恩斯主义者把供给和需求的因果关系弄颠倒了，因为"不管总需求增加多大，只要工作努力程度和投资下降，生产就将下降"③。

供给学派承认萨伊定律具有真理性。吉尔德强调，"萨伊定律的中心思想仍然是正确的：供给创造需求。不可能存在总商品供过于求这样的事情"④。拉弗认为，萨伊定律之所以重要，不仅是因为它概括了古典学派的理论，而且是因为它确信供给是使实际需求得到支撑的唯一源泉，即萨伊所说的"人们的生产是为了消费"。在吉尔德看来："萨伊定律之所以重要是因为它把注意力集中在供给、集中在刺激的能力或资本的投资方面。它使经济学家首先关心各个生产者的动机和刺激，使他们从专心于分配和需求转过来，并

① 商务印书馆编.现代国外经济学论文选：第17辑［M］.北京：商务印书馆，1997：16.
② 乔治·吉尔德.财富与贫困［M］.储玉坤，等，译.上海：上海译文出版社，1985：45.
③ 保罗·克雷格·罗伯茨.凯恩斯主义模型的破产［M］//商务印书馆编.现代国外经济学论文选：第17辑.北京：商务印书馆，1997：2.
④ 乔治·吉尔德.供给学派［M］//商务印书馆编.现代国外经济学论文选：第17辑.北京：商务印书馆，1997：29.

再次集中于生产手段。"① 吉尔德重申了萨伊定律的本意，即市场经济自发运行不会出现普遍的生产过剩。他认为，就整个经济体系来说，"购买力与生产力始终能处于均衡状态。一个经济中的财富始终足够购买它的产品。由总需求不足引起的商品过剩不可能存在。概而言之，生产者在生产过程中创造出对他们商品的需求"②。吉尔德强调："这个观念显然从多方面看却是简单的，但是它包含着许多至关重要的凯恩斯和其他人从未驳斥过的经济学真理和意义。这些真理是当代供给学派的理论基础。"③ 他还进一步强调，"萨伊定律及其变种都是供给学派理论的基本规则"④。

可见，供给学派复活萨伊定律，重新强调萨伊定律具有所谓的真理性，不是因为萨伊和萨伊定律对经济的总供给能力及其增长的决定因素做了什么有价值的分析，而是为了颠覆当时在经济理论和经济政策上占统治地位的凯恩斯定律（"需求可以创造供给"），把经济学家、政府和公众关注的目光由需求方拉回到供给方。正是由于供给学派在经济理论上没有什么创新，只是重申了古典经济学关于供给的观点以及萨伊定律，所以，当时有学者把供给学派的出现看做古典经济学的转世和萨伊定律的复活。1981 年美国《每月评论》编辑部题为"评供给经济学"的评论指出："供给经济学是萨伊定律的再版"，"是名副其实的返祖现象"⑤。

供给学派在经济学发展史上的主要影响是政策研究，它在此基础上提出了一系列应对滞胀的改革主张和政策建议。所以严格来说，供给学派经济学是一种经济政策学。托马斯·黑尔思通斯

---

① 诺曼·图尔. 税收变化的经济效果：新古典学派的分析［M］//商务印书馆编. 现代国外经济学论文选：第 17 辑. 北京：商务印书馆，1997：61.

② 商务印书馆编. 现代国外经济学论文选：第 17 辑［M］. 北京：商务印书馆，1997：21.

③ 乔治·吉尔德. 供给学派［M］//商务印书馆编. 现代国外经济学论文选：第 17 辑［M］. 北京：商务印书馆，1997：21.

④ 乔治·吉尔德. 供给学派［M］//商务印书馆编. 现代国外经济学论文选：第 17 辑［M］. 北京，商务印书馆，1997：30.

⑤ 《每月评论》编辑部. 评供给经济学［M］//商务印书馆编. 现代国外经济学论文选：第 5 辑. 北京：商务印书馆，1984：135.

(Thomas J. Hailstones)在《供给学派经济学导论》一书中提出，"供给学派经济学可以界定为通过影响商品和服务供给的各种政策措施刺激经济增长和促进物价稳定的一种政策研究"①。

供给学派经济学的核心是强调通过调动个人和企业的积极性来促进供给增加。其认为，调动个人和企业的积极性主要有两条途径。一条途径是，对人们劳动和投资积极性的激励，来源于对工作、储蓄（投资）、发明、创新和企业家才能的税后报酬。人们看重的是税后报酬而不是税前报酬。在一般情况下，税后报酬率与人们的积极性同方向变化。因此，高税率会打击人们劳动、储蓄和投资的积极性。另一条途径是宽松的市场环境。供给学派的一些成员认为，经济体系如同弹簧，它本身是有张力的，现在政府给它施加的压力或负担过大（例如高税率和过多的规章条例），它卷曲和萎缩了，一旦解除了这些外在的压力或负担，经济弹簧就会恢复其固有的张力。也就是说，现在只要给个人和企业松绑、减负，恢复自由竞争，经济就会活跃起来。基于这些认识，供给学派提出了两大政策主张。（1）减税，特别是降低边际税率。（2）减少政府干预，恢复自由竞争，大幅度取消那些过时的、不必要的、妨碍自由竞争的规章条例。简单地说，供给学派的政策主张就是减税和削减政府制定的规章条例。

供给学派还进一步主张通过私有化和市场化改革来重建自由市场，恢复市场机制的弹性和企业家精神，促进经济增长。吉尔德说："综观历史，从威尼斯到香港，增长最快的国家（或地区）不是产生于资源得天独厚的地区，却是出现在具有充分思想自由和财产私有权的国家（或地区）。世界经济最兴旺的国家中有两个（指德国和日本——引者）在第二次世界大战中几乎丧失了它们的全部

---

① Hailstones, Thomas J. A Guide to Supply-side Economics [M]. Richmond, VA: Robert F. Dame, 1982: 3.

物质资本，但依靠解放企业家重新崛起。"①

可见，以阿瑟·拉弗（Arthur Betz Laffer）、丘德·万尼斯基（Jude Thaddeus Wanniski）等为代表的供给学派主要提出了一套解决美国经济滞胀、重振经济、增加供给的政策主张，在经济理论上却没有多少独创性。供给学派的理论主要是借用前人或他人的，其来源有两个：一是古典经济学和萨伊定律；二是当代西方经济学家罗伯特·蒙代尔（Robert Alexander Mundell）和马丁·费尔德斯坦（Martin Stuart Feldstein）等人的有关理论。

五、中国供给侧结构性改革的理论依据

我们可以把供给分析和供给侧结构性改革的理论源头追溯至英法古典经济学，古典经济学之后的萨伊和萨伊定律算不上源头。萨伊定律是要证明，如果政府不干预，那么自由市场经济的自发运行不会出现普遍生产过剩的经济危机。萨伊定律不是论证为何和如何进行供给侧结构性改革的理论。马克思对市场经济总供给的决定因素，对总供给和总需求之间的关系，特别是总供给结构做过较为系统而深刻的分析，大大超越了他那个时代的西方资产阶级经济学家。马克思的供给理论和供给侧结构性分析对中国今天如何进行供给侧结构性改革无疑具有重要的指导意义。供给学派提出的减税、减少政府干预和重建市场机制等政策建议，对中国当前的供给侧结构性改革有参考价值。不过，我们应当看到，中国今天的经济形势与美国 20 世纪 80 年代有很多不同。供给学派经济学流行时，美国经济的主要病症是滞胀，而目前中国经济面临经济增速下行和通货

---

① 托马斯·W. 黑兹利特. 供给学派的弱点：奥地利学派的批判［M］//商务印书馆编. 现代国外经济学论文选：第 17 辑. 北京：商务印书馆，1997：113 - 114.

紧缩并存的格局。美国当时的主要经济问题是经济增长动力失速（主要表现为 TFP 负增长）、制造业生产能力不足和供给相对短缺；而目前中国经济的主要困难是产能大面积持续过剩，以及过多的库存迟迟不能得到有效化解。目前中国经济既有供给侧的问题，也有需求侧的问题：一方面，产能过剩，库存过多；另一方面，7 000多万需要脱贫的人口的基本生存需要还没有得到满足。目前中国经济的结构性失衡和供给动力减弱既有体制上的原因，也源自中国经济处在"五个转换"①过程中的过渡性。中国经济的供给侧结构性改革不仅仅是经济结构调整、优化和升级的问题，更重要的是制度或生产关系改革和调整的问题。

中国供给侧结构性改革的关键是"改革"，重点是体制改革。经济的总供给能力和总产出由多种因素决定，经济结构的变化也受多种因素影响，但是这些因素中的能动或主动因素是经济主体（个人、企业和政府）的行为及其积极性，而经济主体的积极性源于制度安排。一种制度安排如果能够把经济主体的贡献和回报正相关地联系在一起，能够公平公正地在社会成员中分配其劳动成果，能够通过适当的机制设计降低经济主体从事经济活动的风险和不确定性，能够形成公平竞争的环境，能够使经济主体实现利益或福利最大化，那么这种制度安排就是有效率的，能够充分调动个人、企业和政府的积极性。个人、企业和政府的积极性激活和提高了，其他生产要素才能被充分、有效地加以利用。因此，只有通过深化体制改革，通过制度创新和机制设计，才能调节经济主体的行为，提高个人、企业和政府的积极性，才能提高市场化程度和资源配置效率。这些改革都是为了改善供给侧决定因素的效能，也就是提高单（个）要素生产率和 TFP。

---

① "五个转换"是：经济格局由"供给短缺型"向"需求不足型"转换，生产方式由劳动密集型向资本－技术－知识密集型转换，产业结构由"二三一"向"三二一"转换，发展动力由投资驱动向技术和创新驱动转换，经济体制由"半市场经济"向"全市场经济"转换（方福前. 中国经济正在进行的五个转换 [J]. 人民论坛，2015（35））。

在马克思的供给理论中，供给起决定性作用，需求决定了潜在供给的实现程度；而有效需求规模及其增长取决于一定的生产关系和分配关系。对于马克思来说，市场经济下生产或供给的激励机制来自对利润的追逐，但是社会主义制度下的生产（或供给）及其增长最终应取决于以人民为主体的社会需要。根据马克思的论述，经济结构关系取决于生产关系（或生产工具和人的分配（配置）关系），因此，不对生产关系或体制动手术，经济结构是难以调整到位的。马克思的这些重要思想和论述，是中国供给侧结构性改革取得成功的重要理论依据。

　　我们应当认识到，中国政府提出供给侧结构性改革，主要是针对中国经济发展现阶段存在的主要问题症结，基于中国经济深化改革和进一步发展的需要，而不是源于某一种现成的经济学理论。实际上，改革开放以来，中国政府出台的重大改革举措和重要政策调整都是从中国国情和当时的实际需要出发的，都是从问题出发的，而不是从某种现成的理论出发的。中国的改革开放是在破除计划经济体制的基础上，建立社会主义市场经济体制的实践，完全是前无先例的创举。可以说，中国的改革及其理论发展都是"问题导向"的。因此，中国今天的供给侧结构性改革既需要借鉴包括古典经济学在内的思想资源，也需要马克思经济学供给理论的支持，从而结合中国的实际来创新中国特色的社会主义经济理论，在此基础上设计一套针对中国经济问题症结的结构性改革方案和政策组合。

第十章

供给侧结构性改革的双重路径
——市场化改革和政府改革

自 2009 年 12 月中央经济工作会议强调要"加大经济结构调整力度，提高经济发展质量和效益"以来，"经济结构调整"就成为广为谈论的话题，成为学术界关注的一个热点。自 2015 年 11 月习近平同志提出"供给侧结构性改革"以来，"供给侧结构性改革"就取代"经济结构调整"成为热门话题。"供给侧结构性改革"和"经济结构调整"要解决的基本问题是相同的，这就是经济结构失衡或经济结构不合理。但是，"供给侧结构性改革"不仅仅是经济结构调整，还是新一轮的改革，是一场体制机制革命。如果说"调整"是给中国经济"整容整形"，那么"改革"是给中国经济"脱胎换骨"；"调整"主要是对经济中失衡的关系进行修补和梳理，"改革"则是在修补和梳理的基础上，进一步对经济关系失衡的原因（体制）动手术，并对经济结构关系进行改造、升级。因此，与"经济结构调整"相比,"供给侧结构性改革"是一个涉及范围更广、层次更深、力度更大的改革工程。

在近几年讨论供给侧结构性改革的过程中,学界似乎存在这样一种偏向:从政策层面和操作层面谈供给侧结构性改革的较多,从理论层面和体制层面谈这个问题的较少。那些从政策层面和操作层面来谈"如何"进行供给侧结构性改革的文章,大多是主张政府实施有保有压的政策,实行差别化的产业政策,调整政府投资重点和方向,通过行政措施甚至法律法规等措施来实施"三去一降一补",总之是要求政府这样做那样做,似乎调结构和实行供给侧结构性改革就是政府的事情。本书作者认为,调结构和进行供给侧结构性改革不能光依靠政府唱独角戏,仅仅依靠政府实施有保有压的政策和"三去一降一补"等不能从根子上解决经济结构失衡问题;政府"看得见的手"可以在短期解决一些经济结构不合理问题,例如通过政府由上而下分解指标把一些产品的过多库存和过剩产能消化掉,使这些产品恢复供求平衡。但是,供给侧结构性改革和经济结构转型升级是一个长期问题,不仅仅是一个"三去一降一补"的问题。解决中国经济结构周期性失衡问题,建立一种经济结构调整、优化和升级的长效机制,使中国经济迈入稳定、中高速、可持续发展的轨道,才是供给侧结构性改革的关键和主要目的。本书作者的基本观点是,供给侧结构性改革的核心或关键是处理好政府与市场的关系,真正落实"市场在资源配置中起决定性作用和更好发挥政府作用"。要处理好政府与市场的关系,供给侧结构性改革应当选择双重路径:一方面,进一步推进市场化改革,不断提高中国经济的市场化程度;另一方面,加快政府改革,促进政府转型。

一、供给侧结构性改革为什么要选择双重路径

中国经济供给侧结构性改革为什么要选择市场化改革和政府改

革这样的双重路径？这至少有三个方面的理由，第一个理由可以从中国经济结构不合理的历史成因来寻找，第二个理由可以从 1998 年和 2008 年这两轮扩大内需对经济结构的影响来分析，第三个理由可以从市场机制的功能来认识。

首先，我们分析中国经济结构不合理的历史成因。

中华人民共和国刚成立时是一个农业国，经济结构以牛耕手种的传统农业为主体，没有独立完整的工业体系，服务业也相当落后。1952 年中国 GDP 结构中的第一、第二、第三产业的比重是 50.5∶20.9∶28.6[①]，农业在国民经济中差不多占了半壁江山，经济结构非常不合理。可见，中国的经济结构问题是与中华人民共和国的建立相伴而生的，是一个历史问题。所以中华人民共和国建立不久，"一化三改造"初步完成以后，经济结构改革和调整就被提上了我们党和政府的重要议事日程。这是中华人民共和国经济进行的第一次大规模结构调整。1956 年 4 月毛泽东同志发表《论十大关系》。从这篇文章可以看出，那个时候虽然离中华人民共和国建立不过几年时间，但是已经出现了经济结构严重失衡的问题。毛主席在文章中所说的十大关系包括：第一，重工业和轻工业、农业的关系；第二，沿海工业和内地工业的关系；第三，经济建设和国防建设的关系；第四，国家、生产单位和生产者个人的关系；第五，中央和地方的关系；第六，汉族和少数民族的关系；第七，党和非党的关系；第八，革命和反革命的关系；第九，是非关系；第十，中国和外国的关系。其中，除了第七、第八、第九这三个方面的关系不直接涉及经济结构问题以外，其余的七个方面的关系都是我们今天所说的经济结构问题。所以早在 1956 年，党中央和毛泽东同志就已经十分重视经济结构问题并着手进行调整了。这也可以看出，六十多年过去了，我们还没有很好地解决毛泽东同志在 1956 年提出的许许多多的经济结构问题。如果说在 1956 年我们面临的

---

① 国家统计局国民经济综合统计司编．新中国 55 年统计资料汇编［M］．北京：中国统计出版社，2005：10．

经济结构问题还是中华人民共和国成立前遗留下来的，那个时候的经济结构不合理是由历史原因造成的，当时中华人民共和国建立的时间还比较短，经济结构问题还来不及解决，那么，这么多年过去了，为什么中国的经济结构还存在这么多的问题呢？当然，我们今天的经济结构问题与 20 世纪 50 年代的经济结构问题在内容和性质上有很大的不同。例如，20 世纪 50 年代中国的经济结构是农（业）重工（业）轻，第二、第三产业弱小落后；从 1970 年开始，中国经济中的第二产业的比重就稳步超过第一产业，这一年第一、第二产业的比重分别是 34.8％和 40.3％，此后第二产业的比重不断走高[①]；而从 1985 年开始，中国经济中的第三产业的占比又开始超过第一产业（见图 7－3），从 2013 年开始，第三产业的占比又超过第二产业（见表 10－1）。三次产业结构的变化标志着中国已经由一个农业国发展成一个工业化国家和经济现代化国家。但是，毋庸讳言，我们今天所面临的经济结构问题大多还是《论十大关系》所谈的那些问题。这就需要我们进行认真的反思。

表 10－1　　　　我国三次产业结构变化（2010—2015 年）

年份	第一产业的占比（％）	第二产业的占比（％）	第三产业的占比（％）
2010	9.5	46.4	44.1
2011	9.4	46.4	44.2
2012	9.4	45.3	45.3
2013	9.3	44.0	46.7
2014	9.1	43.1	47.8
2015	9.0	40.5	50.5

资料来源：《中国统计年鉴（2015）》和《2015 年国民经济和社会发展统计公报》。

中华人民共和国成立以后的第二次大规模经济结构调整发生在

---

① 1958 年中国经济中的第二产业的占比（36.9％）第一次超过第一产业（34％），1959 年和 1960 年第二产业的占比进一步上升到 42.6％和 44.4％，第一产业的占比相应地下降到 26.5％和 23.2％。但是 1961—1969 年，除了 1966 年第二产业的占比（37.9％）略高于第一产业（37.2％）以外，其余八年第二产业的占比又持续低于第一产业。

"三年自然灾害"以后的 1961 年到 1965 年。当时的天灾加上人祸，不仅使经济发展遭遇严重挫折，而且导致经济结构严重失衡，1961 年和 1962 年中国 GDP 和人均 GDP 依次比上年绝对减少，1964 年的 GDP 和人均 GDP 水平尚没有恢复到 1960 年的水平（见表 10-2）。这一轮经济结构失衡的主要特征是工业"大跃进"产生的工业高产量、低质量、低效益（例如全民大炼的钢铁许多是不能使用的铁疙瘩），大面积的自然灾害导致农业凋敝，粮食产量锐减，地方政府的浮夸风、瞎指挥和盲目蛮干导致总需求与总供给在数量和结构上双双失衡。在这种严重的经济形势下，中国政府不得不进行经济调整。这一轮经济结构调整以恢复生产、复苏经济为主要目标。

表 10-2　　　　　　　　中国 GDP（1960—1964 年）

年份	国民总收入（亿元）	GDP（亿元）	人均 GDP（元/人）
1960	1 457.0	1 457.0	218
1961	1 220.0	1 220.0	185
1962	1 149.3	1 149.3	173
1963	1 233.3	1 233.3	181
1964	1 454.0	1 454.0	208

注：表中数据按当年价格计算。

资料来源：国家统计局国民经济综合统计司编。新中国 55 年统计资料汇编［M］.北京：中国统计出版社，2005：9.

改革开放之初，也就是 1979 年 4 月，党中央提出了"调整、改革、整顿、提高"的八字方针，开始了改革开放后的第一轮大规模的经济结构调整。这一次主要是针对经济发展停滞和经济结构失衡进行的经济结构调整和改革。

到了 1988 年 9 月，针对当时的经济秩序混乱、投资过热、重复建设、不断恶化的通货膨胀，党中央和国务院又提出了治理整顿和全面深入改革的方针，开始了改革开放后的第二次大规模的经济结构调整。这次调整的时期大体上是从 1988 年到 1991 年。

改革开放后的第三次大规模经济结构调整始于 1998 年。这一轮经济结构调整是从纺织业的"限产压锭"开始的，目的是消除一些传统产业的过剩产能。

从 2009 年开始，我们又进入了改革开放后的第四次大规模经济结构调整时期。这次经济结构调整的背景是在 2008 年爆发的国际金融危机的冲击下，中国经济的内需和外需增长大幅滑坡，经济增速大幅回落，2009 年第一季度中国 GDP 仅增长 6.1％，经济结构失衡的矛盾凸显。2009 年中央经济工作会议提出，转变经济发展方式已刻不容缓，要以扩大内需特别是增加居民消费需求为重点，以稳步推进城镇化为依托，优化产业结构，努力使经济结构调整取得明显进展，通过保障和改善民生促进经济结构优化、增强经济发展拉动力。

以 2015 年 11 月 10 日习近平总书记在中央财经领导小组第 11 次会议上提出"加强供给侧结构性改革"为标志，中国进入改革开放后第五次大规模经济结构改革和调整时期。如本书绪论所述，供给侧结构性改革本质上是一场大改革，是一场体制机制革命，但是供给侧结构性改革的基本内容是经济结构调整、优化和升级。

改革开放近四十年来，中国进行了五次大的、全国性的经济结构调整；如果加上改革开放前的两次大的、全国性的经济结构调整，那么中华人民共和国建立以来中国共进行了七次大的经济结构调整。不难发现，中国的经济结构调整具有一定的规律性，大体上是平均十年左右来一次大规模的、全国性的结构调整。这表明中国经济结构失衡是周期性地重复出现的。还要说明的是，这十年之间还有一些小的、局部的结构调整。为什么中国的经济结构一而再、再而三地甚至周期性地失衡？为什么有些经济结构问题几十年都解决不了？为什么中国经济结构失衡似乎成了中国经济的慢性病？这里面有许多东西是需要研究的，有些是值得我们深思的。

经济结构，无论是总需求与总供给结构，还是产业结构，区域经济结构或城乡经济结构，都是动态概念，它们总是不断变化和演进的。技术、人口、需求、体制、政策等因素的变化会使得经济结构的某些方面发生改变，例如互联网革命催生了信息产业，同时使得固定电话、电报、邮政、报刊出版、印刷等行业萎缩，农村人口大量涌入城市引起城市住房、教育和医疗等公共基础设施供给不足，从而使经济结构失衡。因此，从一般意义上讲，经济结构失衡是经常发生的，是经济发展的一个必经阶段或绕不开的环节，是经济发展过程中不可避免的现象，这就如同一个人在成长过程中在不同年龄段会出现不同的身体不适或毛病一样。经济结构由失衡到再度恢复平衡，不会简单地回到原来的经济结构上，而是通过经济结构调整，使经济结构得到优化和升级，使经济发展进入新的阶段，所以经济结构失衡、调整到新的平衡是经济结构的升级过程。正因为如此，从长期发展的视角来看，每一次经济结构失衡的性质和内容应当是不同的，而不是简单重复的。如果经济结构反复出现类似的失衡，例如投资过热、重复投资、投资效率低下，以及有些结构失衡长期不能化解，例如中国改革开放前的长期供给短缺和 21 世纪以来的制造业中许多行业长期的产能过剩，那么显然就不能将其看做经济发展过程中的正常现象，而只能将其看做一种经济病症。

纵观中华人民共和国经济发展史，中国的经济结构长期不合理，有些结构性失衡问题反复出现，需要十年左右调整一次，固然有其历史的原因，有其外在的原因（如"三年自然灾害"、中国与苏联关系恶化、国际金融危机冲击），但是主要的原因还是我们的经济体制。

体制方面的第一个原因是计划经济体制的影响和遗留。过去我们一直实行的是高度集中的计划经济体制，由政府控制和配置资源，由政府来决定经济规模、经济结构和发展速度；市场机制在资源配置和经济结构调整上不起什么作用。虽然传统的政治经济学理论告诉我们，资本主义商品生产是无政府状态的，周期性地爆发生产过剩的经济危机就是资本主义经济的必然伴侣，社会主义计划经济具有优越性，它可以实现国民经济的"有计划按比例"发展，因而社会主义经济不会发生经济结构失衡和生产过剩的经济危机，但是事实上，计划经济可以实现"有计划"，却难以做到"按比例"。因为经济中的各种比例关系是由生产者需要和消费者需要决定的，是由技术条件和技术关系决定的，并且这些比例关系是动态的、不断变化的；归根到底，这些比例关系是由无数个消费者和生产者的行为决定的，是这些消费者和生产者自愿选择的结果。因此，计划者要做到经济发展"按比例"，就必须知道消费者和生产者的需要和需求，包括需求数量、需求结构、有效需求和潜在需要。但是，在计划经济体制下，没有这些需求显示机制，没有这方面的信号或信息提供给计划者。因此，计划者要做到"按比例"无异于盲人摸象。由于计划者无法获取足够的、及时的、动态的需求信息，因而计划经济制度无法做到生产和资源配置"按比例"。由于无法掌握必要的需求信息，因而计划者事实上只能根据经验和想要达到的经济目标来配置资源，确定"生产什么""生产多少"。这样就难免造成生产与消费脱节，供给与需求不匹配。再加上计划者不是企业家，不是经济人，不需要按照利润最大化原则或成本最小化原则来进行决策和选择，不需要按照利润最大化原则或成本最小化原则来决定"生产什么"和"如何生产"，这样又不可避免地造成资源错配、资源浪费和经济效率低下。如此一来，经济比例失调和经济结构失衡积累到一定程度，经济无法正常运行下去，于是不得不每隔几年就来一次政府主导的全国性的经济结构大调整，也就是经济患病到一定程度不得不对经济结构人为地动一次大的手术。我们今天的产能过剩、经济结构失衡，仍然与计划经济体制的影响和残留有很大的关系。从制度的路径依赖来看，我们今天的结构失衡仍然有旧体制（计划经济体制）的历史原因。虽然我们从 20 世纪 90 年代中期开始向社会主义市场经济体制转轨，但是这个转轨还远没有完成，计划经济体制的影响还是存在的，只是影响程度在不断降低。

　　体制方面的第二个原因是本书第四章所论述的地方政府及其主要官员的政绩考核制度。现阶段中国地方政府（官员）的行为受双重激励驱动：一方面，仕途晋升的政治激励；另一方面，地方税收收入多支配的资源就多的经济激励。政绩考核制度把这两种激励融为一体，相互强化，加上不少地方政府官员还具有使命感和责任感，因而形成了地方政府推动经济发展的强劲动力。

由于每一个地方政府都是从本地或自己的实际和利益出发来谋划 GDP 增长、地方税收增长和引进外资增长的，不可能全国一盘棋式地来统筹考虑经济结构问题、经济发展中的重大比例问题和适度增长问题，作为地方政府官员，他们也没有必要考虑整个国民经济结构问题和比例关系协调问题，他们客观上也没有足够的信息来考虑这些问题，因此，这种双重激励机制，加上我们长期实施的追赶战略，久而久之就造成了我们国民经济中的比例关系扭曲、经济结构失衡，经济和社会生活中长期存在"十重十轻"现象——"重生产，轻生活""重积累，轻消费""重产品，轻服务""重短期，轻长期""重建设，轻利用""重投资，轻效果""重数量，轻质量""重速度，轻效益""重总量，轻结构""重经济，轻民生"。这些"轻""重"失衡既是中国经济结构失衡的种种表现，也是中国经济结构失衡的各种原因。赋予地方政府经济发展的主体责任和地方政府控制、配置资源的主体作用是这些"轻""重"失衡的体制根源。

经济结构失衡还有体制上的其他一些原因。总的来说，传统的体制导致了上述的"十重十轻"，经济结构方面出了许许多多的问题，不仅有产业结构的问题、区域经济结构的问题、城乡经济结构的问题、而且有总供给结构和总需求结构的问题、实体经济与虚拟经济的关系失衡的问题、收入分配结构与财富占有结构问题。

其次，我们来看 1998 年和 2008 年这两轮扩大内需对经济结构的影响。

1998 年为了应对亚洲金融危机对中国经济的负向冲击，我们出台了积极的财政政策，以扩大内需。这个政策对稳定经济增长、增加就业、避免经济进一步下滑起到了非常积极的作用，也有非常明显的成效。但是我们也应该看到，通过实施积极的财政政策来扩大内需也产生了不少经济结构问题。概括起来，至少产生了以下四个方面的结构问题：第一，重工业再度高增长，并且在工业增加值中的比重大幅回升。1990 年中国轻重工业的比重大体相当，各占50%。从 1999 开始，重工业呈现快速增长的势头，工业增长再次形成以重工业为主导的格局。2002 年以后，重工业在工业增加值中的比重迅速上升，由 2002 年的 62.6%上升为 2005 年的 69.0%，轻工业则从 2002 年的 37.4%回落到 2005 年的 31.0%。轻重工业的比例差距明显拉大，重工业化趋势日益显著。第二，重复建设，结构同化。为了扩大内需，全国大多数省（直辖市和自治区）都把汽车、电子、机械、化工和建筑等产业作为支柱产业来重点投资、重点发展，其中把汽车产业列为支柱产业的省（直辖市和自治区）就有 22 个，而且绝大多数省（直辖市和自治区）都是生产整车。第三，结构失衡，比例失调。这里有两个方面的数据可以说明问题。一个方面的数据是，据国家商务部对 600 种主要消费品的供求状况调查，这些商品供大于求的比例 1998 年上半年和下半年分别为 25.8%和 33.8%，而到 2003 年这一比例分别上升到 85.5%和84.8%。也就是说，扩大内需的结果是我们的国内市场供求失衡不仅没有得到缓解，反而更加严重了。另一个方面的数据是，从1998 年到 2004 年，中国的投资率从 36.2%上升到 43.2%，而消费率从 59.6%下降到 54.3%。居民消费占最终消费的比重由 1998年的 76.0%下降到 2004 年的 73.4%，同期政府消费的比重则由24.0%上升到 26.6%。这说明在中国的总需求结构中，消费与投资的比例、居民消费与政府消费的比例更不合理了。第四，经济过热。由于持续扩大投资，并且由此拉动的总需求没有全部被就业增加和 GDP 增长所吸收，因而经济出现过热，通货紧缩转变为通货膨胀，从 2003 年 9 月开始，中央政府开始对过热的经济进行降温，进行结构调整。

　　再看 2008 年的扩大内需对经济结构的影响。这一轮扩大内需的主要内容是四万亿元的经济刺激计划、扩大内需的十条规划和十大产业振兴规划，加上宽松的财政政策和货币政策，这个政策组合对"保增长稳就业"确实起到了很好的作用，中国经济在经历了短暂的下滑后很快恢复高增长。但是这一次扩大内需给经济结构也带来了一些负面影响。这些负面影响主要有：一是加剧了投资与消费的失衡。2009年全社会固定资产投资比上年增长30.1％，社会消费品零售总额只比上年增长15.5％，投资、消费对经济增长的贡献分别为8个百分点和4.6个百分点。可见，这一轮国际金融危机爆发以来中国的经济复苏和经济增长主要是靠投资拉动的。二是产能出现新的过剩。2009年开始显现的产能过剩不仅存在于钢铁、水泥等传统产业领域，而且在一些新兴产业领域也大量存在，如风电设备、多晶硅等。2009年上半年，中国风电设备产量同比增长545.5％。国内当时在建或拟建的多晶硅项目产能高达14万吨，而预计2010年全球多晶硅需求仅为8万吨左右，生产能力大大超过了需求量。三是虚拟经济泡沫扩大。积极的财政政策扩大的四万亿元投资，由于体制原因和监管不到位，许多资金并未真正进入实体经济，而是流入虚拟经济领域，从而造成了证券市场与房地产市场价格虚高，特别是房价，在2008年经历短暂的下跌以后，以更快的速度节节攀升。

1998年和2008年这两轮扩大内需都是政府唱主角，政府对经济进行大力度的干预。其结果是把经济增长拉上去了，把就业保住了，但是也带来了许多后遗症，特别是经济结构失衡和经济增长动力减弱的问题。

最后，从市场机制的功能来看，经济结构调整和优化要走市场化改革的路径。

通过本书第四章的内容我们看到，在成熟的市场经济下，市场（价格）机制主要有四种功能：（1）传递信息——价格传递有关偏好、资源可获得性以及生产可能性的信息。（2）提供激励——使人们采用成本最低的生产方法，并将可用的资源用于价值最高的用途。（3）分配收入——决定何人得到何物以及得到多少。价格之所以向人们提供激励，只是因为它被用来分配收入；人们的收入与其贡献挂钩，自然激励人们去关注价格所传递的信息，激励人们努力降低成本。（4）自动清除，自我修复。

这些市场价格机制的功能现在已经获得了比较普遍的认可，这种微观经济学知识现在已经很普及了。我们从高度集中的计划经济体制转向社会主义市场经济体制的原因之一就是价格机制有这些功能，有这些优越性。

市场机制的自动清除功能是指市场机制具有清除过剩的产能，清除落后的产品、落后的技术和落后的企业的功能。市场机制的自我修复功能是指经济中的各种比例关系失衡了，经过一段时间的经济的自我调整，这些比例关系能够逐渐趋于合理，实现新的平衡；经济增长下滑了或经济衰退了，经过一段时间的经济的自我修复，经济会自动地回升和恢复过来。这种自动清除、自我修复的功能主要是通过优胜劣汰的竞争机制和经济当事人追求自身利益最大化的利益机制来实现的。市场机制的这种功能是一种经济结构自发调整、自动优化的功能，也是经济波动自我稳定的功能。

今天，我们应当辩证地认识市场经济下的经济危机或经济波动。[①] 一方面，每一次经济危机或经济波动会导致经济增长的暂停或中断，导致生产力的破坏，导致一部分产品、财富和生产能力毁灭，导致一部分企业破产、倒闭，引起一部分甚至成千上万的劳动者失业；但是另一方面，经济波动或经济危机过程也是经济自动清除过剩的产品和过剩的产能的过程，也是淘汰低质量的产品、落后的技术和落后的企业的过程，是各种市场和经济结构重新洗牌的过程。所以，如果说经济危机破坏生产力，那么它主要是破坏落后的生产力；如果说它毁灭产能，那么它毁灭的主要是落后的产能。因此，我们不能把经济危机或经济波动看做绝对的坏事。纵观近两百年的经济波动历史，我们看到，每一次经济危机或经济波动以后，

---

① 虽然"经济危机"、"经济周期"和"经济波动"这三个概念不能够画等号，但是 20 世纪 80 年代以来，越来越多的经济学家倾向于用"经济波动"来指代"经济周期"或"经济危机"（方福前．当代西方经济学主要流派：第二版［M］．北京：中国人民大学出版社，2014：152 - 162）。

经济结构都会出现新的变化，一些新技术、新产品、新企业、新行业出现在经济生活中，另一些技术、产品、企业和行业则逐渐消失；每一次经济危机或经济波动以后都有一个经济复苏和繁荣时期。市场经济就是在这种波动中发展演化的。我们人类主观上总是期望经济能够平稳或稳定发展，但是客观上，经济波动不可避免。我们要避免的只是类似于 20 世纪 30 年代和 2008 年那样大的经济波动。这种大波动大危机往往把落后的产能和当时先进的产能一起破坏了。

从理论分析和实践经验来看，我们可以做出这样的初步判断：就总量调整来说，市场机制调节的力度、生效速度不如政府调节；就结构调整来说，政府干预通常是滞后的、被动的、判断不准的、难以到位的；从中国的实践经验来看，政府调结构时调整过头的情况较多，市场调结构则是及时的、随时随地的、自动识别的、比较到位的。政府调节与市场调节究竟谁优谁劣？要从总量和结构的角度来分别讨论，要区别看待，政府这只"看得见的手"有它的优势，市场这只"看不见的手"也有它的优势。但是，从资源配置和经济结构调整来看，市场机制比政府干预更有优势。

二、如何推进市场化和政府转型

从 1993 年 11 月党的十四届三中全会通过《中共中央关于建立社会主义市场经济体制若干问题的决定》算起，中国建设社会主义市场经济的历史还不到 25 年。一种新体制的建设不可能在短短的25 年内完工。中国社会主义市场经济体制还在建设过程中，还处在建设的初级阶段，还只是一种"半市场经济"。在目前的半市场经济中，市场体系和市场机制还处在成长发育过程中，市场机制还是软弱的，调节的力度是不足的，在资源配置中还不能真正发挥决定性的作用，在经济结构调整中还不能发挥主导作用。中国经济市场化的进程还远没有到位，我们还需要进一步深化经济体制改革，进一步推进市场化。进一步市场化的目的是培育并完善市场体系和市场机制，充分发挥市场机制配置资源、调整结构的功能。就经济结构调整的需要来说，进一步市场化的主要内容至少包括下面的"三化"：（1）价格充分市场化——价格真实地反映资源稀缺程度，价格由供求关系决定而不是由某个机构（例如物价局）决定，价格通过竞争力量决定而不是由垄断势力决定，价格是有弹性的而不是刚性的。（2）资源流动自由化——资源（包括劳动力）能够在不同行业、不同市场、不同地区之间自由流动，人才可以在垂直方向上自由流动，能上能下。（3）市场进出自由化——除了一些涉及国家机密和军事安全的特殊行业（市场）以外，其他市场的进出应当是无障碍的、自由的。目前，中国经济中的价格市场化还不够，例如我们有些资源类产品的价格，有些农副产品的价格，有些劳动力的价格（工资），并没有完全反映出供求关系，并没有完全反映出稀缺程度，中国的利率还不是完全市场化的，利率决定和调整中的政府管制因素还起很大的作用，目前中国的金融（资本）市场还不是规范或标准市场经济中的金融市场，这种金融市场还不能很好地发挥其资源配置功能。从资源流动的自由化来看，中国目前还存在许多限制，还有许多障碍，资源在地区之间、在产业之间流动的自由度还不高，特别是城乡之间的劳动力流动还受到户籍制度（刚刚破冰）、社会保障制度、子女入学、购房资格等方面的限制。虽然我们现在的资源流动比在计划经济下自由多了，但是和市场经济发展的要求相比还有一定差距。市场进出的自由化是和资源流动的自由化联系在一起的。降低市场进入门槛，撤销那些不必要的、人为设置的市场准入条件，才能提高资源流动的自由化程度。而市场进出自由化和资源流动自由化的程度是与市场经济的竞争程度正相关的。市场竞争程度又是与资源配置效率正相关的。

中国体制改革和社会主义市场经济建设的方向是"使市场在资

源配置中起决定性作用和更好发挥政府作用"。要实现这个改革定位，我们就必须在进一步推进市场化改革的过程中，进一步推进政府改革和政府转型，对我们现行的政府管理体制和政府治理方式进行深化改革。也就是说，要建立一种经济结构调整和优化的长效机制，一方面我们要进一步推进市场化，另一方面我们也要对政府在经济运行中的地位、职能和作用做出相应的改革和调整。如果没有政府体制和政府职能的改革、转换，那么市场化就不可能到位，市场机制也就无法充分发挥其在资源配置和经济结构调整方面的决定性作用。

政府改革和政府转型的目标是把计划经济体制下的政府转变成与社会主义市场经济制度相适应的政府。要实现这个目标，中国的政府职能就要完成以下三个方面的转变：（1）由生产型政府转变为服务型政府；（2）由无所不包的政府转变为有限政府；（3）由权力大无边的政府转变为宪制政府（constitutional government）。

目前，中国的政府还承担着过多的生产任务和经济活动的命令、指挥职能。简单地说，由生产型政府转变为服务型政府，就是要把政府从承担大量的生产性任务和生产指挥中解放出来，转变成为个人和企业的生产经营活动提供服务。更规范地说，服务型政府可以被界定为政府的一切组织和各级官员都在法律和其他制度规则之下从事行政，为公民的合理合法的活动提供服务，为营造公平公正的竞争环境服务。这种服务型政府是一种规治政府（rule-based government），而不是人治政府（person-based government）。服务型政府至少应当包含这样一些要件：（1）各级政府以及各级官员的权责有明确的划分。（2）有一套规范、科学的行政规则和决策程序。（3）政府部门及其官员提供的是公共服务而不是营利性服务。（4）如果把市场比做运动场，那么政府部门及其官员只是裁判员和服务员，而不应充当运动员。（5）文件、档案和其他记录（如统计数据）是系统的、真实的和保存完好的，除了保密需要以外，这些文件、资料和数据应当是公开的、可利用的。（6）政府及其官员的工作或服务应当是阳光的、透明的、可监督的，涉及国家安全和保密的工作除外。

市场经济中的政府与计划经济中的政府不同，前者是服务型的，后者则是指挥型的——政府直接给企业下达计划指标，命令个人和企业做什么、不做什么，决定生产什么、如何生产和为谁生产。服务型政府是市场规则的裁判者和保护神，它只规定企业和个人不能做什么，即制定负面清单，而不命令它们做什么，生产什么、如何生产和为谁生产的问题主要由市场或经济主体自己解决。

所谓有限政府（limited government），是指政府的行动范围被限制在保护法制、维护公平、颁布规则、制定规划、监督管理和服务公民这些方面。有限政府的行动领域和活动范围是有限的，不是无所不包的、不分巨细的，因而政府预算和开支的规模也是有限的；除了特殊情况以外，政府收支应当平衡。

有限政府不同于极端自由主义者所主张的最低限度的政府或最弱的政府，后一类政府只承担"守夜人"的职能。[1] 我们认为，即便在最发达的现代市场经济国家，市场也没有办法自动解决收入和财富分配不平等的问题，也没有办法通过市场机制解决好公共物品的供给不足问题，也没有办法克服市场失灵的问题，也没有办法靠市场机制解决市场监管问题，因此，最弱的政府的主张是不现实的。如果考虑到在全球化的时代，各国政府之间的国际协调职能需要加强而不是削弱或取消，那么最弱的政府的主张事实上是一种空想，不可能成为现实。

所谓宪制政府，我国称其为"法治政府"，是指在市场经济中政府的权力和行动限制在宪法规则约束的范围内，防止政府侵犯个

---

[1]　米塞斯（Ludwig Edler Von Mises）和诺齐克（Robert Nozick）是主张最弱的政府的两个代表人物。在米塞斯看来，政府（国家）的任务就是保护人身安全和健康，保护人身自由和私有财产，抵御任何暴力侵犯和掠夺。一切超出这一职能范围的政府行为都是罪恶。诺齐克所说的最弱的政府是指一种仅限于防止暴力、偷盗、欺骗和强制履行契约等有限功能的政府；他认为任何功能更多的政府都将侵犯个人的自由权利。在极端自由主义者看来，最弱的政府所拥有的权利都是个人让与的，除此之外，政府本身并不拥有任何权利。

人自由。"私人和公共代理人的行动受法律和受起作用的宪法限制的约束。"①《中华人民共和国宪法》第一章总纲第五条规定："一切国家机关和武装力量、各政党和各社会团体、各企业事业组织都必须遵守宪法和法律。一切违反宪法和法律的行为，必须予以追究。""任何组织或者个人都不得有超越宪法和法律的特权。"中共中央也一再强调："坚持法律面前人人平等，任何组织或者个人都不得有超越宪法法律的特权，一切违反宪法法律的行为都必须予以追究。"②

市场经济的正常运转是建立在市场秩序基础上的。从市场秩序的视角来看，一个国家的宪法确立的是公民个人、市场和政府行为的基本规则，宪法界定了个人之间、市场与政府之间的交易结构。宪法制度可以确立一种把个人的自利行为引向共同利益的政治秩序。个人的经济活动和政府对经济活动的干预都必须在宪法的框架内进行。个人不能"违宪"，政府也同样不能"违宪"。如果一个国家的政府权力可以不受宪法约束，或者政府权力凌驾于宪法之上，那么这个政府就不是宪制政府或法治政府。宪法制度确定了政府的权力边界和权力范围，规定了政府制定决策和行使权力的程序。只有个人和政府都遵守和维护宪法秩序，市场秩序才能形成并得到保护。如果政府可以任意扩大其权力范围和政府规模，那么市场机制就无法充分发挥其配置资源和调整经济结构的功能。

三、中国社会主义市场经济的未来模式

这里所说的"模式"主要是指在中国社会主义市场经济体制中政府与市场的关系如何定位，政府与市场在资源配置、在经济结构

---

① ［美］詹姆斯·布坎南. 自由、市场和国家［M］. 北京：北京经济学院出版社，1988：250.
② 中共中央关于全面深化改革若干重大问题的决定［M］. 北京：人民出版社，2013：39.

调整和优化中分别起什么样的作用。

就资源配置和经济结构调整来说，中国市场经济的未来模式应当由政府主导型转变为市场主导型。目前中国的市场经济模式还是政府主导型的，无论是资源配置还是经济结构调整，仍是政府唱主角。这里有两个数据可以说明问题。第一个数据是中国全社会固定资产投资中的政府直接投资所占的比重，也就是国家预算内资金在全社会固定资产投资的资金来源中所占的比重。这个比重反映了中央政府控制资源和配置资源的力度，间接反映了市场机制配置资源的力度。由表 10-3 我们可以看到，1991 年到 1997 年，政府直接投资在全社会固定资产投资中所占的比重是不断下降的，从 1991 年的 6.8% 下降到 1996 年的 2.7% 和 1997 年的 2.8%，但是 1998 年扩大内需以后，政府直接投资在全社会固定资产投资中所占的比重在不断提高，1999 年达到 6.2%，2002 年达到 7.0%，此后又开始下降，2006 年和 2007 年达到最低点，均为 3.9%。2008 年国际金融危机以来，这个比重又开始反弹，2009 年和 2015 年又分别达到 5.1% 和 5.3%。

表 10-3　　　　　政府直接投资在全社会固定资产投资中的占比　　　　（%）

年份	政府直接投资在全社会固定资产中的占比
1991	6.8
1992	4.3
1993	3.7
1994	3.0
1995	3.0
1996	2.7
1997	2.8
1998	4.2
1999	6.2

续前表

年份	政府直接投资在全社会固定资产中的占比
2000	6.4
2001	6.7
2002	7.0
2003	4.6
2004	4.4
2005	4.4
2006	3.9
2007	3.9
2008	4.3
2009	5.1
2010	4.6
2011	4.3
2012	4.6
2013	4.5
2014	4.9
2015	5.3

资料来源：国家统计局"2017年国家数据"。

第二个数据是国民收入分配和再分配数据。自1995年中国实行分税制改革以来，无论是在国民收入初次分配过程中还是在国民收入再分配过程中，政府收入在国民收入中所占的比重都呈上升走势，而居民收入的占比则呈下降走势。分税制实行之初的1996年，居民收入在国民收入初次分配和再分配中所占的比重分别是67.23%和69.29%，政府收入在国民收入初次分配和再分配中所占的比重分别是15.53%和17.15%。而到近几年，居民收入在国民收入初次分配和再分配中所占的比重皆下降到60%～62%。政府收入在初次分配和再分配中所占的比重分别上升到 22％～25％ 和 18％～22％，居民收入和政府收入在国民收入分配格局中呈现出此消彼长的变化趋势（见表 10-4）。

表 10-4　　　　　　中国国民收入初次分配和再分配格局　　　　　　（％）

年份	居民部门		政府部门		企业部门	
	初次分配	再分配	初次分配	再分配	初次分配	再分配
1995	68.75	67.94	15.35	17.42	15.91	14.65
1996	67.23	69.29	15.53	17.15	17.24	13.57
1997	65.71	68.13	16.17	17.51	18.12	14.37
1998	65.61	68.14	16.87	17.53	17.53	14.33
1999	64.98	67.11	16.95	18.58	18.07	14.31
2000	64.36	64.81	16.69	19.54	18.94	15.65
2001	63.53	63.78	18.36	21.08	18.11	15.14
2002	65.28	65.18	17.48	20.49	17.25	14.32
2003	63.20	62.68	17.98	21.85	18.82	15.47
2004	57.68	57.83	17.84	20.38	24.48	21.79
2005	59.59	59.41	17.48	20.55	22.93	20.04
2006	59.40	57.56	17.43	20.46	23.17	21.98
2007	60.00	57.71	17.05	21.64	22.95	20.75
2008	57.23	57.11	17.52	21.28	25.25	21.61
2009	60.69	60.53	24.73	21.19	14.58	18.28
2010	60.50	60.40	24.51	21.19	14.99	18.41
2011	60.67	60.78	23.95	20.03	15.38	19.19
2012	61.65	61.99	22.73	18.47	15.62	19.54
2013	60.66	61.29	24.12	19.77	15.22	18.94
2014	60.09	60.65	24.67	20.50	15.24	18.85

资料来源：1996—2016 年的《中国统计年鉴》。

由这两个数据可以看出，中国决定建立社会主义市场经济体制

以来，资源的占有和配置不是越来越多地交给市场，而是越来越多地掌握和控制在政府手里。这和市场化进程的要求是不相吻合的。

中华人民共和国建立以来，我们历次的经济结构调整都是政府主导的。建立社会主义市场经济体制以来，分别于 1998 年、2008 年和 2015 年启动的三次经济结构调整还是政府主导的。目前的"三去一降一补"还是政府唱主角，并且，在去产能、去库存的过程中，政府的政策砍刀首先和重点砍向民营企业和中小企业，客观上造成了"国进民退"。

近几年，为了缓解市场主导的房地产投资和制造业固定资产投资增速下滑对经济增长造成的负面影响，政府加大了基础设施投资力度。2012—2016 年，我国基础设施投资年均增长 17.6%，比同期固定资产投资年均增速高约 1.8 个百分点。据国家发改委提供的数据，自 2014 年 9 月陆续推出 13 大类重大工程包以来，截至 2017 年 3 月底，已累计完成投资 90 916 亿元，开工 56 个专项、599 个项目。也就是说，自 2014 年 9 月以来的两年半时间里，政府主导的重大工程项目投资已经超过 9 万亿元，这个投资规模是 2008 年 4 万亿元的 2.25 倍还要多！

我们未来的资源配置和经济结构调整应该主要由市场机制来承担，政府在资源配置和经济结构调整方面的作用应该是指导性的、补充性的、辅助性的。在中国未来的社会主义市场经济体制中，还需要政府对经济活动进行干预和调节，我们不能完全照搬新古典宏观经济学的"政策无效性"命题和新自由主义政策主张。市场机制的自发、自动调节虽然有其优越性，但是它不能保证实现充分就业，不能保证收入和财富的公正分配。在垄断客观存在的情况下，在经济全球化的时代，经济活动的完全自由放任是不现实的。

市场机制具有自动清除生产过剩和产能过剩、自动修复供求比例失调的功能，但是市场机制的自动调节无法避免或消除大的结构性失衡和经济波动。有些结构性失衡和经济波动是市场机制无能为力的。

（1）动物精神（animal spirit）造成的结构性失衡。凯恩斯在《就业、利息和货币通论》中指出：除了投机造成的经济波动以外，人类的本性的特点也会造成经济的不稳定。他所说的人类的本性的特点就是动物精神。所谓动物精神是指人们的经济行为乃至社会活动、政治活动的很大一部分是受自发的乐观情绪的驱使，而不是取决于对前景的数学期望值；人们往往凭感情、兴致和机缘行事，而不是理智决策和行动。"因此，在估计投资前景时，我们必须考虑到决定自发活动的那些主要人物的胆略、兴奋程度，甚至消化是否良好和对气候的反应。"①

美国经济学家乔治·阿克洛夫（George A. Akerlof）和罗伯特·希勒（Robert J. Shiller）在他们合作出版的《动物精神》（2010年）一书中，进一步把凯恩斯所说的动物精神解读为人们的行为往往受五种因素支配：信心、公平、欺诈、货币幻觉和听信故事。受这些因素的影响，人们的行为往往偏离理性，任性、跟风、随大流（"羊群效应"）、盲目乐观，从而造成过度投资、过度借贷，并引发经济波动。由于人们的信心对投资、消费以及其他支出有乘数效应，因而经济波动被放大，最终导致经济危机出现。

在市场经济下，投资决策或经济活动总是面临风险和不确定性，而信息又是不完全的，这使得人们难以做出理性分析或按数学期望值进行决策，于是人们往往采用最简单的决策模式：跟随大多数人行动。这种跟随行为往往造成生产过剩和投资过度。2008年美国次贷危机和随后的国际金融危机就是例证。

对于这种由人们的心理动机和人性的特点所引发的经济波动，市场机制是无能为力的。

（2）科学技术革命带来的经济结构变革。重大科学和技术成果应用于经济活动过程必然引起劳动方式、生产方式和生活方式的重大变革，使得供求关系、市场结构、产业结构等方面发生一系列重

---

① ［英］约翰·梅纳德·凯恩斯. 就业、利息和货币通论［M］. 高鸿业重译本. 北京：商务印书馆，1999：166.

要变化，市场机制对这些变化带来的供求关系失衡和结构性失衡虽然可以发挥自动调节作用，但是由失衡到恢复均衡的过程可能较长，经济承受的代价和痛苦可能较大。特别是科技创新往往引发结构性失业，使得经济中非自愿失业和岗位空缺并存；科技创新催生了新行业，这些新行业需要拥有新技能的劳动人手，而传统行业的失业者又没有掌握这些新技能。计算机技术与现代通信技术的普及应用创造了许多新行业、新市场，相应地创造了很多新岗位，例如软件工程师、网络管理员、大数据分析工程师……而传统行业收缩游离出来的失业者往往不具备这些岗位所需要的技能，这些失业者无法配置到新工作岗位上。市场机制无法协调这种类型的劳动供给与需求，政府扩张总需求也不能消除这种结构性失业，这种失业只有通过职业培训使劳动者获得新的技能来消除。

（3）外部冲击导致一个经济的结构失衡。外部冲击会使得一个经济的结构失衡，使经济偏离稳态增长路径，例如1997年东南亚金融危机和2008年国际金融危机对中国经济的冲击。外部冲击造成的经济失衡往往是国际性的，并且可能出现深度失衡，甚至会使某些经济体陷入萧条。面临这类失衡，市场机制往往力不从心，甚至一个经济体的政府进行独立干预也未必奏效，往往需要主要经济体的联合干预和国际合作。

上述这些原因为政府干预提供了理由，中国市场经济的社会主义属性进一步强化了这个理由。但是政府干预和调节经济活动应当是有选择的，应当是科学的，在资源配置和经济结构调整过程中，政府干预不能取代市场的作用来唱主角。政府可以在以下情形下对经济活动进行干预：第一，经济遭受大的外在冲击时，这种冲击往往是意外发生的、难以预料的，即所谓的"黑天鹅事件"；第二，市场机制调节不了、调节不好的时候和领域——例如收入和财富分配、具有外部性的经济活动、公共产品生产、信息不完全、存在垄断、市场机制调节的真空地带；第三，重大科技创新攻关；第四，新兴产业培育扶持；第五，区域发展和产业发展规划。

从长远来看，要使中国的经济结构能够适应科学技术的发展和需求的变化不断得到调整、不断得到优化，真正实现经济稳定、健康和可持续发展，我们就需要选择进一步的市场化和政府转型这样的双重路径。通过供给侧结构性改革，我们要建立的是具有中国特色的社会主义市场经济模式，这就是有效市场和有效政府相结合的"双效"模式。所谓有效市场是指市场是有效竞争的，市场机制在资源配置中起决定性作用，在经济结构调整中起主导作用，市场机制在资源配置和经济结构调整中的作用是有效的；所谓有效政府是指政府在法律授权的范围内，从国家长远利益和经济社会整体利益出发，创新制度、增加有效制度供给，科学决策、科学行政和科学治理，政府干预和宏观调控遵循效率原则和公平公正原则，政府行动是科学、有效的。

结束语

由本书的分析可以看出，中国这场供给侧结构性改革实质上是新一轮的制度或体制改革，是一场中国式的供给革命。"供给侧结构性改革"只是给全面深化改革所取的一个具体名称而已，正像改革开放之初把农村体制改革命名为"农村联产承包责任制"一样。

如果说1979年到1993年的改革开放是中国建设社会主义市场经济体制的前期工程，那么1993年到2013年是中国建设社会主义市场经济体制的一期工程，2013年11月党的十八届三中全会以后就是中国建设社会主义市场经济体制的二期工程。这个二期工程的目标是使市场机制在资源配置中起决定性作用，并且通过全面深化改革"形成系统完备、科学规范、运行有效的制度体系，使各方面制度更加成熟更加定型"。

这个向系统完备、科学规范、运行有效的社会主义市场经济体制转换的二期工程是一个更宏伟的工程，也是一个更艰巨的工程，因为它是中国社会主义市场经济体制建设的高级阶段，也是中国体制改革的深水区，它触及所有制关系、国有企业定位、市场与政府的边界的确立、不同群体的利益的再调整再分配等这样一些深层次的、敏感的问题。这使得供给侧结构性改革和全面深化改革更具有革命性。

供给侧结构性改革成功的标志应当是实现四个转变：资源配置方式由以政府为主导转变为市场机制起决定性作用，经济增长动力由主要依靠资源投入转变为主要依靠技术进步，经济增长方式由主要追求数量增长转变为主要追求质量提升和可持续增长，经济发展目标由主要追求 GDP 增长转变为追求国民幸福指数增长。

供给侧结构性改革的成效如何，能否达到预期目标，中国经济能否顺利突破目前的困局，跨越中等收入陷阱，迈入可持续发展的轨道，顺利实现"两个一百年"的奋斗目标，关键在于制度改革的力度和深度及其成效如何。

亚当·斯密在《国富论》中指出，现实社会中的每个人都有改善自身状况的愿望，正是个人这种要求改善的愿望塑造了人们勤劳、节俭、上进、积累的品质。这种改善的愿望也就是我们今天所说的人民对幸福美好生活的向往。这种改善的愿望或向往是人们进行交易和从事经济活动的原动力，也是人们进行发明和创新的原动力，从而是财富增长和社会发展的推动力。中国经济目前仍然承受着下行和重大结构性失衡的双重压力，世界经济还处在不景气的冬季。但是，人们改善的愿望始终存在。只要我们通过深化改革不断增加有效制度供给，把人们改善的愿望极大地转化成进行投资、生产、发明和创新的积极性，中国经济增长和社会发展的又一个繁荣期就会早日到来！

主要参考文献

［1］［英］安格斯·麦迪森. 世界经济千年史［M］. 伍晓鹰，等，译. 北京：北京大学出版社，2003.

［2］［美］艾伯特·O. 赫希曼. 经济发展战略［M］. 潘照东，曹征海，译. 北京：经济科学出版社，1991.

［3］［美］保罗·萨缪尔森，威廉·诺德豪斯. 经济学：第19版［M］. 肖琛，等，译. 北京：商务印书馆，2014.

［4］方福前. 当代西方经济学主要流派：第二版［M］. 北京：中国人民大学出版社，2014.

［5］方福前. 缩短政策时滞，提高宏观调控水平［J］. 教学与研究，2009（7）.

［6］方福前. 大改革视野下中国宏观调控体系重构［J］. 经济理论与经济管理，2014（5）.

［7］方福前，马学俊. 中国经济减速的原因与

出路［J］. 中国人民大学学报，2016（6）.

［8］方福前. 中国经济正在进行的五个转换［J］. 人民论坛，2015（35）.

［9］盖庆恩，朱喜，史清华. 劳动力市场扭曲、结构转变和中国劳动生产率［J］. 经济研究，2013（5）.

［10］盖庆恩，朱喜，程名望. 要素市场扭曲、垄断势力与全要素生产率［J］. 经济研究，2015（5）.

［11］韩国珍，李国璋. 要素错配与中国工业增长［J］. 经济问题，2015（1）.

［12］金人庆. 中国科学发展与财政政策［M］. 北京：中国财政经济出版社，2006.

［13］［德］柯武刚，史漫飞. 制度经济学：社会秩序与公共政策［M］. 北京：商务印书馆，2002.

［14］［美］米尔顿·弗里德曼. 弗里德曼文萃：上册［M］. 北京：首都经济贸易大学出版社，2001.

［15］马克思恩格斯选集：第 2 卷［M］. 北京：人民出版社，2012.

［16］马克思恩格斯全集：第 26 卷（Ⅱ）［M］. 北京：人民出版社，1973.

［17］马克思恩格斯全集：第 44 卷［M］. 北京：人民出版社，2001.

［18］马克思恩格斯全集：第 30 卷［M］. 北京：人民出版社，1995.

［19］马克思恩格斯全集：第 46 卷［M］. 北京：人民出版社，2003.

［20］马克思. 资本论：第三卷［M］. 北京：人民出版社，2004.

［21］［美］N. 格里高利·曼昆. 宏观经济学：第 9 版［M］. 卢远瞩，译. 北京：中国人民大学出版社，2016.

［22］乔治·吉尔德．财富与贫困［M］．储玉坤，等，译．上海：上海译文出版社，1985.

［23］［美］乔治·阿克洛夫，罗伯特·希勒．动物精神［M］．黄志强，徐卫宇，金岚，译．北京：中信出版社，2012.

［24］萨伊．政治经济学概论［M］．陈福生，陈振骅，译．北京：商务印书馆，1963.

［25］商务印书馆编．现代国外经济学论文选：第 17 辑［M］．北京：商务印书馆，1997.

［26］商务印书馆编．现代国外经济学论文选：第 5 辑［M］．北京：商务印书馆，1984.

［27］史正富．超常增长：1979—2049 年中国经济［M］．上海：上海人民出版社，2013.

［28］威廉·配第．配第经济著作选集［M］．陈冬野，马清槐，周锦如，译．北京：商务印书馆，1981.

［29］习近平．习近平谈治国理政［M］．北京：外文出版社，2014.

［30］习近平在 2015 年 11 月 10 日中央财经领导小组第十一次会议上的讲话［N］．人民日报，2015‐11‐11（1）.

［31］袁志刚，解栋栋．中国劳动力错配对 TFP 的影响分析［J］．经济研究，2011（7）.

［32］亚当·斯密．国富论［M］．杨敬年，译．西安：陕西人民出版社，2001.

［33］［英］约翰·梅纳德·凯恩斯．就业、利息和货币通论［M］．高鸿业重译本．北京：商务印书馆，1999.

［34］中共中央关于全面深化改革若干重大问题的决定［M］．北京：人民出版社，2013.

［35］［美］詹姆斯·布坎南．自由、市场和国家［M］．北京：北京经济学院出版社，1988.

［36］Abel，A.，Mankiw G.，Summers L. and Zeckhauser

R. Assessing Dynamic Efficiency: Theory and Evidence [J]. The Review of Economic Studies, 1989, 56 (1).

[37] Aoki, Shuhei. A Simple Accounting Framework for the Effect of Resource Misallocation on Aggregate Productivity [J]. Journal of the Japanese and International Economies, 2012, 26 (4).

[38] Buera, Francisco J. and Yongseok Shin. Financial Frictions and the Persistence of History: A Quantitative Exploration [J]. Journal of Political Economy, 2013, 121 (2).

[39] Caballero, Ricardo J., Takeo Hoshi, and Anil K. Kashyap. Zombie Lending and Depressed Restructuring in Japan [J]. American Economic Review, 2008, 98 (5).

[40] Cooper, Russell, and Andrew John. Coordinating Coordination Failures in Keynesian Models [J]. Quarterly Journal of Economics, 1988, 103 (3).

[41] Depalo, D., R. Giordano and E. Papapetrou. Public-private Wage Differentials in Euro-area Countries: Evidence from Quantile Decomposition Analysis [J]. Empirical Economics, 2015, 49.

[42] Dewar, R. D., & Dutton, J. E. The Adoption of Radical and Incremental Innovations: An Empirical Analysis [J]. Management Science, 1986, 32 (11).

[43] Diamond, Peter A. Mobility Costs, Frictional Unemployment, and Efficiency [J]. Journal of Political Economy, 1981 (69).

[44] Diamond, Peter A. Aggregate-Demand Management in Search Equilibrium [J]. Journal of Political Economy, 1982 (90).

[45] Friedman, Milton. Capitalism and Freedom [M]. Chicago: University of Chicago Press, 1962.

[46] Gustafsson B. and Li Shi. Economic Transformation and

the Gender Earnings Gap in Urban China [J]. Journal of Population Economics, 2000, 13.

[47] Hayashi, F. , and E. C. Prescott. The Depressing Effect of Agricultural Institutions on the Prewar Japanese Economy [J]. Journal of Political Economy, 2008, 116 (4).

[48] Hailstones, Thomas J. A Guide to Supply-side Economics [M]. Richmond, VA: Robert F. Dame, 1982.

[49] Jeong, Hyeok & Robert Townsend. Sources of TFP Growth: Occupational Choice and Financial Deepening [Z]. Society for the Advancement of Economic Theory (SAET), 2007.

[50] Lucas Jr. , Robert E. Expectations and Neutrality of Money [J]. Journal of Economic Theory, 1972 (4).

[51] Lucas Jr. , Robert E. Some International Evidence on Output-Inflation Tradeoffs [J]. The American Economic Review, 1973 (6).

[52] Mueller, R. E. Public-private Sector Wage Differentials in Canada: Evidence from Quantile Regressions [J]. Economics Letters, 1998, 60 (2).

[53] Munshi, K. , & Rosenzweig, M. Networks and Misallocation: Insurance, Migration, and the Rural-urban Wage Gap [J]. The American Economic Review, 2016, 106 (1).

[54] Phelps, E. S. The Golden Rule of Accumulation: A Fable for Growthmen [J]. The American Economics Review, 1961, 51 (4).

[55] Robert, Solow. A Contribution to the Theory of Economic Growth [J]. Quarterly Journal of Economics, 1956, 70 (1).

[56] Stefano, ED. & D. Marconi. Structural Transformation and Allocation Efficiency in China and India [Z]. Social Science Electronic Publishing, 2017.